O LIVRO DO TARÔ

Hajo Banzhaf

O LIVRO DO TARÔ

Manual Prático de Interpretação de Todas as Cartas em Diferentes Métodos de Tiragem

LIVRO INTERATIVO PARA CONSULTAS SOBRE:
ORÁCULO DO AMOR E RELACIONAMENTOS – DECISÕES FINANCEIRAS E PROFISSIONAIS – AUTOCONHECIMENTO

Tradução
Flávio Quintiliano

Editora Pensamento
SÃO PAULO

Título do original: *Das Tarotbuch.*

Esta edição foi negociada através da Ute Korner Literary Agent – www.uklitag.com.

2ª edição 2024.

Obs.: Publicado anteriormente com o subtítulo: *Com a Interpretação de Todas as Cartas nos Diferentes Esquemas de Disposição / A Bússola – O Oráculo do Amor – O Ponto Cego.*

Editor: Adilson Silva Ramachandra
Gerente editorial: Roseli de S. Ferraz
Gerente de produção editorial: Indiara Faria Kayo
Preparação de originais: Verbenna Yin
Editoração eletrônica: Join Bureau
Revisão: Luciana Soares da Silva

Dados Internacionais de Catalogação na Publicação (CIP)
(Câmara Brasileira do Livro, SP, Brasil)

Banzhaf, Hajo
O livro do tarô: manual prático de interpretação de todas as cartas em diferentes métodos de tiragem / Hajo Banzhaf; tradução Flávio Quintiliano. – 1. ed. – São Paulo: Editora Pensamento, 2024.

Título original: Das Tarotbuch
ISBN 978-85-315-2373-1

1. Tarô I. Título.

24-204359 CDD-133.32424

Índices para catálogo sistemático:
1. Tarô: Artes divinatórias 133.32424
Cibele Maria Dias – Bibliotecária – CRB-8/9427

Direitos de tradução para o Brasil adquiridos com exclusividade pela
EDITORA PENSAMENTO-CULTRIX LTDA., que se reserva a
propriedade literária desta tradução.
Rua Dr. Mário Vicente, 368 – 04270-000 – São Paulo – SP – Fone: (11) 2066-9000
http://www.editorapensamento.com.br
E-mail: atendimento@editorapensamento.com.br
Foi feito o depósito legal.

O Tarô é um bom criado –

– mas é um mau patrão.

Sumário

O que é o Tarô?

Estrutura e origem das cartas

O Tarô é um oráculo de cartas que, em sua estrutura atual, é conhecido desde o século XVI. Consiste em 78 cartas, divididas em dois grupos principais: as 22 cartas chamadas Arcanos Maiores (do latim *arcanum*, que significa "segredo") e as 56 cartas chamadas Arcanos Menores. Os Arcanos Maiores apresentam figuras ou "personagens" individuais e inconfundíveis, numerados em sequência clara. Já os Arcanos Menores são precursores do atual baralho de jogo, pois dividem-se em quatro séries ou naipes, conforme a tabela de correspondência abaixo:

Tarô	Cartas francesas	Cartas Alemãs
Bastões	Paus ♣	Bolota
Espadas	Espadas ♠	Folha
Taças	Copas ♥	Coração
Moedas	Ouros ♦	Guizo

Já se especulou muito sobre a origem desses quatro naipes. Algumas teorias os associam aos quatro "estamentos" ou classes sociais da Idade Média, ou às quatro Insígnias Sagradas dos celtas. Também foram considerados atributos de divindades hindus, ou símbolos que representam os quatro elementos, como mostra a tabela abaixo:

Tarô	Classes sociais da Idade Média	Insígnias dos celtas	Quatro elementos
 Bastões	Camponeses	Lança	Fogo
 Espadas	Cavaleiros	Espada (Excalibur)	Ar
 Taças	Clero	Taça (Graal)	Água
 Moedas	Mercadores	Bandeja	Terra

É preciso lembrar que a Teoria dos Elementos da Antiguidade postulava que Fogo e Ar eram elementos masculinos, enquanto Água e Terra eram elementos femininos. Distinção semelhante pode ser encontrada no atual baralho francês, no qual os naipes "masculinos" (Paus e Espadas) são pretos, contrastando com o vermelho de Copas e Espadas (que correspondem aos elementos "femininos").

Ainda não se chegou a uma conclusão sobre a origem das cartas do Tarô. Tampouco se sabe se os dois grupos de Arcanos Maiores e Menores surgiram simultaneamente, ou se foram reunidos ao longo do tempo. Existem indícios de que os Arcanos Menores tiveram origem no mundo islâmico e chegaram à Europa no século XIV. Porém, não se conhece o desenho ou a função dessas cartas, nem se sabe se eram usadas apenas como baralho de jogo ou para consultas ao oráculo. Mais tênue ainda é nosso conhecimento sobre a origem dos Arcanos Maiores, cartas muito importantes para os especialistas em Tarô. Elas surgiram pela primeira vez num baralho italiano de 1430, conhecido como Tarô de Visconti-Sforza, e as especulações sobre sua origem – como sempre acontece na história do Tarô – divergem radicalmente. Alguns autores argumentam que elas foram criadas na época da Renascença italiana, pois aparecem pela primeira vez no início do século XV. Outros autores afirmam que os Arcanos Maiores nada mais são do que o Livro da Sabedoria dos antigos sacerdotes egípcios, que ficou restrito a certos grupos ultrassecretos ao longo de milênios e no século

XV foi revelado ao conhecimento público pela primeira vez, sem que se soubesse sua verdadeira origem. As pesquisas são relativamente recentes, pois só em 1781 um erudito francês chamado Court de Gebelin descobriu o significado esotérico do Tarô, jogando cartas num *salon* de Paris.

Entre as muitas histórias fantásticas sobre a origem misteriosa do jogo, existe também a suposição de que as cartas do Tarô foram introduzidas na época do Êxodo do povo judeu para a Palestina, pois Moisés teria sido um sumo sacerdote iniciado nos Mistérios egípcios. Na Palestina, as cartas do Tarô passaram a ter relação com a Cabala, doutrina secreta dos judeus que atribui profundo valor simbólico às 22 letras do alfabeto hebraico. A correspondência numérica das 22 letras desse alfabeto com as 22 cartas dos Arcanos Maiores é um dos suportes dessa teoria.

As interpretações da palavra "Tarô" também divergem bastante, e são tão variadas quanto as especulações sobre a origem das cartas. No antigo idioma egípcio, o significado da palavra seria "Caminho" (Tar) "Real" (Ro). Mas antigamente os hieróglifos egípcios eram "traduzidos" com base na fantasia. No início do século XIX, com a descoberta da famosa Pedra de Roseta, o idioma foi decifrado integralmente, e as traduções antigas se revelaram inconsistentes. Muitas vezes, a palavra "Tarô" é associada à Torá ou Torah, nome dado pelos judeus ao Pentateuco, os cinco primeiro livros do Velho Testamento que narram a história do povo judeu e explicam a lei mosaica. Por isso, em círculos espiritualistas, a palavra "Torá" é sinônimo de "lei divina". Os mesmos círculos se valem da semelhança dos nomes para afirmar que as cartas tiveram origem no antigo Egito e foram trazidas até Israel por Moisés. Por outro lado, existem teorias absolutamente profanas sobre a palavra "Tarô", por exemplo de que as cartas surgiram na região de Parma e foram batizadas com o nome do rio Taro, que atravessa a cidade. Uma coisa parece certa: o termo tem origem francesa e foi registrado pela primeira vez no final do século XVI. Naquela época, os artesãos de Paris que fabricavam cartas se chamavam "*tarotiers*". Infelizmente, não se conhece a origem e o significado desse vocábulo. Por causa das raízes francesas, a maioria das pessoas utiliza a pronúncia "Tarô". As que pronunciam "Tarot", com T mudo, acreditam que o primeiro e o último T têm relação entre si ou estão sobrepostos, como se a palavra fosse escrita sobre uma roda (*rota* em latim). Levando-se em conta que *orat* significa "anunciar" em latim, e que Ator era a deusa da Iniciação no antigo Egito, é possível decifrar o sentido da frase que Paul Foster Case (tarólogo norte-americano do século XX) obteve ao combinar as quatro letras: ROTA TARO ORAT TORA ATOR ("A roda do Tarô anuncia a Lei dos Iniciados").

O Mago no Tarô de Visconti-Sforza

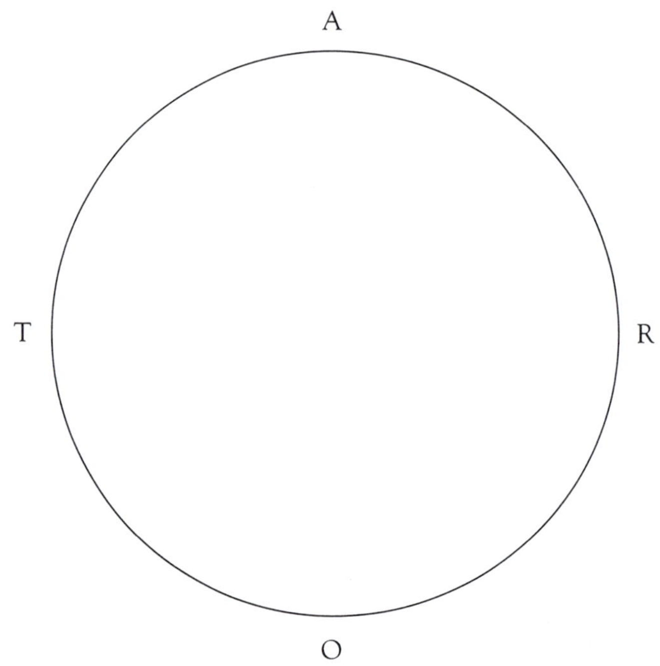

Tal como acontece muitas vezes, a verdade sobre a origem das cartas e o significado da palavra "Tarô" deve estar num meio-termo entre as várias hipóteses. Para mim, a época em que surgiram as cartas é uma questão irrelevante. O fato é que o Tarô transmite uma sabedoria de tempos antigos, enraizada no inconsciente coletivo e que remonta aos primórdios da consciência humana. Por isso, não importa se as cartas que revelam essa sabedoria surgiram há quinhentos ou cinco mil anos. As imagens que elas reproduzem são sem dúvida mais antigas que a invenção do papel e da tipografia.

Tal como expliquei no livro *O Tarô e a Jornada do Herói**, o simbolismo profundo das 22 cartas conhecidas como Arcanos Maiores encerra uma sabedoria sobre o destino dos homens, mas é impossível afirmar como, quando, por quem e por que motivo essa sabedoria antiga foi fixada de maneira tão convincente no ciclo de imagens das 22 cartas. Esse ciclo pode ter relação com os "cortejos triunfais" que costumavam ser apresentados na corte dos príncipes da Renascença, provavelmente baseados em cultos antigos da região mediterrânea. Pelo menos, o nome original das cartas – "*trionfi*" ou "jogo dos trunfos" – sugere essa associação. Os 56 Arcanos Menores não têm a mesma complexidade, pois, até onde sabemos, nunca foram utilizados com outra finalidade além de jogar cartas.

Os diferentes baralhos de Tarô

Até o início do século XX, as cartas numeradas dos Arcanos Menores eram ilustradas de maneira tão pouco sugestiva quanto nosso baralho comum. Essa representação antiga é chamada "Tarô de Marselha", e ainda pode ser encontrada hoje em dia. Excetuando-se alguns adornos, ela só mostra

* São Paulo: Pensamento, 2ª ed., 2023.

o valor das cartas, representado por certa quantidade de símbolos coloridos. Assim, o TRÊS DE PAUS mostra realmente três bastões, enquanto o OITO DE COPAS mostra oito taças. As cartas só podem ser interpretadas de maneira derivada, por exemplo combinando o simbolismo do número com o elemento (Fogo, Ar, Água e Terra) que corresponde aos naipes de Paus (Bastões), Espadas, Copas (Taças) ou Ouros (Moedas). Na seção "O significado das cartas", o leitor encontrará interpretações tradicionais das quarenta cartas numeradas dos Arcanos Menores.

Tarô de Marselha

Três de Paus

Oito de Copas

Tarô de Rider-Waite-Smith

Três de Paus

Oito de Copas

Assim, o mundo do Tarô experimentou uma pequena revolução em 1909/1910, quando Arthur Edward Waite concebeu e Pamela Colman Smith desenhou as cartas do Tarô Rider-Waite-Smith[1], que pela primeira vez continham ilustrações dos Arcanos Menores. Desde então, todas as 78 cartas podem ser interpretadas por meio de imagens, o que explica a grande popularidade desse Tarô.

[1] William Rider foi o editor que imprimiu essas cartas.

Quem se ocupa seriamente com as cartas conhece seu simbolismo profundo. No entanto, alguns novatos em Tarô se decepcionam com a simplicidade dessas imagens "ingênuas", pois esperavam algo místico, mágico ou misterioso. Mais cedo ou mais tarde, muitos acabam descobrindo o Tarô de Thoth, criado por Aleister Crowley, cujas imagens têm grande riqueza simbólica e exercem realmente um fascínio mágico. Mas o problema é justamente esse, pois é preciso entender o simbolismo antes de interpretar as cartas. No mundo de hoje, em que poucas pessoas têm familiaridade com a interpretação de imagens e símbolos, não só os novatos se sentem desnorteados diante da complexidade das cartas de Crowley. Além disso, no Tarô de Thoth todas as cartas dos Arcanos Menores têm um nome. Assim, é grande a tentação de interpretar o nome e esquecer o simbolismo das imagens.

Atualmente, existem centenas de baralhos de Tarô, e novos baralhos não param de surgir. Por isso, muitos novatos se perguntam que baralho devem escolher. Como é natural, eles se deixam levar pelo gosto estético e compram as cartas que lhes parecem mais atraentes. Mas surge um problema quando se trata de interpretá-las. Evidentemente, elas não têm o mesmo significado nos diferentes baralhos, caso contrário seria inútil criar baralhos novos.

Tarô de Crowley

Três de Paus

Oito de Copas

Assim, é importante adquirir um manual explicativo juntamente com as cartas. A maioria dos livros se baseia nas cartas do Tarô Rider-Waite-Smith ou no Tarô de Crowley. Se alguém preferir outras cartas, principalmente Tarôs exóticos, deve se certificar primeiro de que existem livros para interpretá-las.

Existem baralhos "certos" e "errados"?

Diante dos vários baralhos de Tarô, o leitor pode se perguntar quais deles são os "certos" e os "errados". Mas não existe resposta simples para essa pergunta, pois tudo depende do uso que se faz das cartas. Para aqueles que encaram o Tarô como um registro da sabedoria profunda de tempos antigos, representada pelos 22 Arcanos Maiores, os novos baralhos podem causar estranhamento ou decepção, e alguns deles podem se revelar inúteis. É óbvio que certas versões recentes do baralho não captaram nem entenderam essa dimensão profunda.

Porém, para aqueles que encaram o Tarô como um oráculo baseado no acaso, não existem baralhos "errados". O objetivo é identificar uma certa mensagem em cada constelação de cartas, lendo-a e traduzindo-a corretamente. Não importa se um baralho "funciona" melhor ou pior do que o outro. O importante é aprender a "linguagem" para entender o baralho. Cada baralho tem imagens tão distintas que acaba se tornando uma "linguagem" diferente. Para interpretá-la, é preciso entender as ilustrações e o simbolismo que elas encerram, encontrando respostas para as perguntas que foram formuladas.

Até que ponto o acaso é mera coincidência?

Assim como vários outros oráculos antigos, o Tarô é um sistema que atribui um sentido ao acaso. Algumas pessoas acham esse fenômeno tão absurdo que nem se dão ao trabalho de entendê-lo. Afirmam que o acaso simplesmente não existe, ou falam num acaso cego e estúpido, que não tem razão de ser e carece de importância ou significado. Por isso, elas se espantam quando um adulto atribui um sentido concreto a determinada constelação de cartas dispostas ao acaso.

A palavra "acaso" é relativamente recente, e nos idiomas antigos não era usada com o significado atual. Foi criada no século XIV para dar nome a todas as coisas que não podem ser previstas. Antes disso, as pessoas se referiam à vontade de Deus, que sempre se manifesta de maneira imprevisível, ao contrário das ações humanas, consideradas previsíveis. De início, o "acaso" não era um termo depreciativo, e só no século XVII, com o advento do Racionalismo, ganhou uma conotação negativa. Nessa época, muitas concepções e teorias antigas foram definidas como "equívocos pseudocientíficos" ou "disparates". Desde então, o acaso foi encarado como uma espécie de "estraga-prazeres", uma exceção à regra que não merece ser levada em conta. Mas nos últimos dois séculos, as pessoas começaram a estudar seriamente o acaso, tentando entender seus princípios. Quais deles são verdadeiros?

Do ponto de vista espiritual, o tempo não é apenas uma quantidade, um período de tempo que vai transcorrendo a esmo. O tempo é uma qualidade que atribui a cada momento seu próprio significado. Essa é a concepção que norteia a maioria dos oráculos. Enquanto os ponteiros do relógio mostram apenas uma quantidade de horas, a posição dos astros no céu é uma manifestação do acaso que pode atribuir um significado a algo (uma "qualidade") num determinado momento. De um ponto de vista mais abrangente, pergunta e resposta constituem uma unidade, pois o momento da pergunta também inclui a resposta. Assim, uma pessoa capaz de entender a qualidade do momento consegue ler a resposta com base em certos símbolos. Esta é a essência do acaso: numa constelação casual, é possível identificar a qualidade do momento. O objetivo de muitos oráculos, cada um à sua maneira, é possibilitar a interpretação desses símbolos.

Assim, o astrólogo olha para o céu – pelo menos olhava, pois nos dias de hoje ele utiliza principalmente a tela do computador – para analisar a situação dos planetas e descobrir a "qualidade" a partir do local de onde eles são observados. Os antigos chineses jogavam varetas de milefólio e obtinham um hexagrama, consultando então o *I Ching*, um dos mais antigos livros de sabedoria da humanidade, para descobrir seu significado. Os tarólogos dispõem as cartas, os druidas consultam as runas, e alguns adivinhos leem o significado do momento presente na borra de café. A qualidade do tempo se manifesta assim em vários níveis. Por isso, o importante não é decidir qual o melhor oráculo, e sim quais símbolos o intérprete compreende melhor: as estrelas, as cartas, as runas etc.

Apesar de todas as explicações bonitas, muitas pessoas se recusam a dar tanto valor ao acaso, argumentando que, se alguém tirar as cartas cinco vezes seguidas para uma determinada pergunta, não receberá cinco vezes a mesma resposta. Esse fato leva a questionar a seriedade de um oráculo baseado no acaso, assim como a fé de quem procura conselhos dessa maneira. Mas trata-se de um julgamento baseado em falsas premissas. Provar alguma coisa pelo método de repetir um experimento várias vezes, a fim de obter sempre o mesmo resultado, é típico da mentalidade racionalista. Para garantir o sucesso desse método, cria-se um ambiente de laboratório que exclui todas as interferências do acaso, até onde for possível. Portanto, o acaso é visto como um obstáculo que precisa ser removido. Por outro lado, no mundo irracional dos oráculos o acaso é uma fonte valiosa de informações. A disposição de cartas no Tarô produz uma constelação única e casual, que reflete a qualidade especial daquele momento. O fato de que essa constelação não se repete sempre é totalmente natural, e não significa nada. Um paralelo fácil de entender é o mundo dos sonhos, pois um sonho pode significar muitas coisas sem que a pessoa tenha de sonhá-lo cinco vezes seguidas. Da mesma maneira, quando se procura um conselho ou uma resposta no Tarô, só a primeira consulta é decisiva. Se a pessoa tirar as cartas várias vezes para responder à mesma pergunta, os resultados serão cada vez menos confiáveis, ou totalmente nulos.[2]

Até que ponto se pode confiar nas cartas?

É possível confiar cegamente nas cartas? Elas nunca mentem? Naturalmente, como em todas as situações da vida, o Tarô não nos dá acesso a uma verdade objetiva, absoluta e infalível. Mas nem por isso a resposta das cartas é aleatória ou sem sentido. A credibilidade das cartas do Tarô pode ser comparada aos conselhos de uma pessoa velha e sábia. São conselhos valiosos, que devemos levar a sério e ouvir de coração aberto. Mas vender a alma por eles, tornar-se dependente, sujeitar-se cegamente ou abrir mão das próprias responsabilidades seria com certeza uma atitude errada.

"O Tarô é um bom criado – mas é um mau patrão." Esse é o princípio básico que deve nortear a prática do Tarô. Quem se vale dos conselhos das cartas tem boas chances de sucesso. Mas submeter-se a esses conselhos e só sair de casa "quando as cartas permitem" não leva a lugar nenhum.

---

[2] Marie-Louise von Franz abordou essa temática com muita profundidade e riqueza de detalhes no livro *Wisen aus der Tiefe – über Orakel und Synchronizität* [*O Saber das Profundezas – Sobre Oráculos e Sincronicidade*]. Munique, 1992.

Da pergunta à interpretação

Se você quiser respostas rápidas

Com a ajuda deste livro, você pode ler as cartas imediatamente, mesmo que não tenha nenhuma noção do Tarô. Proceda da seguinte maneira:

1. Faça uma pergunta sobre um assunto que lhe diz respeito e escolha um dos métodos de tiragem abaixo:
   a) Se quiser saber os desdobramentos de um assunto, por exemplo a vida amorosa ou um projeto de trabalho, escolha a BÚSSOLA (ver página 26) para avaliar as perspectivas futuras.
   b) Se a pergunta diz respeito ao relacionamento com determinada pessoa, escolha o ORÁCULO DO AMOR (ver página 25).
   c) Quando você precisa decidir entre duas ou mais possibilidades (por exemplo moradia, emprego, férias, pessoas), escolha a BÚSSOLA (ver página 26) para descobrir as melhores chances.
   d) Se seu objetivo é o autoconhecimento, escolha o PONTO CEGO (ver página 29) para analisar as diferentes facetas de sua personalidade.

2. Embaralhe todas as 78 cartas e coloque-as na mesa, voltadas para baixo, em forma de leque.

3. Verifique na seção "Três métodos de tiragem para todas as perguntas" quantas cartas são necessárias para o método escolhido.

4. Com a mão esquerda, retire as cartas do baralho aberto em forma de leque, de maneira descontraída, sem se concentrar e sem pensar em nada específico. Junte as cartas num pequeno monte, voltadas para baixo.

5. Vire as cartas, uma após a outra, na ordem em que foram escolhidas (isto é, começando pela carta inferior), e posicione-as na mesa conforme a ordem de tiragem, como se explica na seção "Três métodos de tiragem para todas as perguntas".
6. Consulte a seção "O significado das cartas" para descobrir o que elas significam em sua posição específica.
7. Para formar uma visão de conjunto, integre as mensagens isoladas que você descobriu sobre cada carta.
8. Calcule a quintessência (ver página 22).

Se você quiser uma explicação mais detalhada

O que se pode descobrir nas cartas do Tarô?

Existem duas maneiras muito distintas de lidar com as cartas do Tarô. De um lado, é possível encará-las como um livro de sabedoria, cujo simbolismo e associações nos oferecem uma visão profunda e enriquecedora do percurso arquetípico do ser humano. Estudando as cartas do Tarô, a pessoa tem condições de entender as dificuldades e dilemas de sua própria vida de maneira mais profunda e abrangente. Essa sabedoria do inconsciente coletivo, ou de uma época muito remota, é reproduzida na estrutura sequencial e nas imagens das 22 cartas dos Arcanos Maiores.[3]

Por outro lado, a maneira mais conhecida de lidar com o Tarô é tirar as cartas. Dessa forma, elas fornecem uma resposta metafórica para determinada pergunta, como:

1. o estágio atual de um assunto ou relacionamento,
2. um acontecimento futuro,
3. a melhor decisão a tomar, e
4. questões que dizem respeito ao autoconhecimento.

Perguntas adequadas

A pergunta é uma das condições essenciais para consultar o Tarô. A experiência ensina que a resposta do Tarô corresponde exatamente à pergunta formulada. Uma pergunta clara leva a uma resposta clara. Quando a pergunta não foi formulada, não existe resposta. Quando a pergunta é séria, a resposta também o é. Quando a pergunta é absurda, a mesma coisa acontece com a resposta. E quando a pergunta é leviana e se deve a um mero "capricho", é claro que a resposta também

---

[3] A esse respeito, ver Hajo Banzhaf, *Tarot und die Reise des Helden*. Munique, 1997. [*O Tarô e a Jornada do Herói*. São Paulo: Pensamento, 2ª ed., 2023.]

parecerá "leviana". Além disso, se a pergunta estiver saturada de desejos, a resposta pode refletir esses desejos, mas não mostrará os acontecimentos futuros.

Além disso, é preciso levar em conta não só o que você deseja saber, mas também até que ponto você está sendo sincero. Se o futuro não se mostra a nós como um livro aberto, é por um bom motivo, e você também pode ter bons motivos para não querer saber alguma coisa. Não se deve brincar com o Tarô nem desafiá-lo, pois, como diziam os gregos da Antiguidade: "Faça ao oráculo só as perguntas cujas respostas você está disposto a ouvir!".

A pergunta pode ser formulada em voz alta ou baixa, pode ser repetida várias vezes ou anotada num papel. Faça como quiser. Nenhum método é melhor que o outro. O mais importante é ter certeza absoluta da pergunta que você fez, e depois não pensar mais nela, escolhendo, revirando e interpretando as cartas com toda a tranquilidade e descontração.

Formule a pergunta da mesma forma como lhe ocorreu ao pensamento. Não tente torná-la mais "lógica" ou mais "bonita". Basta ter clareza sobre aquilo que você deseja saber. Para evitar confusão, não misture vários assuntos ou acontecimentos na mesma pergunta. Em vez disso, tire as cartas separadamente para cada assunto.

Perguntas "impossíveis"

Evidentemente, existem perguntas às quais o Tarô não pode fornecer uma resposta, por exemplo a respeito de nomes, lugares, números de telefone ou números de qualquer natureza. Perguntar a data de um acontecimento também é inútil. Mas perguntas do tipo "sim ou não" só precisam ser reformuladas para que as cartas do Tarô forneçam uma resposta, utilizando-se o esquema de disposição da BÚSSOLA. No quadro a seguir vão alguns exemplos.

Por quanto tempo a interpretação é válida?

De modo geral, os conselhos das cartas são válidos para o momento presente e para os próximos três a seis meses, a não ser que a própria pergunta seja condicionada pelo fator tempo.

Pergunta "impossível"	Pergunta correta para o esquema de disposição A BÚSSOLA
Isso vai dar certo ou errado?	O que aconteceria se eu tentasse e o que aconteceria se desistisse?
Vou me mudar nos próximos meses?	Devo procurar outro apartamento ou ficar onde estou?
O drama de nosso casamento vai mudar para melhor?	Devo me esforçar para melhorar o casamento ou desistir dele?

Pergunta "impossível"	Pergunta correta para o esquema de disposição A BÚSSOLA
Devo mudar de profissão mais uma vez?	Quais as minhas perspectivas se continuar na mesma profissão ou tentar uma mudança, por exemplo trabalho autônomo, aposentadoria precoce, uma atividade nova etc.?
Será que um dia vou me livrar das dívidas?	Quais são minhas perspectivas financeiras, e o que aconteceria se eu tentasse A, B ou C?
Devo abrir um negócio próprio?	Quais as minhas chances se tentar uma atividade autônoma, ou se continuar no mesmo emprego?
Vou me curar desta doença?	Como está minha saúde e quais as minhas chances se tentar A, B ou C?
Meu grande amor vai me aceitar finalmente?	Devo esperar por esta pessoa ou devo procurar outra?
Ainda vamos ter filhos?	Quais as chances de termos filhos se continuarmos agindo da mesma maneira ou se procurarmos algum tratamento?

Isso acontece, por exemplo, quando a pergunta diz respeito a um fim de semana ou período de férias de duas semanas, ou quando você utiliza o esquema do CÍRCULO ASTROLÓGICO para descobrir as perspectivas de um ano inteiro. A mesma coisa acontece quando a pergunta diz respeito às opções profissionais. Se você utilizar a BÚSSOLA ou o JOGO DA DECISÃO para avaliar as chances de uma profissão A ou B, as cartas estarão se referindo a um período que se estende muito além de seis meses. A resposta funcionará como um fio condutor do caminho a seguir.

Se o período de tempo for muito importante, deve ser formulado claramente na pergunta, por exemplo: "O que vai acontecer com este relacionamento nas próximas quatro semanas?". Talvez a mensagem das cartas não se limite às quatro semanas, mas o enfoque central será esse período.

Qual o melhor método de tiragem de cartas?

Examine os três métodos de tiragem recomendados neste livro (ver página 25 e seguintes). São esquemas que permitem responder a quase todas as perguntas mais comuns dos consulentes de Tarô. Se você sentir que sua pergunta específica não se adapta a um desses métodos, consulte o Apêndice, onde encontrará outros doze métodos de tiragem.

Embaralhar, tirar e posicionar as cartas

Depois de fazer a pergunta e escolher um método de tiragem, proceda da seguinte maneira:

1. Embaralhe as cartas. Não é preciso seguir regras. Embaralhe-as por quanto tempo quiser, da maneira como quiser.
2. Espalhe as cartas na mesa em forma de leque, voltadas para baixo.
3. Com a mão esquerda, retire as cartas necessárias para um determinado método de tiragem, empilhando-as uma sobre a outra, voltadas para baixo, num pequeno monte.
4. Afaste as cartas restantes.
5. Vire as cartas do pequeno monte na ordem em que foram escolhidas (isto é, começando pela carta inferior) e coloque-as nas posições numeradas do método escolhido.

A interpretação

Análise individual das cartas

Para interpretar as cartas, é preciso levar em conta o significado de cada uma, juntamente com a posição que ocupa num determinado método de tiragem. Essa combinação de significados não é difícil em esquemas como o ORÁCULO DO AMOR, a BÚSSOLA ou o PONTO CEGO, pois este livro fornece interpretações completas para cada um deles. Se você optar por outro método, por exemplo um dos apresentados no Apêndice, terá de fazer a combinação por conta própria. O significado das cartas pode ser consultado sob as rubricas "Aspectos gerais", "Vida profissional" e "Amor", e o significado da posição é explicado na descrição de cada método.

Em alguns métodos de tiragem, as cartas podem ser interpretadas numa sequência diferente daquela em que foram colocadas na mesa. Instruções a esse respeito podem ser consultadas sob a rubrica "Procedimento de interpretação".

Visão de conjunto

Cada interpretação termina com uma análise de conjunto. Integre as mensagens isoladas para formar uma conclusão mais abrangente. Eventuais contradições não precisam ser sistematicamente eliminadas. Afinal, nossa vida é cheia de contradições. Por que elas não deveriam estar presentes nas cartas?

Cartas "sem sentido"

Muitas vezes, cartas isoladas ou uma tiragem inteira podem parecer "incompreensíveis". Nesse caso, o mais simples é tirar as cartas novamente, até que a mensagem se esclareça. Meu conselho é evitar ao máximo esse recurso, pois todos nós temos uma tendência de "não entender" as cartas desagradáveis. Seria muito fácil repetir a escolha das cartas até chegar a um "final feliz".

Considere que uma resposta pouco clara pode conter uma mensagem importante, pois talvez a situação presente ou as perspectivas futuras sejam confusas, ou dependam de uma decisão que ainda não foi tomada. Se você continuar deitando as cartas, estará eliminando essa mensagem específica e "forçando" uma resposta clara ou agradável, que não terá mais relação nenhuma com a mensagem original.

Em vez disso, meu conselho é aceitar a "falta de clareza", principalmente quando se trata de cartas isoladas. Quando uma disposição inteira parece incompreensível, deixe as cartas por algum tempo num local visível da casa. Existem boas chances de que o significado lhe ocorra de repente. Se depois de alguns dias você continuar em dúvida, pode tirar as cartas novamente sem problemas.

Cartas invertidas

Quando posicionamos uma carta na mesa, alguns especialistas em Tarô acreditam que ela tem um significado diferente se estiver em posição invertida (isto é, de cabeça para baixo). Outros simplesmente corrigem a posição. Os dois métodos são possíveis e dependem – como costuma acontecer no Tarô – das "regras do jogo" fixadas anteriormente pelo intérprete.

Faça suas próprias experiências a esse respeito. Porém, antes de tirar a primeira carta, decida o critério a seguir. Se achar que a posição das cartas é relevante, embaralhe-as sobre a mesa, para que tenham uma chance de aparecerem invertidas.

A quintessência

Ao final de cada leitura, o Tarô lhe dá mais uma pista sobre a maneira correta de encarar o conselho das cartas e os próximos passos a serem seguidos. Para isso, calcule a "quintessência", que é a soma dos valores numéricos das cartas dispostas na mesa. As "Cartas Reais" (Valete, Cavaleiro, Rainha e Rei) valem 0 ponto, os Ases valem 1 ponto e as demais cartas valem o número que está inscrito nelas. No Tarô Rider-Waite-Smith, a numeração das cartas da FORÇA e da JUSTIÇA foi invertida. Meu conselho é usar a numeração tradicional para calcular a quintessência[4], ou seja, a JUSTIÇA vale 8 pontos e a FORÇA vale 11 pontos.

Se a soma das cartas for inferior a 10, a quintessência será a carta dos Arcanos Maiores com esse número. Essa carta mostra o conselho final do oráculo. Se a soma for superior a 10 (ou seja, se a primeira soma der um resultado entre 10 e 22), adicione novamente os algarismos[5] até obter um número inferior a 10. Nesse caso, haverá duas quintessências. A primeira quintessência será uma

---

[4] Os argumentos a favor da numeração antiga são apresentados detalhadamente em meus livros *Schlüsselworte zum Tarot*, Munique, 1990, e *Tarot und die Reise des Helden*. [*As Chaves do Tarô*, Pensamento, 2ª ed., 2023, e *O Tarô e a Jornada do Herói*, Pensamento, 2ª, 2023.]

[5] Simplesmente some os algarismos do número das cartas obtidas. Por exemplo, a adição dos algarismos dos arcanos 3, 6 e 5 é (3 + 6 + 5) = 14, e uma nova adição dará o resultado 1 + 4 = 5.

informação adicional. Ela pode representar até mesmo uma condição para interpretar corretamente a quintessência inferior a 10. Por sua própria natureza, o LOUCO não se encaixa bem nesse esquema, pois tem valor 0. No entanto, se a soma de todas as cartas for 22, o LOUCO será a quintessência, juntamente com o IMPERADOR (4). O significado das quintessências pode ser consultado sob a rubrica correspondente, na seção dos Arcanos Maiores.

Cartas de numeração invertida

Numeração tradicional no Tarô de Marselha — no Tarô de Thoth

Nova numeração no Tarô Rider-Waite-Smith

Azar no jogo?

Naturalmente, as cartas tiradas podem se mostrar desfavoráveis, e às vezes o conselho ou as perspectivas que elas revelam podem irritar o consulente. Sobre isso, eu gostaria de fazer algumas considerações.

O Tarô sugere a maneira mais adequada e correta de proceder, do ponto de vista inconsciente de quem faz a pergunta. Esse conselho nem sempre é fácil e agradável. Quando um relacionamento não dá certo, normalmente a pessoa deseja encontrar depressa um novo amor, para superar a sensação de perda. Mas as cartas podem sugerir ao consulente que atravesse primeiro seu "vale de lágrimas" (CINCO DE COPAS), enfrentando dor, pesar, arrependimento e decepção, antes de se abrir para um novo relacionamento.

Quando a resposta do Tarô não é um conselho, e sim uma previsão sombria, é preciso considerar que as cartas mostram uma tendência que deve se realizar com toda a probabilidade, caso você continue agindo da mesma maneira ou continue seguindo o caminho mencionado em sua pergunta. Essa tendência não é inevitável, pois as cartas podem mostrar alternativas melhores ou mais promissoras. É exatamente esse o objetivo do método de tiragem conhecido como A BÚSSOLA.

No entanto, isso não significa que o Tarô é como a cartola de um mágico, da qual sempre se consegue tirar uma solução simples, agradável e satisfatória. Fases difíceis da vida são, às vezes, inevitáveis, e certas experiências podem causar decepção, tristeza ou desgosto. O Tarô também pode ser útil nesses momentos, ajudando-nos a entender os motivos de uma determinada experiência, a lição que ela nos ensina e a melhor maneira de lidar com ela.

Três métodos de tiragem para todas as perguntas

Este livro apresenta três métodos de tiragem que permitem responder às perguntas mais comuns. A seção "O significado das cartas" apresenta a interpretação de cada carta, conforme a posição que ocupa num determinado esquema de disposição. Desse modo, você pode entender a mensagem das cartas mesmo que não tenha nenhuma noção do Tarô.

O Oráculo do Amor – para assuntos sentimentais

Este método é indicado para perguntas como:

- O que ele sente por mim?
- Como está nosso relacionamento?
- Como posso melhorar o relacionamento?

Para isso, disponha quatro cartas segundo o esquema a seguir (a interpretação de todas as 78 cartas em suas diferentes posições pode ser consultada na seção "O significado das cartas"):

A BÚSSOLA – previsões do futuro e decisões a serem tomadas

Em sua versão básica, este método mostra tendências e perspectivas de um determinado assunto. A versão ampliada oferece alternativas interessantes que servem como orientação ou ajuda para a tomada de decisões.

Versão básica

As perguntas mais comuns que podem ser respondidas por este método são as seguintes:

- Quais são minhas chances profissionais?
- O que vai acontecer em meu relacionamento com X?

- Como fica minha situação financeira?
- Como serão minhas férias?
- Quais são as perspectivas?
- Como está minha situação psicológica/minha evolução espiritual?
- Quais são minhas chances em relação ao amor?

Disponha quatro cartas da seguinte maneira:

1 O assunto em questão	2 O primeiro passo	3 As reações	4 As perspectivas

A interpretação de todas as 78 cartas em suas diferentes posições pode ser consultada na seção "O significado das cartas".

Versão ampliada

Caso as perspectivas reveladas pela versão básica da BÚSSOLA não sejam especialmente esclarecedoras, é aconselhável tentar outras possibilidades. Para isso, disponha mais três cartas numa determinada direção da "bússola", tal como se vê na ilustração a seguir. Ao todo, oito direções da "bússola" são possíveis. Uma delas (a direção horizontal do lado direito) já foi preenchida na versão básica, e outras sete podem ser preenchidas conforme a necessidade.

Cada direção da "bússola" está associada a uma alternativa. Por exemplo, se as perspectivas profissionais forem sombrias, as alternativas podem ser as seguintes: Devo procurar outro emprego? Devo trabalhar como autônomo? Devo pedir ajuda à pessoa X? Devo enfrentar a situação? Para cada alternativa, disponha as cartas nas posições 2, 3 e 4 e verifique o significado delas.

Caso você tenha que tomar uma decisão, pode escolher de antemão a versão ampliada e dispor as cartas necessárias para cada alternativa. Por exemplo, se você tiver cinco opções para passar as férias, posicione quatro cartas para a primeira opção (1, 2a, 3a, 4a) e mais três para cada opção restante (2b, 3b, 4b para a segunda opção, e assim por diante). Ao todo, você pode usar até 16 cartas. É importante não esquecer a sequência delas, para saber qual o significado de cada opção.

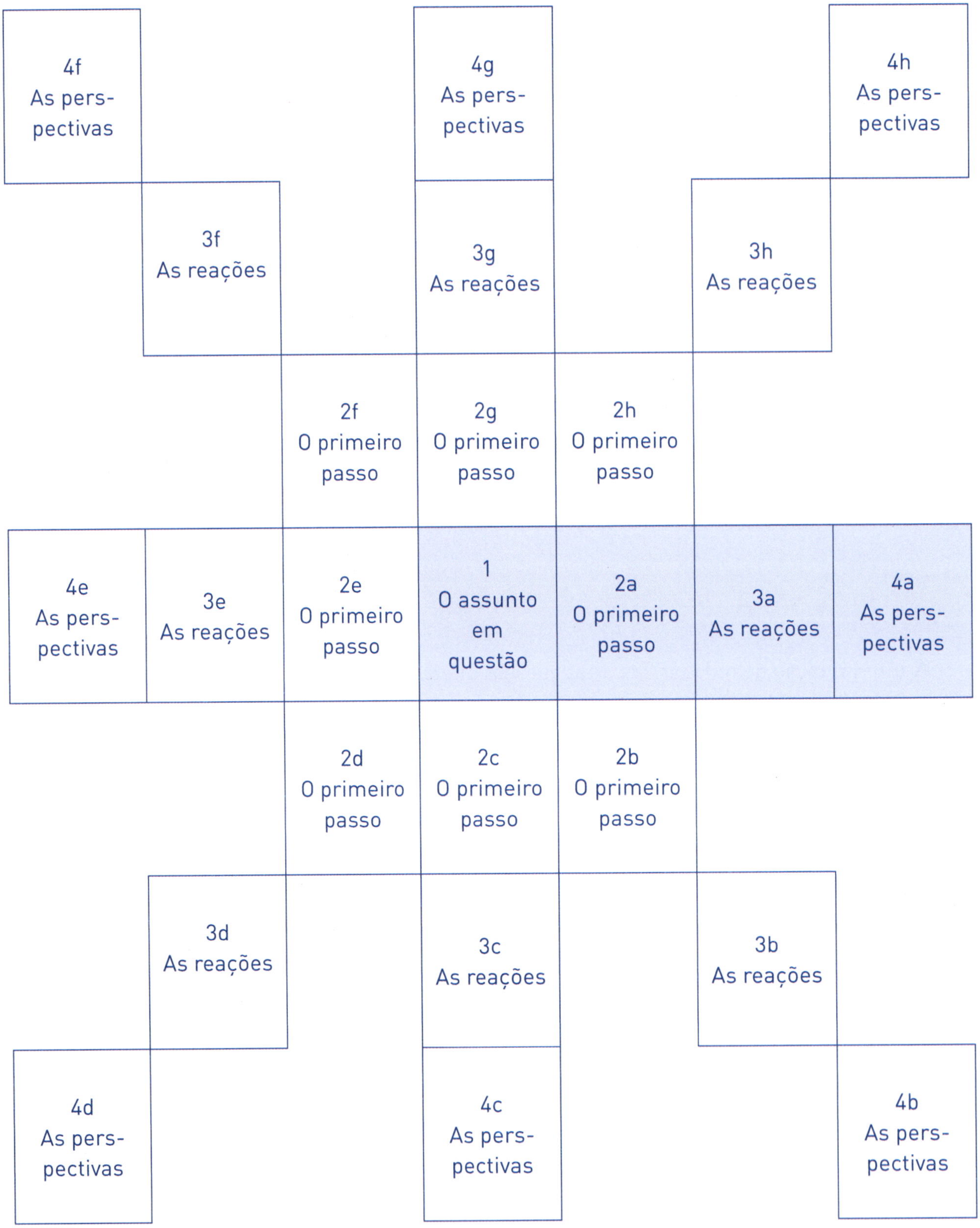

Neste método, a quintessência deve ser calculada para cada direção da "bússola", somando-se o valor das cartas 1, 2, 3 e 4. Portanto, a carta 1 é adicionada em todas as direções.

O Ponto Cego – para questões de identidade pessoal

Este método de dispor as cartas é útil para o autoconhecimento. Deriva de um esquema conhecido em psicologia como "Janela de Johari"[6], que mostra quatro aspectos da personalidade. As cartas devem ser dispostas da seguinte maneira[7]:

	O que o consulente sabe sobre si mesmo ↓	O que o consulente não sabe sobre si mesmo ↓
O que as outras pessoas sabem do consulente →	1 O que todo mundo sabe	2 O Ponto Cego
O que as outras pessoas não sabem do consulente →	3 Como você se enxerga	4 A grande incógnita

Este esquema de disposição só é indicado para assuntos de autoconhecimento. Por isso, a pergunta tem de ser algo como "Quem sou eu?" ou "Qual é minha atual situação?".

[6] J. Luft. *Einführung in die Gruppendynamik* [*Introdução à Dinâmica de Grupo*], Stuttgart, 1971.

[7] Se você já conhece este esquema com base em outros livros de minha autoria, vai perceber que a sequência das cartas foi alterada para adaptá-las melhor à estrutura deste livro. A alteração não afeta a mensagem das cartas.

Significado das diferentes posições

1 = Identidade inequívoca.
Esta carta revela que nos enxergamos, da mesma maneira como os outros nos enxergam.

2 = O Ponto Cego.
Atitudes que os outros percebem em nós, sem que tenhamos consciência delas (pelo menos, não da mesma maneira).

3 = O que está oculto.
Aspectos da nossa personalidade dos quais temos consciência, mas que não revelamos por algum motivo, ou que ocultamos diante das outras pessoas.

4 = A grande incógnita.
Processos inconscientes ou energias que atuam de maneira inconsciente, sem que nós mesmos e as outras pessoas tenhamos consciência disso.

Procedimento de interpretação

Comece a interpretação pela carta na posição 1, a mais fácil de entender. Em seguida, consulte o significado da "grande incógnita", representado pela posição 4. Essa mensagem é decisiva nesse esquema de disposição, pois forças inconscientes são muito poderosas. No entanto, nada sabemos sobre elas, por isso nossa atitude a esse respeito é passiva. Quando se trata de uma temática difícil, a tomada de consciência é útil, pois nos permite lidar com esse aspecto da personalidade de maneira mais madura e sensata. Naturalmente, quando se trata de uma qualidade positiva, a percepção consciente desse aspecto também é útil.

As outras duas cartas são menos decisivas, mas têm um significado interessante: a posição 3 reflete a autoavaliação do consulente, e a posição 2 reflete a avaliação dos outros. Quando a mensagem dessas duas cartas é muito diferente, ou seja, quando a autoavaliação difere muito da avaliação dos outros, trata-se de um aviso. Se as outras pessoas nos enxergam de maneira diferente, provavelmente temos uma falsa imagem de nós mesmos.

Neste método, as cartas muitas vezes parecem não ter sentido à primeira vista. Por isso, é aconselhável deixá-las por algum tempo num local visível da casa. Observar as cartas de maneira casual, ao invés de fixá-las com grande esforço de concentração, pode fazer com que as imagens despertem associações, e a verdadeira mensagem se revele de repente.

Exemplos de interpretação

Quando a pergunta trata de amor ou relacionamento, o ORÁCULO DO AMOR é o método mais indicado, pois revela os sentimentos da outra pessoa e as sugestões ou os conselhos do oráculo. Uma pergunta típica para este esquema é: "Como está meu relacionamento com a pessoa X?". Apresentamos a seguir um exemplo de disposição das cartas:

2
Seu estado de espírito

1
O assunto em questão

3
Sentimentos da outra pessoa

4
O conselho do oráculo

Consultando a seção "O significado das cartas", você encontrará as seguintes interpretações:

2
Seu estado de espírito

Você espera um gesto de amor ou oferta de paz, ou gostaria que seu parceiro correspondesse a seus desejos e lhe oferecesse apoio emocional.

1
O assunto em questão

Esse relacionamento é coisa do destino – no bom ou no mau sentido, conforme o que você fizer daqui em diante. Em caso negativo, você é uma pessoa fatalista e se sente impotente. No entanto, se você estiver consciente das dificuldades a enfrentar, pode encontrar uma solução criativa para seu relacionamento. Atenção para o conselho do oráculo na posição 4.

3
Sentimentos da outra pessoa

A outra pessoa considera esse relacionamento um golpe de sorte. Caso já não o tenha feito, com certeza vai tentar conquistar você em breve.

4
O conselho do oráculo

Esqueça o baixo-astral. Aproveite a oportunidade para tomar decisões que vinham sendo adiadas e esclarecer o relacionamento. Tente chegar a uma conclusão que lhe inspire atitudes mais coerentes.

O ORÁCULO DO AMOR só é indicado para perguntas sobre um relacionamento já existente, ou quando você tem em mente uma pessoa específica. Caso contrário, se você for solteiro/solteira ou quiser saber para onde vai sua vida amorosa, utilize a versão básica da BÚSSOLA (4 cartas), que mostrará as tendências de relacionamento num futuro próximo. Por exemplo:

1
O assunto em questão

2
O primeiro passo

3
As reações

4
As perspectivas

A interpretação completa pode ser consultada na seção "O significado das cartas". De maneira geral, esta tiragem tem conotação positiva (A SACERDOTISA), mas você toma precauções demais, talvez tenha até atitudes de cobiça (QUATRO DE OUROS). Surgem pessoas que tentam enganar você (SETE DE ESPADAS), e no final você passa noites em claro, arrependendo-se do caminho que escolheu (NOVE DE ESPADAS).

Como se vê, as perspectivas não são animadoras se você continuar agindo da mesma maneira. Mas a SACERDOTISA na posição 1 mostra tendências positivas. Assim sendo, é aconselhável procurar alternativas, dispondo outras cartas nas diferentes direções da BÚSSOLA. Alguns exemplos de perguntas pertinentes:

1. Devo procurar mais contato com os amigos, a fim de conhecer outras pessoas?
2. Devo frequentar locais onde as pessoas praticamente são obrigadas a manter contato (debates, academias de ginástica, seminários, viagens em grupo, exposições de arte, caminhadas ecológicas, cursos em geral etc.)?
3. Devo publicar um anúncio procurando relacionamento?
4. Devo esperar uma fase mais favorável?

Dessa maneira, as cartas podem revelar as seguintes alternativas:

De maneira geral, as cartas do exemplo dado preveem os seguintes desdobramentos:

1. Alternativa 1. Procurar mais contato com os amigos é uma boa ideia (TRÊS DE OUROS), o círculo de amigos se mostra favorável (O LOUCO) e você vai se divertir bastante (NOVE DE COPAS). Assim, a opção só pode dar bons resultados. Mas ninguém garante que você vai conhecer um novo amor, pois as cartas nada dizem a esse respeito.

2. Alternativa 2. Grupos, debates etc. são alternativas promissoras. De um lado, você não sabe como começar, sente-se no escuro e talvez tenha medo (A LUA), mas logo verá que as pessoas reagem de maneira calorosa e positiva (OS ENAMORADOS). Se você insistir nesse caminho, tem boas chances de encontrar a felicidade (ÁS DE COPAS).

3. Alternativa 3. O anúncio procurando relacionamento provoca suspense. Você aguarda as respostas com impaciência (CAVALEIRO DE PAUS). Surge uma pessoa charmosa e comunicativa, talvez negligente ou um pouco fria (REI DE ESPADAS). Os resultados só serão decididos mais tarde (ÁS DE ESPADAS).

4. Alternativa 4. Esperar tampouco é má ideia, pois o recolhimento é necessário para que você esclareça o que realmente deseja e o que significam amor e relacionamento para você (O EREMITA). A reação das outras pessoas não importa, pois elas estão ocupadas consigo mesmas (O MUNDO). No final, você começa uma fase nova, trilhando um caminho com boas chances a longo prazo (OITO DE OUROS).

Aqui se desenham possibilidades interessantes. A alternativa 2 é a mais promissora, mas os caminhos 3 e 4 também podem levar a um novo amor. O cálculo da quintessência pode facilitar a decisão final. Os seguintes resultados se apresentam então:

- Pergunta central (22/4 = O LOUCO/O IMPERADOR): A situação terá um início bastante caótico (O LOUCO), antes de surgirem resultados concretos e uma situação duradoura (O IMPERADOR).

- Alternativa 1 (14/5 = A TEMPERANÇA/O HIEROFANTE): Este é um caminho harmonioso que você pode seguir sem receios (A TEMPERANÇA), e cujo sentido vai lhe parecer claro (O HIEROFANTE).

- Alternativa 2 (9 = O EREMITA): Antes de percorrer este caminho, você tem de esclarecer para si mesmo o que procura, até onde pode ir e o que realmente deseja (O EREMITA). Certamente, esse esclarecimento também ajuda a superar as dificuldades iniciais de orientação (A LUA).

- Alternativa 3 (3 = A IMPERATRIZ): Este é um caminho dinâmico, com possibilidades fecundas (A IMPERATRIZ).
- Alternativa 4 (4 = O IMPERADOR): Seguindo este caminho, você tem boas chances de acertar o alvo e realizar seus projetos (O IMPERADOR).

Com isso, as quatro alternativas parecem mais propícias do que a tendência básica, no caso de você continuar agindo da mesma maneira (as quatro cartas iniciais). A alternativa a ser escolhida é uma questão de personalidade. Do ponto de vista das cartas, as alternativas 2 e 4 são as melhores.

Se você escolheu a alternativa 2, mas não sabe se deve frequentar um grupo de estudos artísticos, caminhada ecológica, canto coral, ginástica *step* ou paraquedismo, pode tirar as cartas novamente para todas as ideias que lhe ocorrerem, mantendo o esquema da BÚSSOLA.

Se quiser descobrir mais a respeito de si mesmo, utilize o método do PONTO CEGO. Então, as cartas podem lhe mostrar o seguinte espelho:

1
O que todo mundo sabe

2
O Ponto Cego

3 Como você se enxerga

4
A grande incógnita

Na seção "O significado das cartas", você encontrará as seguintes interpretações:

POSIÇÃO 1 – O que todo mundo sabe: REI DE PAUS: Você é uma pessoa independente e determinada, que sabe exprimir e impor sua vontade. Quando está em seu elemento, você consegue dominar as outras pessoas e motivá-las para suas ideias. Ou então você se encontra numa fase fortemente marcada por uma pessoa com essas características.	**POSIÇÃO 2 – O Ponto Cego:** ÁS DE COPAS: As outras pessoas acham que você tem uma oportunidade de dar um passo importante para garantir seu bem-estar, tanto no amor quanto na vida profissional ou no dia a dia em geral. Se essa opinião não lhe diz nada, você deve conversar urgentemente com alguém a respeito, para não deixar que a chance passe em branco.
POSIÇÃO 3 – Como você se enxerga: RAINHA DE COPAS: Você se considera uma pessoa fiel a seus próprios sentimentos, que não abre mão de seus sonhos e visões. Só acredita naquilo que acha certo, sem se deixar seduzir por outros argumentos, por mais racionais que sejam.	**POSIÇÃO 4 – A grande incógnita:** 5 DE ESPADAS: No fundo de seu inconsciente, você é uma pessoa magoada e raivosa. Enquanto não se conscientizar desse aspecto de sua personalidade, frequentemente estará envolvido em conflitos desagradáveis, dos quais sairá furioso ou derrotado. Mas se você curar essa "ferida interior", ganhará com isso uma disposição saudável para a luta e a capacidade para se impor em situações difíceis.

Além disso, é interessante observar que o elemento fogo (REI DE PAUS), sugerindo uma personalidade ardente e extrovertida, tem uma característica secreta, representada pelo elemento água (Copas). O consulente está consciente dessa ligação com a água (RAINHA DE COPAS). Por isso, seu Ponto Cego (ÁS DE COPAS) não é tão "cego" assim. No entanto, é curioso observar que as outras pessoas enxergam claramente essa ligação com a água e acham que ela significa boas chances. Naturalmente, a grande incógnita representada pelo CINCO DE ESPADAS é uma espécie de bomba-relógio, tendo em vista os contrastes entre fogo e água descritos acima.

O SIGNIFICADO DAS CARTAS

O LOUCO

O LOUCO – ESPONTANEIDADE

SÍMBOLOS:
figura
abismo
cão
latidos
flor branca
cumes nevados ao fundo
sol branco
número 0

SIGNIFICADO:
o Indiferente
perigo
a voz sábia dos instintos
advertência para tomar cuidado
inocência
objetivos elevados que ainda não estão visíveis
pureza, ingenuidade
o Nada que dá origem a todas as coisas

O Louco como carta isolada ou em outros sistemas de leitura

ASPECTOS GERAIS:

O LOUCO simboliza o caos que faz surgir as coisas novas. Ele encarna uma espontaneidade e abertura sem preconceitos, além do prazer de experimentar. Sua força e proteção consistem na certeza dos instintos, que o ajudam mesmo em situações de grande perigo. Levado pela curiosidade, pode alcançar grandes objetivos, dos quais ainda não tem noção precisa. 0

VIDA PROFISSIONAL:

Você está começando (de novo). Talvez tenha que começar do zero absoluto. Seja como for, deve seguir seu caminho sem se preocupar, aceitando as novas tarefas com boa vontade. Talvez não tenha experiência nessa situação, mas por outro lado tampouco tem "vícios" e aprende coisas novas com facilidade.

AMOR:

Não se preocupe caso a atual situação amorosa pareça caótica. Dê livre curso ao prazer de experimentar coisas novas e mostre sua disposição de viver encontros inesperados ou relacionamentos dinâmicos, talvez até um pouco "malucos".

COMO QUINTESSÊNCIA:

Quando a soma de todas as cartas é igual a 22, o LOUCO é a quintessência. A soma desses algarismos dá o resultado 4, o IMPERADOR. Assim, o conselho final das cartas é enfrentar uma situação bastante caótica (O LOUCO) antes que possam surgir uma ordem e uma situação novas (O IMPERADOR).

O Louco no Oráculo do Amor

POSIÇÃO 1 – *O assunto em questão*:

Seu relacionamento está passando por um recomeço no qual tudo permanece em aberto. A vida amorosa tem um tom leve e divertido. Vocês se relacionam cheios de curiosidade e sem preconceitos. No entanto, talvez o excesso de despreocupação e a falta de compromissos acabem incomodando você. Afinal, o Louco também significa o império do caos, uma situação na qual ninguém sabe direito "em que pé está".

POSIÇÃO 2 – *Seu estado de espírito*:

Neste momento, você tem disposição para tudo, saboreando a vida e o amor. Não faz questão nenhuma de conselhos sensatos. Quer aproveitar o momento, sem deixar que nada estrague as vivências imediatas. Esse estado de espírito pode ser agradável, mas, se o parceiro tiver outra opinião, vai se irritar com sua falta de seriedade.

POSIÇÃO 3 – *Sentimentos da outra pessoa*:

Seu parceiro é uma pessoa despreocupada, que atravessa uma fase alegre e está disposta a tudo. Se você também estiver em clima eufórico, encontrou sua alma gêmea. Se, ao contrário, você preferir um relacionamento sério e estável, vai perder seu tempo, pois o parceiro não pode lhe oferecer maturidade e responsabilidade.

POSIÇÃO 4 – *O conselho do oráculo*:

Jogue todos os preconceitos pela janela, esqueça as dúvidas, mostre espontaneidade, despreocupação, curiosidade e alegria de viver. Mesmo que o relacionamento acabe se revelando uma aventura ou uma tolice, aceite-o como ele é e aproveite o momento presente de todo o coração.

O Louco na Bússola

POSIÇÃO 1 – *O assunto em questão*:

Nada foi decidido ainda, tudo permanece em aberto, talvez a situação seja de caos total. Você se encontra no começo de um projeto, ou terá de recomeçar a partir do zero os projetos que já estavam em andamento.

POSIÇÃO 2 – *O primeiro passo*:

No começo, tudo parece fácil. Você se deixa levar pela curiosidade e o prazer de experimentar. Quando se trata de fazer experiências, aprender coisas novas ou tentar soluções diferentes, esse estado de espírito é excelente. No entanto, se seu projeto envolver grande responsabilidade ou tiver consequências duradouras para você e as outras pessoas, sua atitude pode não ser comprometida o suficiente. Só escolha este caminho se as cartas das posições 3 e 4 forem favoráveis.

POSIÇÃO 3 – *As reações*:

Com relação a você e seus projetos, as pessoas ao redor reagem de maneira positiva. Elas encaram você com interesse e sem preconceitos, e certamente não colocarão pedras em seu caminho. Mas ninguém garante que esse apoio seja algo mais do que um capricho. Caso seus projetos dependam de outras pessoas, certifique-se de que elas levam você realmente a sério.

POSIÇÃO 4 – *As perspectivas*:

Este caminho leva a um recomeço ou uma maneira mais leve e descontraída de lidar com o assunto em questão. Se for essa sua intenção, você encontrou o caminho ideal. No entanto, um recomeço pode significar que, afinal de contas, você está na estaca zero. Caso tenha outras expectativas, procure alternativas que levem a resultados melhores.

O Louco no Ponto Cego

POSIÇÃO 1 – *O que todo mundo sabe*:

Você tem um temperamento alegre, curioso e desapegado, aberto às coisas novas. Consegue se maravilhar diante da vida, ou pelo menos vive uma fase sossegada. Prefere deixar as preocupações de lado, de acordo com o lema: "Quem não vai a lugar nenhum, não pode errar o caminho".

POSIÇÃO 2 – *O Ponto Cego*:

Os outros acham que você é uma pessoa despreocupada, que confia nos próprios instintos e se deixa levar pela curiosidade. Mas talvez não levem você muito a sério, não acreditem em sua coerência ou encarem você como uma pessoa caótica.

POSIÇÃO 3 – *Como você se enxerga*:

Você conhece a criança em seu interior e sabe que tem um temperamento brincalhão e curioso. Mesmo que não revele esse aspecto por algum motivo, é ele que explica sua espontaneidade e alegria de viver.

POSIÇÃO 4 – *A grande incógnita*:

Se volta e meia o caos se manifesta em sua vida, é porque uma criança desconhecida e travessa, em seu íntimo, está tentando chamar a sua atenção. Não importa se você gosta ou não dessas surpresas. O mais importante é conscientizar-se da presença desse "diabinho interior". Em vez de se preocupar com suas travessuras, tente encará-lo como uma fonte de energia criativa e dinâmica em seu dia a dia.

O MAGO – DESTREZA

SÍMBOLOS:	SIGNIFICADO:
postura do Mago com o braço erguido	receber as energias do alto e usá-las para sua atuação na Terra
mensagem (rolo de papel)	o que existe em cima, existe embaixo
manto vermelho	atividade, iniciativa
cinto em forma de serpente	desejo de totalidade
bastão	habilidade, destreza
símbolo do infinito (∞)	intercâmbio constante entre os níveis alto e baixo, consciente e inconsciente
mesa retangular	plano da realidade
símbolos do Tarô na mesa	desafios que é preciso enfrentar
rosas vermelhas	amor divino
lírios brancos	pureza espiritual
número 1	atividade, energia criadora, iniciativa, número Yang

I

O Mago como carta isolada ou em outros sistemas de leitura

ASPECTOS GERAIS:

O MAGO representa o comportamento ativo, os impulsos e a iniciativa, além da inteligência, força e habilidade necessárias para movimentar o mundo ou obter algum resultado. Ele também significa a atitude de enfrentar um desafio, vencer os obstáculos ou "mergulhar fundo" em alguma coisa.

VIDA PROFISSIONAL:

Chegou a hora de tomar a iniciativa e partir para a ação. Enfrente seus projetos com toda a energia. Você tem as ideias certas, além de força, influência e convicção para levá-las a bom termo.

AMOR:

Ponha suas habilidades à prova. Dê um novo impulso a sua vida amorosa. Comece a agir, principalmente quando se trata de resolver os problemas. Se houver uma pessoa que você sente vontade de abordar há muito tempo, não hesite mais. Vá ao encontro dela, e insista se for necessário.

COMO QUINTESSÊNCIA:

Quando a soma de todas as cartas é igual a 1, o MAGO é a quintessência. Portanto, o conselho final é tomar a iniciativa, enfrentar o assunto em questão com esforço e habilidade, mostrar seu próprio valor nos momentos difíceis.

O Mago no Oráculo do Amor

POSIÇÃO 1 – *O assunto em questão*:

O relacionamento tem que ser mais dinâmico. Isso significa praticar mais atividades em conjunto, ou – caso a relação esteja paralisada interiormente – não se conformar com a situação, afastar os problemas e entrar em sintonia com o parceiro.

POSIÇÃO 2 – *Seu estado de espírito*:

Você gostaria de tomar a iniciativa, fazer alguma coisa pelo relacionamento, torná-lo mais dinâmico e emocionante, para que realmente valha a pena. Chegou a hora de enfrentar e vencer os desafios.

POSIÇÃO 3 – *Sentimentos da outra pessoa*:

Seu parceiro é uma pessoa fascinante, cheia de energia, alguém que não nasceu para esperar e costuma agir com rapidez e habilidade. Em breve ele vai entrar em contato com você. Talvez queira transformar você numa pessoa melhor. Ou talvez você represente um desafio a ser vencido a qualquer preço.

POSIÇÃO 4 – *O conselho do oráculo*:

Não fique esperando que ele venha até você. Tome a iniciativa na situação, dê o primeiro passo e enfrente os problemas de maneira direta. Modifique o relacionamento, escolha novas prioridades, desperte sua vida amorosa do "sono de Bela Adormecida" e traga seu relacionamento para o mundo real.

O Mago na Bússola

POSIÇÃO 1 – *O assunto em questão*:

Trata-se de um assunto que exige habilidade, esperteza e força de vontade. Ou, então, é preciso intervir numa determinada situação, encontrar uma solução criativa ou amadurecer diante dos desafios que têm de ser vencidos.

POSIÇÃO 2 – *O primeiro passo*:

Será que agora você vai mostrar seu valor? Seja como for, no início tudo parece perfeito. Você não pode e não quer esperar mais, tampouco quer seguir a orientação dos outros. Sente necessidade de "sair da casca", resolver os problemas e tomar a iniciativa na situação, fazendo as coisas à sua maneira.

POSIÇÃO 3 – *As reações*:

As pessoas ao redor são firmes e decididas, não hesitam nem desanimam. Outras agem com conhecimento de causa, de maneira muito consciente. Se você conseguir conquistá-las, terá ótimos aliados. Por outro lado, se elas se tornarem inimigas ou concorrentes, podem prejudicar sua vida.

POSIÇÃO 4 – *As perspectivas*:

Este é um caminho promissor, que leva à autorrealização e ao conhecimento. Mesmo que as cartas nas posições 2 e 3 indiquem um futuro difícil, você deve segui-lo. Os desafios podem ser resolvidos e com certeza vão contribuir para sua maturidade.

O Mago no Ponto Cego

POSIÇÃO 1 – *O que todo mundo sabe*:

Você é uma pessoa ativa, consciente de suas capacidades, que prefere agir ao invés de esperar. Ou, então, pelo menos neste momento você não pode hesitar muito, tem de enfrentar os desafios sem demora e seguir adiante, sem medo.

POSIÇÃO 2 – *O Ponto Cego*:

As outras pessoas reconhecem sua habilidade, sua perícia e sua capacidade de se impor e modificar as coisas. Como é possível que você ainda não perceba essas qualidades? Será que é introvertido, ou até hoje você não teve oportunidade de conhecer seu potencial? Em caso negativo, este Ponto Cego significa que, na opinião das outras pessoas, você é egoísta e tem tendência a manipular as situações.

POSIÇÃO 3 – *Como você se enxerga*:

Você conhece sua vontade de realizar as coisas, tomar a iniciativa e impor sua influência. Gosta de ter o destino nas próprias mãos e talvez até se considere uma pessoa mais habilidosa, fora do comum. Seja como for, não gosta de ser subestimado. A carta na posição 2 revela se as outras pessoas também encaram você dessa forma ou se têm opinião bem diferente.

POSIÇÃO 4 – *A grande incógnita*:

No fundo de seu inconsciente, existe uma pessoa que deseja alcançar a autorrealização, o conhecimento e a consideração das outras pessoas. Enquanto você ignorar essa força, é provável que se sinta insatisfeito consigo mesmo e ao mesmo tempo tenha medo das pessoas que possuem essas qualidades. Procure o Mago dentro de você. Ele pode inspirar força de vontade e atitudes mais firmes e corajosas.

A SACERDOTISA – INTUIÇÃO

SÍMBOLOS:	SIGNIFICADO:
posição à frente do véu	protetora dos segredos supremos
colunas preta e branca	polaridade
letras B e J	Boaz e Joaquim, as colunas diante do templo de Salomão, também interpretadas como símbolos de Luz e Escuridão
a Sacerdotisa está sentada entre as colunas	fazer a mediação entre dois polos, sem juízo de valor
colunas abertas no alto	receptividade
rolo da Torá no colo	acesso intuitivo ao saber secreto
coroa formada pelas 3 fases da Lua (☽ ○ ☾)	o ciclo da vida, que consiste em Evolução (☽), Plenitude (○) e Declínio (☾)
romãs	fertilidade
número 2	símbolo da dualidade, número Yin

II

A Sacerdotisa como carta isolada ou em outros sistemas de leitura

ASPECTOS GERAIS:

A SACERDOTISA incorpora forças mediúnicas e intuitivas e simboliza uma sensibilidade extraordinária. Representa a confiança na voz interior e a capacidade de receber vibrações e encontrar um caminho. Acima de tudo, ela personifica a arte de deixar fluir, a paciência e a sabedoria para reconhecer os momentos certos.

VIDA PROFISSIONAL:

Dê um tempo para si mesmo e para os assuntos profissionais. Você está no caminho certo e tem um bom faro a respeito do que é preciso fazer ou deixar de lado. Se você confiar nesse faro, tudo dará certo, mas se tomar iniciativas a esmo, poderá comprometer os resultados.

AMOR:

Esta carta é uma promessa de amor, compreensão profunda e atitudes sensíveis e carinhosas num relacionamento já existente. Caso você não tenha um parceiro, a carta significa a disposição de começar um novo relacionamento e a confiança na voz interior, que lhe dirá como, quando e onde agir para encontrar a pessoa certa.

COMO QUINTESSÊNCIA:

Quando a soma de todas as cartas é igual a 2, a SACERDOTISA é a quintessência. Ela representa uma atitude de disponibilidade e paciência para contemplar o curso dos acontecimentos, até que a voz interior lhe diga qual o momento certo para agir.

A Sacerdotisa no Oráculo do Amor

POSIÇÃO 1 – *O assunto em questão*:

Entre as almas de vocês existe um parentesco tão forte, que as palavras não são necessárias para a compreensão mútua. É como se vocês já se conhecessem há muito tempo.

POSIÇÃO 2 – *Seu estado de espírito*:

Você está disposto a abrir seu coração e viver sentimentos profundos. Mas não quer tomar atitudes precipitadas, preferindo esperar por um sinal do mundo exterior ou simplesmente pelo momento certo.

POSIÇÃO 3 – *Sentimentos da outra pessoa*:

Seu parceiro é uma pessoa sensível e muito intuitiva, capaz de entender você e enxergar no fundo de sua alma. Vai reagir de maneira positiva se você lhe der um sinal favorável, mas não faça exigências nem tente pressioná-lo.

POSIÇÃO 4 – *O conselho do oráculo*:

Não se precipite. Não é preciso tomar nenhuma providência. Aja com paciência, tolerância, compreensão e muita sensibilidade. Mas não se esqueça de demonstrar que está disposto a ouvir sugestões e engajar-se por uma boa causa.

A Sacerdotisa na Bússola

POSIÇÃO 1 – *O assunto em questão*:

Trata-se de um projeto que tem boas chances de dar certo, mas atitudes precipitadas ou autoritárias devem ser evitadas. É melhor usar a intuição para descobrir como, quando e onde agir. Além disso, pode ser vantajoso agir no ritmo das fases da Lua.

POSIÇÃO 2 – *O primeiro passo*:

Você está totalmente disposto a trilhar este caminho, confiando na orientação de sua voz interior. A carta na posição 4 mostra se o objetivo vale a pena.

POSIÇÃO 3 – *As reações*:

As pessoas ao redor estão à espera e acompanham com interesse e simpatia o que você está fazendo. Elas lhe mostram confiança e estão totalmente dispostas a atender seus desejos. No entanto, a iniciativa tem de partir de você.

POSIÇÃO 4 – *As perspectivas*:

Este é o caminho certo, que pode levar a um consenso. No final, você vai perceber que pode confiar em sua própria intuição e que uma mão invisível protege e orienta seu caminho.

A Sacerdotisa no Ponto Cego

POSIÇÃO 1 – *O que todo mundo sabe*:

Você é uma pessoa sensível e mediúnica, capaz de atitudes intuitivas, ou pelo menos você se encontra numa fase em que precisa esperar e reagir aos eventos conforme eles acontecem, em vez de tomar a iniciativa a esmo.

POSIÇÃO 2 – *O Ponto Cego*:

Os outros sabem que você tem personalidade muito intuitiva e é capaz de adivinhar o curso dos acontecimentos. É estranho que este seja seu Ponto Cego. Será que você prefere reprimir seus próprios dons, com medo de que o tomem por um maluco ou um visionário?

POSIÇÃO 3 – *Como você se enxerga*:

Você se considera uma pessoa paciente, que prefere esperar para agir. Conhece seu dom mediúnico, confia na própria intuição e sabe que sua vida é conduzida pela voz interior.

POSIÇÃO 4 – *A grande incógnita*:

No fundo de sua alma, uma fada está esperando para ser descoberta. Enquanto você continuar ignorando esse dom, ele pode lhe dar medo. Você se sentirá ameaçado por tudo aquilo que parece inexplicável, misterioso ou irracional. No entanto, quando você encontrar o acesso a essa fonte interior, vai sentir grande alegria, começando a encarar a vida com mais confiança em si mesmo.

A IMPERATRIZ – SOLO FÉRTIL

SÍMBOLOS:
figura
cereais, romãs
rio
árvores
coroa com doze diademas
cetro com uma esfera
símbolo de Vênus
número 3

SIGNIFICADO:
Mãe Natureza
fertilidade
fonte da vida, fonte da eterna juventude
força natural
força que controla as estações do ano
relação com todas as formas arredondadas
ênfase no aspecto pacífico da natureza
número divino, símbolo da energia vital

A Imperatriz como carta isolada ou em outros sistemas de leitura

III

ASPECTOS GERAIS:

A IMPERATRIZ mostra que você está pisando em solo fértil, no qual as coisas novas podem crescer em abundância. Ela representa os processos criativos, o crescimento vital e o nascimento de coisas novas.

VIDA PROFISSIONAL:

Uma fase dinâmica e criativa se abre diante de você, prometendo inúmeras possibilidades. Se você tomar cuidado para cultivar bem o solo, em breve vai colher os frutos.

AMOR:

Esta carta promete uma fase dinâmica no setor amoroso. Isso significa um impulso para o relacionamento, uma sensualidade ardente e às vezes também um sinal da chegada de um bebê.

COMO QUINTESSÊNCIA:

Quando a soma de todas as cartas é igual a 3, A IMPERATRIZ é a quintessência. Neste caso, o conselho final é pisar em solo fértil, confiar nos processos dinâmicos de crescimento e alegrar-se com o nascimento de coisas novas.

A Imperatriz no Oráculo do Amor

POSIÇÃO 1 – *O assunto em questão:*

Seu relacionamento está em fase de expansão, na qual tudo pode florescer e trazer novos frutos. Ou será que neste momento você está justamente "construindo um ninho de amor"?

POSIÇÃO 2 – *Seu estado de espírito:*

Você sente ardente necessidade de imprimir um novo rumo ao relacionamento, talvez até pelo fato de desejar muito ter um filho. Ou gostaria de trazer mais sensualidade para a vida cotidiana e abrir mais espaço para os prazeres dos sentidos, desde a boa comida até os passeios na natureza e os jogos eróticos.

POSIÇÃO 3 – *Sentimentos da outra pessoa:*

Seu parceiro é uma pessoa muito dinâmica e criativa, que se mostra aberta e disponível. Ele vai receber e apoiar de bom grado suas sugestões e seus impulsos.

POSIÇÃO 4 – *O conselho do oráculo:*

Mostre seu lado mais sensual e alegre e trate de pôr mais envolvimento e energia no relacionamento. Fique atento também para os processos de crescimento, mesmo que eles causem mudanças inevitáveis.

A Imperatriz na Bússola

POSIÇÃO 1 – *O assunto em questão:*

Aparentemente, você estava "ruminando" ou acalentando este assunto há muito tempo e agora quer trazê-lo à luz do dia. Ou talvez você esteja ouvindo um "chamado da natureza". Ou, ainda, trata-se de um solo fértil que se apresenta diante de você, pronto para ser semeado.

POSIÇÃO 2 – *O primeiro passo:*

O curso dos acontecimentos está em sintonia total com os processos naturais de crescimento. No início, você se limita a tramar alguma coisa, e de repente tudo se acelera. Você respira a plenitude e acredita que o solo vai lhe trazer uma colheita abundante.

POSIÇÃO 3 – *As reações:*

Você pode contar com uma reação favorável. O ambiente em que você se encontra é extremamente fértil. As pessoas ao redor vão acolher de bom grado suas sugestões e seus impulsos, apoiando você para a realização de seus projetos.

POSIÇÃO 4 – *As perspectivas*:

No final, tudo vai seguir seu caminho natural. Coisas novas vão surgir e você vai pisar em solo fértil, onde tudo pode crescer, florescer e frutificar em abundância.

A Imperatriz no Ponto Cego

POSIÇÃO 1 – *O que todo mundo sabe*:

Você é uma pessoa muito dinâmica, sensual e ligada à natureza, ou pelo menos você se encontra numa fase criativa, na qual consegue fazer coisas novas e gerar novas ideias.

POSIÇÃO 2 – *O Ponto Cego*:

Os outros encaram você como uma pessoa espontânea e muito dinâmica, que gosta de se expressar de forma criativa. Se você ignorar esse lado de sua personalidade, pode encontrar dificuldades, pois acabará desistindo ou perdendo o interesse pelos projetos que já tinha começado.

POSIÇÃO 3 – *Como você se enxerga*:

Você conhece seu lado criativo, sua vitalidade, sente que alguma coisa está surgindo em seu íntimo e que você poderia fazer coisas novas. Talvez sinta necessidade de levar uma vida mais natural, por exemplo mudando-se para o campo.

POSIÇÃO 4 – *A grande incógnita*:

Um temperamento muito criativo, escondido em seu interior, pode inspirar muita vitalidade e alegria para viver coisas novas, caso você lhe dê mais espaço em sua vida. Tente se esforçar mais nessa direção e viver com mais alegria. Talvez você descubra até mesmo o desejo de ter um filho.

O IMPERADOR – ELEMENTO ESTRUTURAL

SÍMBOLOS:
postura do Imperador
trono de pedra
cores vermelhas
armadura
cabeças de carneiro
cetro Ankh na mão direita
esfera dourada na mão esquerda
número 4

SIGNIFICADO:
firmeza
consistência, elemento estrutural
atividade
disposição para enfrentar os conflitos
capacidade de liderança
protetor dos seres vivos
anseio intuitivo de unidade

símbolo da ordem, da integridade e da realidade terrena

O Imperador como carta isolada ou em outros sistemas de leitura

ASPECTOS GERAIS:

O IMPERADOR simboliza retidão de caráter, senso de responsabilidade, realismo, sobriedade, ordem, clareza e coerência. Muitas vezes, ele é interpretado erroneamente como uma figura severa demais, dura e insensível. Na verdade, sua força consiste em proteger os mais fracos e garantir a segurança no ambiente ao seu redor. No melhor sentido, ele é um realizador, alguém que transforma os desejos, ideias e intenções em realidade, sempre usando o senso prático.

VIDA PROFISSIONAL:

Este é o momento de apresentar ideias claras, pôr mãos à obra e mostrar coerência. Tome as rédeas da situação, ponha tudo em ordem, realize aquilo que você vinha projetando há algum tempo e consolide os progressos que você já alcançou.

AMOR:

Para os romances e jogos de amor, O IMPERADOR é uma carta bastante sóbria. No contexto amoroso, ela significa fidelidade, apego e compromisso. No entanto, talvez você possa tomar uma iniciativa, realizando assim um desejo antigo.

COMO QUINTESSÊNCIA:

Quando a soma de todas as cartas é igual a 4, o IMPERADOR é a quintessência. Assim, o conselho final é realizar os projetos com firmeza, mas também com seriedade e realismo, fazendo o que é preciso fazer sem criar ilusões nem correr riscos desnecessários.

O Imperador no Oráculo do Amor

POSIÇÃO 1 – *O assunto em questão:*

Chegou o momento de dar contornos claros a seu relacionamento, agir com sinceridade, criar elos firmes e assumir responsabilidades.

POSIÇÃO 2 – *Seu estado de espírito:*

Talvez você esteja sentindo falta de mais segurança, compromisso e perspectivas de longo prazo em seu relacionamento, ou então gostaria de realizar um projeto que já estava no ar há algum tempo.

POSIÇÃO 3 – *Sentimentos da outra pessoa:*

Seu parceiro é uma pessoa que tem autocontrole e encara o relacionamento sem muita emoção. Talvez essa atitude lhe pareça pouco romântica, pois ele não se deixa iludir ou manobrar facilmente. No entanto, quando ele se envolve num relacionamento, não volta atrás tão depressa. Por outro lado, quando diz "não", dificilmente mudará de ideia.

POSIÇÃO 4 – *O conselho do oráculo:*

Assuma a responsabilidade pelo que aconteceu e por seus sentimentos atuais. Mostre claramente a importância que você dá ao relacionamento e procure afastar tudo aquilo que pode pôr em risco o futuro a dois. Realize aquele projeto com o qual você vinha sonhando há muito tempo e comporte-se com o máximo de clareza.

O Imperador na Bússola

POSIÇÃO 1 – *O assunto em questão:*

A ordem, o elemento estrutural e a responsabilidade estão em primeiro plano. Use um método comprovado, realize seus planos com responsabilidade ou consolide aquilo que você já alcançou.

POSIÇÃO 2 – *O primeiro passo:*

No início, você precisa verificar se a situação é viável e pode trazer bons resultados. Conforme suas conclusões, você pode desistir do projeto ou realizá-lo passo a passo, com muita persistência.

POSIÇÃO 3 – *As reações:*

As pessoas ao redor agem com objetividade e encaram você de maneira neutra. Por isso, talvez elas lhe pareçam frias e reservadas. Se você quiser conquistá-las nesse contexto, deve apresentar sugestões confiáveis, fatos concretos e planos viáveis. No momento em que elas concordarem, você pode contar com isso.

POSIÇÃO 4 – *As perspectivas*:

Este caminho é favorável. No final, os projetos serão terminados. Você demonstrou sua competência e realizou aquilo que queria. Além disso, você tem condições de consolidar os resultados.

O Imperador no Ponto Cego

POSIÇÃO 1 – *O que todo mundo sabe*:

Você é uma pessoa pragmática, que gosta de clareza, ordem e método, ou pelo menos você se encontra agora numa fase em que precisa concretizar seus planos e agir com coerência.

POSIÇÃO 2 – *O Ponto Cego*:

Os outros percebem que neste momento você precisa de ordem e clareza e que deveria pôr em prática os projetos adiados por muito tempo. Se esta carta for seu Ponto Cego, também existe a possibilidade de que você tenha se esquivado das responsabilidades aos olhos dos outros, ou sua atitude diante da vida seja sóbria e pragmática demais.

POSIÇÃO 3 – *Como você se enxerga*:

Você se considera uma pessoa realizadora, que põe os projetos em prática passo a passo, assumindo suas responsabilidades. Se a carta na posição 2 mostrar que a opinião das outras pessoas é diferente disso, você tem que refletir com cuidado sobre a imagem que faz de si mesmo.

POSIÇÃO 4 – *A grande incógnita*:

Bem no íntimo, você tem uma capacidade de organização que não é posta em prática. Enquanto você não se conscientizar desse aspecto de sua personalidade, o caos pode dominar sua vida, impedindo a realização de projetos valiosos. Mas se você entrar em contato com o Imperador dentro de você, ele se mostrará menos frio e reservado do que parece à primeira vista, inspirando a vitalidade e a proteção que ajudarão você a concretizar seus planos e alcançar a autorrealização.

O HIEROFANTE – CONFIANÇA

SÍMBOLOS:	SIGNIFICADO:
sacerdote e monges ajoelhados	instrução e busca espiritual
rosas vermelhas, lírios brancos	amor divino, pureza da alma
cruz de três braços, coroa de três camadas, três cruzes no cordão do manto	o Hierofante representa as seguintes dimensões: Céu, Terra e Inferno
mão que abençoa com três dedos abertos e dois fechados	corpo, alma e espírito quem está em busca da verdade deve dirigir o olhar não apenas para as coisas visíveis, mas também para as ocultas
colunas de cor cinza	meio-termo entre preto e branco
chaves cruzadas	símbolo de São Pedro e do Papa
número 5	número do ser humano, da quintessência e do sentido oculto da Criação

O Hierofante como carta isolada ou em outros sistemas de leitura

ASPECTOS GERAIS:

O HIEROFANTE tem relação com os sacerdotes dos antigos mistérios. Esta carta significa a busca e a definição de um significado e com isso pode se referir a experiências que nos parecem "significativas". Além disso, ela simboliza honestidade e uma elevada consciência ética. Muitas vezes, é uma promessa de felicidade, pois significa caminhos favoráveis, que devemos trilhar cheios de certeza, fé e esperança.

VIDA PROFISSIONAL:

Este é o momento de ter fé em Deus. Você está prestes a dar um passo importante, que pode trazer resultados positivos se você agir de maneira diligente e permanecer fiel a seus princípios. Provavelmente, a recompensa será maior do que você esperava.

AMOR:

Agora tem início uma fase caracterizada pela confiança, fé e sinceridade, mas também pela disposição de procurar um sentido, que às vezes se esconde justamente nas situações difíceis. Além disso, esta carta pode ser o anúncio de um casamento próximo.

COMO QUINTESSÊNCIA:

Quando a soma de todas as cartas é igual a 5, o HIEROFANTE é a quintessência. Com isso, o conselho final é procurar um sentido nas situações duvidosas, agir com sensatez e confiança, sinceridade e prudência. Esta quintessência costuma ocorrer em disposições de cartas cujo sentido só pode ser entendido mais tarde.

O Hierofante no Oráculo do Amor

POSIÇÃO 1 – *O assunto em questão*:

Atualmente, sua vida amorosa se caracteriza por sinceridade, afeto recíproco e confiança crescente. É uma fase favorável para a convivência.

POSIÇÃO 2 – *Seu estado de espírito*:

Você tem ideais elevados e deseja um relacionamento mais "nobre", baseado na sinceridade e na profunda confiança mútua. Talvez essas expectativas sejam impossíveis, mas a necessidade de dar mais sentido ao relacionamento é importante e proveitosa.

POSIÇÃO 3 – *Sentimentos da outra pessoa*:

Seu parceiro é uma pessoa sincera, que lhe dá valor e confia inteiramente em você. Você pode acreditar nele/nela, pois suas atitudes revelam bondade e nobreza.

POSIÇÃO 4 – *O conselho do oráculo*:

Mostre confiança para receber confiança em troca. Seja sincero e faça o possível para que os dois parceiros se relacionem da melhor maneira. Por outro lado, esta carta pode ser um convite para que você avalie seu comportamento do ponto de vista ético.

O Hierofante na Bússola

POSIÇÃO 1 – *O assunto em questão*:

O assunto em questão tem relação com a busca de um significado, uma experiência muito significativa ou algo que realmente vale a pena. Ou, então, trata-se de uma questão que envolve ética e moral, eventualmente também um assunto confidencial.

POSIÇÃO 2 – *O primeiro passo*:

No início, você sente entusiasmo, intenções elevadas e confiança inabalável. Segue por este caminho com esperança e motivação, pois tem certeza de que ele vai trazer bons resultados mais cedo ou mais tarde. Verifique se a carta na posição 4 confirma essas expectativas.

POSIÇÃO 3 – *As reações:*

Você pode confiar plenamente nas pessoas ao redor. As que são realmente importantes para você vão reagir com sinceridade e de maneira positiva. Se você precisa de conselho, apoio ou proteção, está em boas mãos.

POSIÇÃO 4 – *As perspectivas:*

Este é um caminho muito promissor, que pode levar a uma certeza profunda. Mesmo que as cartas nas posições 2 e 3 forem difíceis, no final você vai perceber que o caminho realmente valeu a pena e que uma mão protetora paira sobre você. Conforme a pergunta formulada, esta carta também pode indicar uma vivência religiosa ou a busca sincera de um sentido para a vida.

O Hierofante no Ponto Cego

POSIÇÃO 1 – *O que todo mundo sabe:*

Você é uma pessoa de alma nobre, talvez também religiosa ou que segue princípios morais. Ou, então, pelo menos você se encontra numa fase na qual conseguiu conquistar a confiança dos outros.

POSIÇÃO 2 – *O Ponto Cego:*

Será que os outros veem em você um exemplo a ser seguido, uma espécie de professor ou guru, sem que você se dê conta disso? Ou será que você é encarado como um moralista, um fariseu ou um falso beato? Talvez a carta represente também a busca de um sentido que até agora você ignorava.

POSIÇÃO 3 – *Como você se enxerga:*

Você sabe que é uma pessoa de princípios éticos, empenhada em encontrar um sentido para a vida, que age com bondade, honestidade e honradez. Mas se a carta na posição 2 mostrar que as pessoas ao redor têm uma opinião diferente, você precisa reavaliar sua autoimagem.

POSIÇÃO 4 – *A grande incógnita:*

Se você sempre se sentiu atormentado pela desconfiança, o desespero e a sensação de vazio, agora já sabe o motivo. Em seu íntimo existe uma força que pode inspirar otimismo, pensamento positivo, confiança, satisfação e um sentido para a vida. Basta libertar essa força do seu mundo de sombras. Tente descobrir seu "sacerdote interior", para que ele lhe ensine a fé e o otimismo.

OS ENAMORADOS – A ESCOLHA DO CORAÇÃO

SÍMBOLOS:

Adão e Eva
jardim do Éden
nudez = estado de inocência antes de morder a maçã
duas árvores

arcanjo Rafael
Sol brilhante
montanha
número 6

SIGNIFICADO:

casal de amantes
estado paradisíaco
inocência, pureza

Árvore da Vida e Árvore do Conhecimento (com a serpente e as maçãs)
anjo da guarda dos amantes
luz, calor, confiança e alegria
clímax, ponto alto
símbolo da penetração mútua e da união indissolúvel dos opostos (estrela de seis pontas)

Os Enamorados como carta isolada ou em outros sistemas de leitura

ASPECTOS GERAIS:

OS ENAMORADOS representam um grande amor, mas só quando este é o tema da pergunta. Em todos os outros casos, a carta simboliza uma decisão que envolve compromissos, tomada de maneira espontânea e sincera, mas não necessariamente em relação à vida amorosa.

VIDA PROFISSIONAL:

Você está diante de uma decisão a ser tomada de todo o coração, ou que exige coragem. Não aceite pressões, manipulação ou qualquer tipo de influência. Faça apenas aquilo que o coração lhe diz.

AMOR:

Uma fase maravilhosa se inicia agora. Um amor antigo pode desabrochar de novo, ou você está a ponto de se apaixonar novamente e entregar seu coração a alguém.

COMO QUINTESSÊNCIA:

Quando a soma de todas as cartas é igual a 6, os ENAMORADOS é a quintessência. Com isso, o conselho final é tomar uma decisão, de todo o coração e com sinceridade, escolhendo uma pessoa, um caminho ou uma missão, conforme o contexto da pergunta.

Os Enamorados no Oráculo do Amor

POSIÇÃO 1 – *O assunto em questão:*

Aqui estão duas pessoas que nasceram uma para a outra. Seu relacionamento é cada vez mais satisfatório, ou já atingiu o auge. Se antes havia ressalvas, agora elas não têm cabimento. Chegou o momento de dizer "sim" sem restrições.

POSIÇÃO 2 – *Seu estado de espírito:*

Seu coração está apaixonado. Você sente que encontrou a pessoa certa, ou já está envolvido com ela. Agora quer se declarar. Mostre seu amor sem medo.

POSIÇÃO 3 – *Sentimentos da outra pessoa:*

Seu parceiro é uma pessoa amorosa, que já se decidiu por você ou está prestes a "cair na rede". Se ele ainda estiver hesitando, faça um pequeno esforço, e você não terá dificuldades para conquistá-lo.

POSIÇÃO 4 – *O conselho do oráculo:*

Não faça concessões. Siga o caminho do coração. Não deixe que as dúvidas e os argumentos atrapalhem você, por mais convincentes que sejam. Chegou o momento de tomar uma decisão e assumir um compromisso.

Os Enamorados na Bússola

POSIÇÃO 1 – *O assunto em questão:*

O assunto em questão tem relação com o amor ou com uma decisão que precisa ser tomada. Talvez você se encontre numa encruzilhada, que exige uma escolha firme e um posicionamento claro.

POSIÇÃO 2 – *O primeiro passo:*

No início, tudo é maravilhoso. Você vai seguir este caminho com paixão, decisão e confiança. Se sua pergunta tiver relação com outra pessoa, você vai viver – logo de início – um grande amor. Verifique a carta na posição 4 para saber se tudo isso é "fogo de palha" ou uma promessa de felicidade duradoura.

POSIÇÃO 3 – *As reações:*

As pessoas ao redor agem com muita simpatia. Algumas delas estão envolvidas com este assunto de corpo e alma, ou – caso a pergunta tenha relação com a vida amorosa – estão até apaixonadas. Se você pretende conquistá-las para si mesmo ou para seus projetos, lembre-se de que elas só ouvem o próprio coração e não se importam com argumentos, por mais convincentes que sejam.

POSIÇÃO 4 – *As perspectivas*:

Este é um caminho favorável, que você não deve ter medo de seguir. No final, vai encontrar um grande amor – se esse for o tema da pergunta –, ou a alegria de fazer a coisa certa, seguindo o caminho do coração.

Os Enamorados no Ponto Cego

POSIÇÃO 1 – *O que todo mundo sabe*:

Você acabou de se apaixonar, ou sua vida hoje gira em torno do amor. Ou, então, você se encontra diante de uma decisão que tem de ser tomada de todo o coração.

POSIÇÃO 2 – *O Ponto Cego*:

Será que você encontrou um grande amor, mas ainda não se deu conta disso? Nesse caso, deve conversar com outras pessoas o quanto antes, para se conscientizar de seu Ponto Cego. Ou será que se trata de uma decisão no campo afetivo que você não está vendo, ou não quer ver?

POSIÇÃO 3 – *Como você se enxerga*:

Você foi ferido pela "flecha de Cupido" e quer seguir o caminho do coração. Ou, então, você se encontra diante de uma decisão importante que tem de ser tomada com amor, empenho e entusiasmo.

VI

POSIÇÃO 4 – *A grande incógnita*:

No fundo de sua alma, existe um sentimento de grande amor. Enquanto você não se conscientizar desse aspecto de sua personalidade, vai tomar decisões apenas racionais e sensatas, sem se perguntar se existem outras possibilidades. Com certeza, vai receber estima e simpatia, mas não poderá viver o amor profundo e verdadeiro até libertar essa qualidade interior.

O CARRO – O SALTO PARA A FRENTE

SÍMBOLOS:	SIGNIFICADO:
baldaquino (dossel com estrelas) dragonas em forma de Lua zodíaco no cinto	símbolos da Deusa Celeste, cujo filho é aqui apresentado como Deus da Primavera e como Redentor
estrela de oito pontas (ligação com a dimensão superior) e quadrado (dimensão terrena)	ele vem do Céu (8) e reina na Terra (4)
Sol alado	símbolo de Apolo
cidade que fica para trás	partida em direção a objetivos distantes
duas esfinges, uma preta e uma branca	tendências contraditórias que têm de ser conciliadas para que o progresso seja possível
cetro com extremidade dourada	objetivos nobres, busca da unidade
número 7	fim de um ciclo e recomeço

VII

O Carro como carta isolada ou em outros sistemas de leitura

ASPECTOS GERAIS:

O CARRO representa o despertar da primavera, o desabrochar das energias e a vontade de começar coisas novas. Além disso, pode significar que as oposições têm de ser superadas e conciliadas para que o progresso verdadeiro seja possível. Às vezes, a carta pode ser interpretada como uma advertência para não subestimar as forças que permanecem adormecidas.

VIDA PROFISSIONAL:

Agora, é preciso pôr mãos à obra e partir em busca de grandes objetivos. Você tem força e talento para deixar as coisas velhas para trás, superar as contradições e seguir caminhos novos. Se as pessoas ao redor têm divergências, agora você pode conciliar os interesses adversos.

AMOR:

Se você estiver caminhando em direção a um novo amor, ou estiver se afastando de um amor antigo, saiba que tudo vai acontecer depressa. Mas a carta também pode indicar que uma nova primavera tem início num relacionamento já existente, pois as divergências foram superadas.

COMO QUINTESSÊNCIA:

Quando a soma de todas as cartas é igual a 7, o CARRO é a quintessência. Com isso, o conselho final do oráculo é não hesitar por mais tempo, nem perder tempo com elucubrações, e sim partir de uma vez, tomando as rédeas da situação e seguindo em frente.

O Carro no Oráculo do Amor

POSIÇÃO 1 – *O assunto em questão*:

Seu relacionamento entra agora numa fase mais dinâmica. Sem sombra de dúvida, O CARRO significa que os velhos problemas e conflitos foram superados e você vai seguir em frente graças à comunhão de forças. Às vezes, a carta pode indicar um triângulo amoroso.

POSIÇÃO 2 – *Seu estado de espírito*:

A coragem lhe dá asas, e você gostaria de sair em busca de novos objetivos. Talvez queira dar novo impulso ao relacionamento e viver uma aventura com seu parceiro, uma viagem de volta ao mundo ou simplesmente uma mudança de endereço. Ou talvez queira desfazer o relacionamento e seguir seu caminho por conta própria.

POSIÇÃO 3 – *Sentimentos da outra pessoa*:

Seu parceiro é uma pessoa dinâmica, que deseja dar um "salto para frente". Mas a carta não diz claramente se ele vai "saltar em seu pescoço" ou se vai se afastar de você. Seja como for, a carta significa acontecimentos favoráveis.

VII

POSIÇÃO 4 – *O conselho do oráculo*:

Não adie mais aquele passo que até agora você não tinha coragem de dar. Use toda a sua habilidade para superar os conflitos e contradições existentes. Dê um novo rumo ao relacionamento com novas atividades. Não perca de vista os objetivos de longo prazo, que podem despertar o entusiasmo dos dois, e faça de tudo para que as coisas comecem a mudar.

O Carro na Bússola

POSIÇÃO 1 – *O assunto em questão*:

O assunto em questão é uma ruptura, um recomeço, um "despertar da primavera". Ou, então, você está tentando empurrar uma carruagem encalhada, escapar de uma situação de imobilidade, superar contradições e dar novo impulso a um determinado projeto.

POSIÇÃO 2 – *O primeiro passo*:

No início, tudo vai bem. Você progride depressa, sente prazer e alegria nesta situação e não tem dúvida quanto aos resultados. Verifique a carta na posição 4 para saber se esta avaliação otimista é precipitada, ou se você está no caminho certo.

POSIÇÃO 3 – *As reações*:

As pessoas ao redor agem com senso crítico, rapidez e impaciência. Caso você esteja enfrentando concorrência, tem que se esforçar bastante para não ficar para trás. Mas se conseguir conquistar os outros, vai progredir rapidamente. Dos dois jeitos, a situação é emocionante.

POSIÇÃO 4 – *As perspectivas*:

No final, você vira a mesa. Se as cartas anteriores indicarem que alguma coisa está emperrada, agora tudo vai se resolver. Então, nada pode deter você, até que o objetivo seja alcançado. No entanto, O CARRO também pode indicar que o caminho atual se tornou monótono e que você já partiu em busca de novos objetivos.

O Carro no Ponto Cego

POSIÇÃO 1 – *O que todo mundo sabe*:

Você é uma pessoa aventureira, que sempre precisa de novos desafios e impulsos. Ou, então, pelo menos neste momento você não consegue se deter por muito tempo, pois está sempre procurando novos objetivos e sente necessidade de seguir em frente.

POSIÇÃO 2 – *O Ponto Cego*:

As outras pessoas acham que você vai viver uma ruptura significativa, com consequências de longo prazo na vida exterior ou interior. Caso você realmente não tenha consciência disso, deve conversar com os outros a respeito, a fim de não ficar para trás.

POSIÇÃO 3 – *Como você se enxerga*:

Você sabe que está diante de uma grande virada. Quer dar um passo importante no mundo exterior, tenta resolver uma situação emperrada, superar uma discórdia interior ou conciliar outras contradições que até agora ficaram sem solução.

POSIÇÃO 4 – *A grande incógnita*:

No fundo de seu inconsciente, um herói espera para ser despertado. Enquanto você não se conscientizar desse aspecto de sua personalidade, vai temer todas as mudanças, ou pelo menos só vai aceitá-las de má vontade. No entanto, se você tomar consciência desse aspecto desconhecido, vai descobrir em seu interior uma energia dinâmica, uma capacidade empreendedora e uma alegria de viver que você nem acreditava ser possível.

A JUSTIÇA – O JULGAMENTO SENSATO

SÍMBOLOS:	SIGNIFICADO:
Astreia (deusa da mitologia grega)	deusa da Justiça
coroa denteada	deusa das cidades, protetora da civilização
colunas de cor cinza	neutralidade
ênfase no lado direito (a espada está na mão direita, o pé direito e o lado direito do trono são visíveis)	ênfase na razão, que pode motivar um veredicto objetivo, sensato, justo e bem-fundamentado
balança na mão esquerda	avaliação intuitiva para chegar a um julgamento
fundo dourado	hemisfério divino
cortina de cor violeta	limiar entre as dimensões terrena e divina
número 8	número da Justiça, que é sempre divisível em partes iguais

A Justiça como carta isolada ou em outros sistemas de leitura

ASPECTOS GERAIS:

A JUSTIÇA significa o julgamento sensato, a decisão inteligente tomada depois de um exame crítico. Além disso, ela deixa claro que nós mesmos somos os responsáveis por aquilo que acontece em nossas vidas. Em última análise, cada um colhe aquilo que semeia.

VIDA PROFISSIONAL:

Tente agir com justiça e decidir com inteligência. Seja impecável. Afinal de contas, você é responsável pelo que aconteceu e pela maneira como as coisas se passaram. Nada vai ser dado de presente, mas nada vai ser tirado à força. No final, você vai colher o que semeou.

AMOR:

Para você, justiça, equilíbrio e igualdade de direitos são aspectos importantes. Por isso, analise criticamente a situação atual e tome uma decisão clara sobre o rumo a seguir.

COMO QUINTESSÊNCIA:

Quando a soma de todas as cartas é igual a 8, a JUSTIÇA[8] é a quintessência. Ela aconselha assumir responsabilidades e decidir com inteligência e sensatez, sabendo que no final você vai colher aquilo que semeou.

A Justiça no Oráculo do Amor

POSIÇÃO 1 – *O assunto em questão*:

Existe senso de justiça e igualdade de direitos em seu relacionamento. Os dois parceiros assumem responsabilidade pela situação atual. No entanto, pode ser que se trate de uma decisão importante e sensata a ser tomada.

POSIÇÃO 2 – *Seu estado de espírito*:

Você leva em consideração os prós e os contras da situação, pois está consciente de sua responsabilidade. Tenta tomar uma decisão clara e adotar uma atitude firme, que você possa sustentar com a consciência tranquila.

POSIÇÃO 3 – *Sentimentos da outra pessoa*:

VIII

Seu parceiro é uma pessoa sensata, mas suas reações podem parecer frias e reservadas. Isso nada tem a ver com você. Ele simplesmente precisa de tempo para chegar a uma conclusão e esclarecer para si mesmo aquilo que deseja. Em qualquer situação, ele vai agir com senso de justiça.

POSIÇÃO 4 – *O conselho do oráculo*:

Assuma a responsabilidade pelos acontecimentos. Não tome decisões precipitadas. Decida com sensatez e maturidade e comporte-se com justiça, inteligência e cautela.

A Justiça na Bússola

POSIÇÃO 1 – *O assunto em questão*:

O assunto em questão tem relação com a justiça ou precisa ser decidido de maneira inteligente e justa. Os resultados são de sua inteira responsabilidade.

POSIÇÃO 2 – *O primeiro passo*:

Você dá início a seus projetos com seriedade e senso crítico, tentando formar uma opinião clara. Assume suas responsabilidades e age de maneira sensata, equilibrada e justa.

---

[8] Sobre a inversão na numeração desta carta, ver página 22.

POSIÇÃO 3 – *As reações*:

As pessoas ao redor são justas e agem de maneira sensata. Não vão decepcionar você, nem tirar vantagens à força. Você não vai receber nada de graça, mas ninguém vai ignorar seus desejos. Cada um colhe aquilo que plantou.

POSIÇÃO 4 – *As perspectivas*:

Os resultados deste caminho só dependem de você. O final é justo, e você é inteiramente responsável por ele. Quanto mais sinceridade e empenho você tiver, melhores serão os resultados.

A Justiça no Ponto Cego

POSIÇÃO 1 – *O que todo mundo sabe*:

Você é uma pessoa consciente de suas responsabilidades e tem uma atitude inteligente, equilibrada e justa diante da vida. Ou, então, você se encontra numa fase decisiva, na qual tem de decidir de forma equilibrada e com senso de justiça.

POSIÇÃO 2 – *O Ponto Cego*:

As outras pessoas acham que você é responsável por sua situação atual e que uma decisão clara é absolutamente necessária. Se você não consegue enxergar sua responsabilidade ou sua culpa, deve conversar com alguém a esse respeito.

POSIÇÃO 3 – *Como você se enxerga*:

Você se considera uma pessoa responsável. Sempre tenta agir com cautela, sabedoria e senso de justiça. Verifique a carta na posição 2 para saber se as outras pessoas têm a mesma opinião a seu respeito.

POSIÇÃO 4 – *A grande incógnita*:

No fundo de sua alma, você é uma pessoa justa e acredita que cada um colhe o que semeia. Enquanto você não se conscientizar desse aspecto de sua personalidade, vai achar que os acontecimentos negativos de sua vida são injustiças e a culpa só pode ser dos outros. Mas se você acolher essa sabedoria no coração, vai perceber que é você o responsável pelo que acontece em sua vida e passará a agir com mais cautela e senso de justiça.

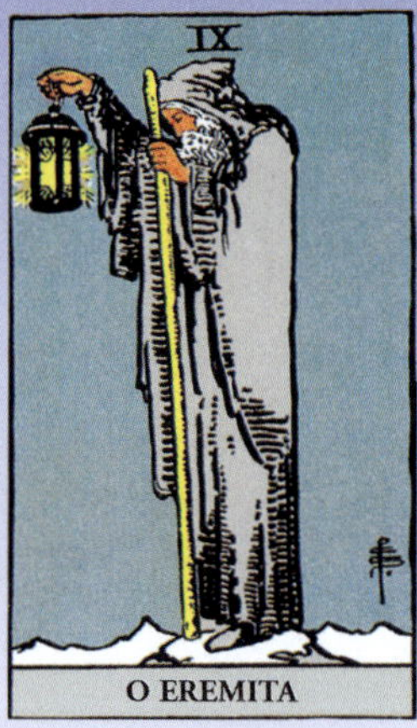

O EREMITA – FIDELIDADE A SI MESMO

SÍMBOLOS:

hábito de cor cinza
capuz
postura característica do Eremita
estrela luminosa de seis pontas

local elevado, coberto de neve
número 9

SIGNIFICADO:

seriedade, aparência modesta
proteção contra as influências externas
iluminar o caminho para as outras pessoas

energia luminosa, baseada na superação dos contrários: alto/baixo, masculino/feminino, fogo/água
sabedoria elevada, solidão

recolhimento e concentração antes de dar início às coisas novas

O Eremita como carta isolada ou em outros sistemas de leitura

ASPECTOS GERAIS:

O EREMITA simboliza uma fase de recolhimento e meditação, muitas vezes também de solidão, antes que tenha início um novo ciclo da vida. Esta imagem de seriedade e retraimento não significa mau humor, amargura ou desamparo. Ela simboliza uma atitude profunda, sábia e clara diante da vida. Podemos até nos relacionar com outras pessoas, mas isso não nos afeta. O EREMITA é sempre fiel a si mesmo.

VIDA PROFISSIONAL:

Tente agir com seriedade, no bom sentido. Poupe suas energias. Você está prestes a dar um novo passo que exige decisão e clareza. Reflita sobre o que deseja realmente, o que a profissão, o prestígio, o dinheiro e a segurança significam para você, e siga seu caminho com coerência.

AMOR:

Você tenta esclarecer o que considera importante e certo e o que realmente procura no amor. Talvez o recolhimento e a solidão sejam as atitudes mais sensatas. Não siga a opinião dos outros e não tome atitudes que acha erradas. Seja fiel a si mesmo.

COMO QUINTESSÊNCIA:

Quando a soma de todas as cartas é igual a 9, o EREMITA é a quintessência. Trata-se de um conselho para que você procure o recolhimento e esclareça seus sentimentos e desejos, e só então tome uma atitude.

O Eremita no Oráculo do Amor

POSIÇÃO 1 – *O assunto em questão:*

Esta é uma fase de meditação, na qual você tem de esclarecer o que considera importante. Talvez você tente fazer um balanço do relacionamento. No melhor sentido, O EREMITA significa que ambos são sinceros consigo mesmos, e cada um é honesto com o outro.

POSIÇÃO 2 – *Seu estado de espírito:*

Você leva a situação a sério, mas ainda tem de descobrir o que realmente deseja, o que procura no amor e que tipo de relacionamento gostaria de viver. Talvez você tenha de tirar um tempo para isso, antes de procurar contato com outras pessoas.

POSIÇÃO 3 – *Sentimentos da outra pessoa:*

Seu parceiro é uma pessoa madura, que leva a situação a sério, mas ainda precisa esclarecer alguma coisa consigo mesmo. Portanto, dê-lhe um tempo e não faça pressão, sobretudo se ele adotar uma atitude defensiva. No final, ele vai fazer aquilo que acha certo.

POSIÇÃO 4 – *O conselho do oráculo:*

Tente se recolher e entrar num acordo consigo mesmo. Procure esclarecer o que deseja, o que o relacionamento significa para você, quais são suas necessidades e até onde está disposto a ir. Não tente ser o que você não é. Tome uma atitude honesta e autêntica.

O Eremita na Bússola

POSIÇÃO 1 – *O assunto em questão:*

O assunto em questão tem de ser levado a sério, exige cautela e maturidade. Talvez se trate da busca de um conhecimento profundo, ou de uma fase de recolhimento antes de começar coisas novas.

POSIÇÃO 2 – *O primeiro passo:*

No início, você enfrenta o assunto com seriedade e age de acordo com sua maneira de ser. Pode ser que você procure primeiro o recolhimento, para esclarecer para si mesmo o que realmente deseja.

POSIÇÃO 3 – *As reações:*

As pessoas ao redor agem com seriedade e cautela. Não fazem oposição, mas estão ocupadas consigo mesmas e precisam de tempo para decidir como agir. Não tente influenciar, convencer ou manipular ninguém. Seria perda de tempo. Se você mesmo estiver precisando de tempo, este é o momento de parar para refletir.

POSIÇÃO 4 – *As perspectivas*:

No final, você vai esclarecer aquilo que deseja. Permaneça fiel a si mesmo e provavelmente aprenderá a se conhecer melhor. Encontrará um caminho de acordo com sua maneira de ser e no qual você tem condições de realizar aquilo que considera importante.

O Eremita no Ponto Cego

POSIÇÃO 1 – *O que todo mundo sabe*:

Você é uma pessoa séria, talvez também introvertida, que precisa de recolhimento para esclarecer os próprios desejos, mas depois disso gosta de manter contatos duradouros com outras pessoas. Ou, então, você se encontra numa fase de recolhimento, preparando-se para dar um passo importante.

POSIÇÃO 2 – *O Ponto Cego*:

As outras pessoas acham que você é sério e autêntico. Uma vez que este é seu Ponto Cego, com certeza você está se iludindo a esse respeito, tentando se passar por uma pessoa alegre, descontraída e até inconsequente – mesmo nas situações erradas.

POSIÇÃO 3 – *Como você se enxerga*:

Você se considera uma pessoa que gosta de solidão e silêncio, para esclarecer seus sentimentos. Costuma se proteger contra as influências externas e procura o conhecimento, sobretudo o autoconhecimento, para agir de acordo com sua maneira de ser.

POSIÇÃO 4 – *A grande incógnita*:

No fundo de seu inconsciente, existe um "velho sábio" que ainda não foi descoberto. Enquanto você não se conscientizar desse aspecto de sua personalidade, o "sábio interior" vai lhe parecer um velho amargo e ranzinza. Mas se você resgatar esse aspecto ainda desconhecido, poderá apreciar os momentos de solidão e silêncio, para esclarecer os próprios sentimentos e ouvir os conselhos de seu "sábio interior".

A RODA DA FORTUNA – MISSÃO DE VIDA

SÍMBOLOS:
roda
Anúbis (= chacal), esfinge,
Seth (= serpente)
texto na roda (חוחי, JHVH)
símbolos da alquimia
representações simbólicas
dos quatro elementos
número 10

SIGNIFICADO:
a Roda do Tempo
evolução, plenitude, decadência

o nome de Deus
passagem da dimensão mais baixa para a mais alta
totalidade da Criação, tornar-se um Todo

ordem divina (Dez Mandamentos, Dez *Sephiroth*, que são as esferas ou círculos mágicos da Cabala)

A Roda da Fortuna como carta isolada ou em outros sistemas de leitura

X

ASPECTOS GERAIS:

Esta carta simboliza a Roda do Tempo, que traz no momento certo tudo aquilo que temos de realizar na vida, e em seguida tira o que nos deu. É uma energia que sempre nos conduz de volta para o nosso destino. As tarefas e experiências da vida têm algo de inevitável, e todas são fragmentos que formam a imagem completa de um percurso.

VIDA PROFISSIONAL:

Chegou o momento de enfrentar uma tarefa inevitável. Pode ser um projeto pelo qual você esperou muito tempo, ou que evitou até agora. Seja como for, é sua vez de mostrar do que é capaz. Talvez seja um caminho do destino, que conduz você à sua verdadeira missão na vida, mesmo quando os acontecimentos pareciam levar em outra direção.

AMOR:

Uma pessoa pela qual você sente atração mágica pode entrar em sua vida, mas este relacionamento não será fácil. Seja como for, sua vida amorosa é dominada por experiências importantes, que não podem ser escolhidas livremente. Você se sente conduzido por uma força interior. Não tente resistir e siga este caminho, passo a passo.

COMO QUINTESSÊNCIA:

Quando a soma de todas as cartas é igual a 10, a RODA DA FORTUNA é a quintessência. A soma desses algarismos dá o resultado 1, que é o MAGO. Com isso, a mensagem final é que existe uma tarefa a ser cumprida (A RODA DA FORTUNA) e que você tem energia e destreza para enfrentá-la (O MAGO).

A Roda da Fortuna no Oráculo do Amor

POSIÇÃO 1 – *O assunto em questão:*

Este relacionamento é condicionado pelo destino – no bom ou no mau sentido, conforme sua reação. Em caso negativo, você é uma pessoa fatalista. Mas é possível dar um rumo mais criativo ao relacionamento. Para saber mais, consulte o conselho do oráculo na posição 4.

POSIÇÃO 2 – *Seu estado de espírito:*

Você sente que chegou o momento de mudar o relacionamento e tomar atitudes necessárias. Talvez assumir o compromisso, esclarecer um problema ou até mesmo separar-se do parceiro. Seja como for, você não deve adiar o assunto por mais tempo.

X

POSIÇÃO 3 – *Sentimentos da outra pessoa:*

Seu parceiro não se sente inteiramente livre no relacionamento. Talvez ele esteja em situação de dependência, ou tenha que tomar atitudes inevitáveis. Em caso positivo, você é o destino dessa pessoa.

POSIÇÃO 4 – *O conselho do oráculo:*

Esta fase do relacionamento não se deve ao "acaso" e chegou o momento de evoluir, definindo novos objetivos. É preciso dar um passo importante, que provavelmente você já adiou várias vezes.

A Roda da Fortuna na Bússola

POSIÇÃO 1 – *O assunto em questão:*

Sua pergunta tem relação com um assunto que precisa ser resolvido ou uma tarefa a ser realizada. Se você não puser mãos à obra, estará apenas adiando uma decisão inevitável.

POSIÇÃO 2 – *O primeiro passo:*

Você sabe que chegou o momento de seguir em frente. Mesmo que no início o caminho seja difícil, você vai perceber a cada novo passo que esta é sua missão de vida. Verifique a carta na posição 4 para saber se é uma experiência breve, mas importante, ou se é um caminho que vai exigir mais tempo.

POSIÇÃO 3 – *As reações*:

Para as pessoas ao redor, as atitudes que você demonstra têm algo de inevitável. Em caso positivo, elas oferecem ajuda, pois acham que você está fazendo a coisa certa no momento certo. Mas também podem reagir passivamente, observando os acontecimentos sem fazer nada, ou sofrendo as consequências.

POSIÇÃO 4 – *As perspectivas*:

É necessário seguir este caminho, pois ele leva a uma tarefa importante que tem de ser realizada. Em caso favorável, esta é sua missão de vida. Mas nada garante que o caminho seja fácil ou agradável. O fato é que o caminho é inevitável, e você vai seguir em frente confiando cada vez mais em si mesmo.

A Roda da Fortuna no Ponto Cego

POSIÇÃO 1 – *O que todo mundo sabe*:

No momento, você não tem liberdade para fazer o que deseja. Em caso favorável, você sente que não deve desperdiçar a oportunidade de enfrentar os desafios. Em caso negativo, você é uma vítima do destino e não sabe por que essas coisas estão acontecendo.

POSIÇÃO 2 – *O Ponto Cego*:

As outras pessoas acham que chegou o momento de você dar um passo importante e enfrentar os desafios. Mas talvez você pareça uma vítima do destino, uma pessoa insegura e fatalista.

POSIÇÃO 3 – *Como você se enxerga*:

Você está lidando com um destino inevitável, ou sabe que tudo tem seu tempo. Nos dois casos, você reconhece que essas experiências são inevitáveis e está disposto a pôr mãos à obra para enfrentá-las.

POSIÇÃO 4 – *A grande incógnita*:

Quando simboliza uma força interior desconhecida, esta carta pode ser interpretada de duas maneiras. De um lado, pode significar uma fatalidade inevitável da qual você se sente uma vítima, ou pode indicar que sua missão de vida não foi esclarecida. Nos dois casos, é importante refletir sobre esta lei interior para descobrir o que a vida espera de você.

A FORÇA – VITALIDADE

SÍMBOLOS:

leão
mulher vestida de branco
a mulher fecha a boca do leão
guirlanda de flores
símbolo do infinito (∞)

número 11[9]

SIGNIFICADO:

vitalidade, estado selvagem, instintos animalescos
pureza
o amor vence a força

ligação vital e intercâmbio constante entre o homem civilizado e sua natureza animal
número dos pecados (um número a mais que os Dez Mandamentos), número magistral (vitória sobre a natureza animal)

A Força como carta isolada ou em outros sistemas de leitura

XI

ASPECTOS GERAIS:

Esta carta simboliza o domínio sobre as forças selvagens sem apelar para a violência, a associação harmoniosa entre o homem civilizado e sua natureza animal. Ela também significa vitalidade, prazer e alegria, energia e paixão, engajamento e coragem.

VIDA PROFISSIONAL:

Use toda a sua energia e enfrente as tarefas e os compromissos com coragem e decisão. Se necessário, não hesite em mostrar suas “garras de leão”.

AMOR:

Sua vida amorosa vai se encher de prazer e vitalidade. Esta carta indica vivências emocionantes e uma mistura perfeita entre sensatez e paixão.

COMO QUINTESSÊNCIA:

Quando a soma de todas as cartas é igual a 11[9], a FORÇA é a quintessência. A soma desses algarismos dá o resultado 2, que é a SACERDOTISA. Com isso, o conselho final do oráculo é mostrar seu empenho – se necessário, suas “garras de leão” – e deixar claro que a situação é importante para você (A FORÇA), mas confiando também na voz interior, que vai lhe dizer quando, como e onde agir (A SACERDOTISA).

[9] Sobre a inversão na numeração desta carta, ver página 22.

A Força no Oráculo do Amor

POSIÇÃO 1 – *O assunto em questão*:

Seu relacionamento está atravessando uma fase apaixonada, ou você se esforça para encontrar o equilíbrio perfeito entre sensatez e erotismo.

POSIÇÃO 2 – *Seu estado de espírito*:

Você gostaria de se atirar de corpo e alma neste relacionamento, mas cuidado para não esmagar seu parceiro.

POSIÇÃO 3 – *Sentimentos da outra pessoa*:

Seu parceiro é uma pessoa cheia de vida, que logo se inflama por você. Pense com cuidado sobre a melhor maneira de controlar esse fogo.

POSIÇÃO 4 – *O conselho do oráculo*:

Mostre sua paixão e desperte o fogo do prazer em seu parceiro. Caso você já tenha abusado do prazer anteriormente, esta carta aconselha a domar os instintos.

A Força na Bússola

POSIÇÃO 1 – *O assunto em questão*:

O assunto em questão é a paixão por alguma coisa ou um projeto que lhe dá prazer, mas que também exige coragem, energia e dedicação.

POSIÇÃO 2 – *O primeiro passo*:

No começo, tudo lhe dá prazer. Você se dedica a este assunto de todo o coração, sente sua força e vitalidade e investe todas as energias neste caminho.

POSIÇÃO 3 – *As reações*:

As pessoas ao redor agem com energia e decisão. Se você conseguir "domá-las" ou conquistá-las para sua causa, vai encontrar apoio, com resultados efetivos. Mas se puser os outros contra você, trate de se proteger contra suas "garras".

POSIÇÃO 4 – *As perspectivas*:

No final, você sentirá satisfação e orgulho. A partir de agora, você vai se empenhar por este assunto de todo o coração e não vai desistir enquanto não estiver contente com o resultado.

A Força no Ponto Cego

POSIÇÃO 1 – *O que todo mundo sabe*:

Você é uma pessoa cheia de paixão e energia, que gosta de viver intensamente. Ou, então, você se encontra numa fase hedonista, dando livre curso a seus instintos.

POSIÇÃO 2 – *O Ponto Cego*:

Os outros acham que você é uma pessoa apaixonada e cheia de vida. Uma vez que este é seu Ponto Cego, trate de viver mais intensamente esse aspecto de sua personalidade. Caso sua vida já tenha paixão suficiente, a carta significa que você faria bem em domar seus instintos.

POSIÇÃO 3 – *Como você se enxerga*:

Você sabe que existe um "animal selvagem" em seu interior, mas ele não é uma ameaça. Pelo contrário, sua natureza instintiva pode ser domada sem violência e sem repressão.

POSIÇÃO 4 – *A grande incógnita*:

Há um "animal selvagem" em seu inconsciente. Enquanto você não se conscientizar desse aspecto de sua personalidade, pode sentir fraqueza ou medos inexplicáveis, que impedem de enfrentar os menores perigos. Mas se você conquistar esse "animal interior" e fizer dele um aliado, vai sentir mais vitalidade e encarar a vida com mais prazer e entusiasmo.

O ENFORCADO – PARALISAÇÃO

SÍMBOLOS:

cruz em forma de T (letra Tau)
pernas cruzadas acima dos braços, formando um triângulo
cabeça voltada para baixo
auréola ao redor da cabeça
número 12

SIGNIFICADO:

símbolo da vítima e do sacrifício

a dimensão terrena (cruz) acima da dimensão divina (triângulo) = mundo às avessas = inversão ou retrocesso necessários
crescer nas profundezas, nova visão de mundo
iluminação
fim de um ciclo, no qual um sacrifício é necessário para que um novo ciclo possa começar

O Enforcado como carta isolada ou em outros sistemas de leitura

ASPECTOS GERAIS:

O ENFORCADO simboliza as pausas forçadas, as situações de impotência e as crises que nos obrigam a encarar a vida de outra maneira e mudar o rumo das coisas. Em geral, essas situações duram muito mais do que pensávamos ou gostaríamos. É preciso fazer um sacrifício para vencer a imobilidade. A capacidade de se sacrificar, acender uma luz na escuridão ou aceitar os fracassos só depende de nós, não da carta.

VIDA PROFISSIONAL:

A vida profissional está paralisada. Você se considera uma vítima das circunstâncias e se sente impotente diante dos acontecimentos, ou tem de enfrentar um dilema que vai lhe custar caro, seja qual for sua reação ou decisão. Para sair dele, você tem de mudar seu ponto de vista e seus hábitos, ou desistir de um projeto que já estava planejado.

AMOR:

As coisas não aconteceram como você esperava, e agora sua vida emperrou. Suas atitudes eram equivocadas, ou você está no lugar errado. Talvez se sinta uma vítima das circunstâncias. Para recuperar a alegria de viver, mude de direção e pense de maneira mais sensata e madura.

COMO QUINTESSÊNCIA:

Quando a soma de todas as cartas é igual a 12, o ENFORCADO é a quintessência. A soma desses algarismos dá o resultado 3, que é a IMPERATRIZ. Com isso, o oráculo avisa que a situação vai continuar "se arrastando" até que você tome uma atitude inteiramente nova (O ENFORCADO), seguindo um caminho mais fértil que leva novamente à alegria de viver (A IMPERATRIZ).

O Enforcado no Oráculo do Amor

POSIÇÃO 1 – *O assunto em questão:*

Nada parece dar certo. O relacionamento "emperrou" numa crise aparentemente insolúvel. Ou, então, você está diante de uma decisão difícil e não sabe qual é o próximo passo.

POSIÇÃO 2 – *Seu estado de espírito:*

Você se sente impotente diante do relacionamento e não sabe o que fazer. Em caso positivo, você percebeu que precisa mudar suas atitudes. Em caso negativo, você se sente uma vítima dos acontecimentos.

POSIÇÃO 3 – *Sentimentos da outra pessoa:*

XII

Seu parceiro está atravessando uma fase de sofrimento ou crise profunda, talvez a "crise da meia-idade". Seja como for, ele tem uma sensação de impotência e acha que só lhe resta esperar por dias melhores. Talvez você possa fazer alguma coisa para tirar o parceiro desse "baixo-astral".

POSIÇÃO 4 – *O conselho do oráculo:*

Faça uma pausa em sua vida, reconheça seu lado mais frágil e aceite ter sido atingido como vítima. Se você se mostrar disposto a mudar suas convicções atuais, vai fazer alguma coisa realmente positiva para o relacionamento.

O Enforcado na Bússola

POSIÇÃO 1 – *O assunto em questão:*

O assunto em questão é uma crise, uma situação emaranhada, um assunto diante do qual você se sente impotente ou um sacrifício necessário. A carta também pode indicar uma doença ou depressão.

POSIÇÃO 2 – *O primeiro passo:*

De início, nada parece funcionar. Você chegou a um estado de paralisia ou está diante de um dilema. Se insistir em continuar, apesar das dificuldades, provavelmente vai se sentir uma vítima, ou não poderá modificar o curso dos acontecimentos. Mas esta carta também pode indicar uma transformação de consequências muito profundas. Verifique a carta na posição 4 para saber quais são as perspectivas.

POSIÇÃO 3 – *As reações*:

As pessoas ao redor estão numa situação sem saída, uma crise profunda ou outro dilema qualquer, e agem de maneira passiva. Pode ser também que estejam doentes, condenadas à imobilidade, ou se sintam impotentes diante de você ou dos seus projetos.

POSIÇÃO 4 – *As perspectivas*:

No final, tudo "emperra" e você fica em suspenso. Siga este caminho apenas se estiver disposto a atravessar uma grande crise ou mudar sua visão de mundo, talvez até dar uma virada completa em sua vida. Caso contrário, você vai acabar de cabeça para baixo. Seria melhor procurar outra alternativa.

O Enforcado no Ponto Cego

POSIÇÃO 1 – *O que todo mundo sabe*:

Você se sente uma vítima e está atravessando uma crise profunda, talvez a "crise da meia-idade". Ou, então, você é um príncipe enfeitiçado, ou uma princesa adormecida, à espera do "beijo" que tire você da imobilidade.

POSIÇÃO 2 – *O Ponto Cego*:

As outras pessoas acham que você está diante de um impasse, talvez por sua própria culpa, mas existe uma chance de transformação radical que pode levar a uma nova visão de mundo.

POSIÇÃO 3 – *Como você se enxerga*:

Você sabe que está atravessando uma crise que pode levar a uma nova visão de mundo, talvez a uma virada completa em sua vida. Ou, então, você se considera uma vítima das circunstâncias.

POSIÇÃO 4 – *A grande incógnita*:

No fundo de seu inconsciente, existe uma crise que você tenta recalcar com todo tipo de distrações ou pretextos. Apesar dos esforços, frequentemente você sente um vazio interior, um mal-estar que se espalha em sua vida, dissipando toda a alegria de viver. Se você enfrentar abertamente essa crise, poderá dar início a um processo de transformação que leva ao renascimento.

A MORTE – O FIM NATURAL

SÍMBOLOS:	SIGNIFICADO:
Cavaleiro sobre um corcel branco	o Cavaleiro do Apocalipse, que traz a morte
estandarte preto com rosa branca	a morte que leva ao renascimento
pena do capacete, que pende para baixo	esgotamento, fraqueza
a Morte cavalga para a direita = o leste = nascer do Sol	fim que leva a um recomeço
as pessoas caminham para a esquerda = o oeste = pôr-do-sol	as pessoas só conseguem enxergar o fim
número 13	nas culturas matriarcais, é um número mágico, pois o ano lunar tem treze luas – no décimo terceiro mês, o sol "morre", e é por esse motivo que nas culturas patriarcais (ou solares) o número 13 passou a representar o azar e o infortúnio

A Morte como carta isolada ou em outros sistemas de leitura

ASPECTOS GERAIS:

A MORTE é uma das cartas mais temidas, mas esse temor não tem razão de ser. Ela significa o fim natural e mostra que alguma coisa se esgotou ou se extinguiu de maneira inevitável. A carta não diz se esse fim nos entristece ou se, ao contrário, ficamos felizes que tudo tenha acabado.

VIDA PROFISSIONAL:

É tempo de se despedir das coisas antigas – uma tarefa, um projeto, um colega ou a profissão atual. Mesmo que a despedida não seja agradável, a carta indica que ela é necessária para abrir espaço para as coisas novas.

AMOR:

Você vai se separar em breve, ou já está se separando. Mesmo que a despedida seja triste, o fato é que ela chegou no momento certo, pois a liberdade pode levar a um enriquecimento.

COMO QUINTESSÊNCIA:

Quando a soma de todas as cartas é igual a 13, a MORTE é a quintessência. A soma desses algarismos dá o resultado 4, que é o IMPERADOR. Com isso, o conselho final do oráculo é libertar-se das coisas antigas (A MORTE), para que as coisas novas possam tomar forma (O IMPERADOR).

A Morte no Oráculo do Amor

POSIÇÃO 1 – *O assunto em questão*:

O assunto em questão é uma despedida. Isso pode significar o fim do relacionamento ou pelo menos o encerramento de uma etapa.

POSIÇÃO 2 – *Seu estado de espírito*:

Você sente que alguma coisa chegou ao fim. Pode ser uma etapa do relacionamento, a paixão inicial ou a fase de construção. Pode ser que os filhos estejam deixando a casa dos pais. Ou será que o amor acabou?

POSIÇÃO 3 – *Sentimentos da outra pessoa*:

Seu parceiro está se despedindo de você. Ele pode se sentir triste ou alegre, mas está convencido de que chegou o momento de dizer adeus.

XIII

POSIÇÃO 4 – *O conselho do oráculo*:

Talvez o relacionamento tenha chegado a um ponto morto. O que restou é apenas memória. Caso contrário, chegou o momento de se despedir de uma esperança, uma ideia ou um comportamento habitual.

A Morte na Bússola

POSIÇÃO 1 – *O assunto em questão*:

O assunto em questão é um encerramento, uma despedida, uma separação ou a decisão de deixar ir alguma coisa.

POSIÇÃO 2 – *O primeiro passo*:

O ponto inicial é uma despedida. Isso significa que você tem de se libertar de alguma coisa para seguir este caminho, ou o caminho chega ao fim logo no início. Nesse caso, a carta na posição 4 pode mostrar uma alternativa, uma espécie de "correção de rumo" depois de um começo desfavorável.

POSIÇÃO 3 – *As reações*:

As pessoas ao redor estão em clima de despedida ou de luto. Pode ser que estejam se separando de você. Seja como for, é impossível manter a conexão com elas. Porém, talvez você possa ajudá-las com seu apoio e solidariedade.

POSIÇÃO 4 – *As perspectivas*:

No final, tudo termina naturalmente. Para um projeto de limites bem definidos, esta é uma carta favorável, pois indica que o fim está próximo. Mas se você estiver procurando perspectivas de longo prazo, seria melhor escolher uma alternativa para este caminho.

A Morte no Ponto Cego

POSIÇÃO 1 – *O que todo mundo sabe*:

Você tenta entrar num acordo com o passado, está encerrando uma fase da vida, sofreu uma grande perda ou teve de se despedir de alguma coisa.

POSIÇÃO 2 – *O Ponto Cego*:

Os outros acham que alguma coisa chegou ao fim e que você precisa se libertar das coisas antigas. Uma vez que este é seu Ponto Cego, provavelmente você continua se apegando ao passado. Converse com alguém a respeito, para não desperdiçar a oportunidade e fazer as mudanças necessárias.

POSIÇÃO 3 – *Como você se enxerga*:

Você sabe que alguma coisa chegou ao fim, está lidando com a morte ou tenta aceitar o fato de que tudo na vida é transitório.

POSIÇÃO 4 – *A grande incógnita*:

Em seu íntimo, você sabe que nada dura para sempre. Enquanto não se conscientizar desse fato, você vai sentir frequentemente um medo inexplicável, uma incapacidade de enfrentar a morte e as despedidas. Mas se você aceitar o fim inevitável, viverá mais intensamente, sem medo de se separar das coisas antigas.

A TEMPERANÇA – A MEDIDA CERTA

SÍMBOLOS:	SIGNIFICADO:
anjo com símbolo do Sol na testa	condutor das almas, que as leva em direção ao sol e à luz
caminho, montanha, sol e coroa no alto	caminho que leva ao alto, à luz, ao auge
quatro elementos (Água, Terra, Ar e Fogo/Sol)	a meta é a totalidade
gesto	encontrar a medida certa
triângulo dentro de um quadrado	o corpo (quadrado) é o templo de Deus (triângulo)
número 14	número dos santos salvadores da Igreja Católica no antigo Oriente, número dos súditos que carregam o deus da Lua até o trono (a décima quinta noite é de Lua cheia)

A Temperança como carta isolada ou em outros sistemas de leitura

ASPECTOS GERAIS:

Esta carta tem muitos significados. Simboliza principalmente a medida justa, a proporção certa e, com isso, um estado ideal das coisas, que favorece a paz, a harmonia, a tranquilidade e a saúde. Além disso, ela personifica a consciência suprema e infalível, que conduz nossas almas, apontando o que é certo e errado e que caminho devemos seguir.

VIDA PROFISSIONAL:

Procure a medida certa. Se você tem agido com desleixo, trate de se esforçar agora. Se você for viciado em trabalho, faça mais pausas. Se tiver de tomar uma decisão, siga sua consciência.

AMOR:

Você se sente alegre e sereno, em paz consigo mesmo e o mundo ao redor. Por isso, não tem dificuldade para conviver harmoniosamente com as outras pessoas. Se estiver sozinho, também pode se sentir bem consigo mesmo.

COMO QUINTESSÊNCIA:

Quando a soma de todas as cartas é igual a 14, a TEMPERANÇA é a quintessência. A soma desses algarismos dá o resultado 5, que é o HIEROFANTE. Com isso, o conselho final do oráculo é se tranquilizar (A TEMPERANÇA) e acreditar que o caminho vai dar bons resultados (O HIEROFANTE).

A Temperança no Oráculo do Amor

POSIÇÃO 1 – *O assunto em questão:*

Seu relacionamento vive uma fase de equilíbrio, harmonia, paz e tranquilidade.

POSIÇÃO 2 – *Seu estado de espírito:*

Você está procurando um meio-termo entre a distância e a proximidade, a liberdade e o compromisso, a convivência e a evolução individual. Ou, então, sente falta de mais paz e equilíbrio no relacionamento.

POSIÇÃO 3 – *Sentimentos da outra pessoa:*

Seu parceiro é uma pessoa pacífica, que procura a harmonia e o equilíbrio. Ele é amistoso e se dedica amorosamente a você e está tentando encontrar a medida certa.

POSIÇÃO 4 – *O conselho do oráculo:*

Faça o possível para preservar a harmonia e a paz. Mostre-se flexível e tente – se possível junto com o parceiro – encontrar o meio-termo. Se estiver diante de um dilema ou uma decisão importante, siga a voz da consciência.

A Temperança na Bússola

POSIÇÃO 1 – *O assunto em questão:*

O que está em jogo é encontrar a paz, a harmonia e a serenidade, ou a medida certa. Mas o assunto em questão também pode ter relação com a saúde, uma questão de consciência ou a decisão certa numa situação difícil.

POSIÇÃO 2 – *O primeiro passo:*

No início, o caminho lhe parece certo. Tudo está em paz e harmonia, e você consegue manter o equilíbrio. Verifique a carta na posição 4 para saber se a situação se mantém como está, ou se acaba se desequilibrando mais cedo ou mais tarde.

POSIÇÃO 3 – *As reações*:

As pessoas ao redor são pacíficas e serenas. Encaram você e suas atitudes com boa vontade e não vão criar obstáculos se você não perturbar a paz. Se você estiver tentando manter contatos ou precisar de ajuda, pode esperar uma reação favorável.

POSIÇÃO 4 – *As perspectivas*:

No final, tudo se acalma e se resolve. Você encontrou a medida certa, alcançou a paz e pode se dar por satisfeito com os resultados.

A Temperança no Ponto Cego

POSIÇÃO 1 – *O que todo mundo sabe*:

Você é uma pessoa equilibrada, que dá muita importância ao meio-termo e orienta sua vida em função disso. Ou, então, pelo menos neste momento você está procurando a medida certa e a paz de espírito, ou tenta resolver um problema de saúde.

POSIÇÃO 2 – *O Ponto Cego*:

As outras pessoas acham que sua saúde está em jogo e que você deveria se poupar. Mesmo que isso pareça um pouco exagerado para você, tente refletir sobre o assunto. Por outro lado, pode ser que você precise de mais equilíbrio e bom senso em outro setor de sua vida.

POSIÇÃO 3 – *Como você se enxerga*:

Você se considera uma pessoa pacífica e equilibrada, que procura viver moderadamente. Verifique a carta na posição 2 para saber se as outras pessoas têm a mesma opinião ou se acham que você é apenas otimista e ingênuo.

POSIÇÃO 4 – *A grande incógnita*:

No fundo de sua alma, você é uma pessoa serena. Enquanto não se conscientizar desse aspecto de sua personalidade, você vai passar rapidamente de um extremo para o outro, sem encontrar um meio-termo. Confie em si mesmo e siga a voz de sua consciência. Só você pode dizer o que é certo e errado.

O DIABO – PAIXÕES EXCESSIVAS

SÍMBOLOS:	SIGNIFICADO:
o Diabo representado como bode	império dos instintos
Adão e Eva com chifres e caudas	
correntes	ausência de liberdade
clava de fogo na mão esquerda do Diabo	despertar da paixão
asas de morcego	demônio noturno
mão direita espalmada	não existe transcendência, só a realidade nua (símbolo oposto: ver O HIEROFANTE)
pentagrama (estrela de cinco pontas) invertido	maldade, sujeição à matéria
número 15	o décimo quinto dia do calendário lunar é de Lua cheia = dia de sorte nos tempos antigos, dia de azar para as religiões solares/patriarcais

O Diabo como carta isolada ou em outros sistemas de leitura

ASPECTOS GERAIS:

A carta O DIABO tem vários significados. De modo geral, ela mostra que estamos sofrendo com os excessos. Por isso, pode representar dependência, opressão e chantagem, assim como abuso de poder e materialismo estéri1. Em um nível mais profundo, pode sugerir lucidez (Lúcifer), pois representa a escuridão de onde nasce a luz. Ela ilumina nosso lado sombrio, favorecendo o autoconhecimento.

VIDA PROFISSIONAL:

Existem perigos pela frente. Você se deparou com um problema e deve tomar cuidado para não agir contra seus princípios, colocar-se em uma situação de dependência ou comprometer-se. Caso contrário, poderia sofrer manipulação e até mesmo chantagem.

AMOR:

O relacionamento é difícil, ou pelo menos está atravessando uma fase conturbada. O problema são os jogos de poder, excesso de paixão, complicações emocionais, tentações perigosas ou uma relação de amor e ódio.

COMO QUINTESSÊNCIA:

Quando a soma de todas as cartas é igual a 15, o DIABO é a quintessência. A soma desses algarismos dá o resultado 6, que é a carta dos ENAMORADOS. Com isso, o conselho final do oráculo é libertar-se da dependência e das complicações emocionais (O DIABO), para encontrar a liberdade do coração (OS ENAMORADOS).

O Diabo no Oráculo do Amor

POSIÇÃO 1 – *O assunto em questão*:

Seu relacionamento está sendo afetado por jogos de poder. Os dois parceiros se criticam um ao outro e só enxergam seus aspectos negativos. Talvez vocês tenham passado de uma convivência voluntária para uma relação de dependência. Isso não significa que o relacionamento esteja condenado ao fracasso, mas para recuperar a liberdade é preciso acender uma luz na escuridão.

POSIÇÃO 2 – *Seu estado de espírito*:

Você foi tentado pelo "demônio". Sente vontade de usar, enganar ou manipular seu parceiro, como se ele fosse uma marionete. Ou será que existe outra tentação em sua vida? Seja como for, tente agir com cautela e moderação.

POSIÇÃO 3 – *Sentimentos da outra pessoa*: XV

Seu parceiro é uma pessoa envolvente e dominadora, que pode ter todas as qualidades, mas não é inofensivo. Ele não abre mão de nenhum recurso, tanto de ameaça quanto de sedução, para manter você sob seu domínio. As intenções não são necessariamente ruins, mas não existe senso de medida.

POSIÇÃO 4 – *O conselho do oráculo*:

Parece que você está tentando se enganar ou ignora os problemas do relacionamento, pois não vê os aspectos sombrios e os abismos da paixão. Pare com essa mania de perfeição e tente enfrentar seu "lado escuro". Dê uma direção diferente ao relacionamento, com mais moderação e senso de medida.

O Diabo na Bússola

POSIÇÃO 1 – *O assunto em questão*:

O assunto em questão é uma intriga, um envolvimento suspeito, uma tentação irresistível ou uma situação na qual você se sente sob pressão e não tem liberdade para fazer aquilo que gostaria.

POSIÇÃO 2 – *O primeiro passo*:

Alguma coisa atrai ou seduz você em direção a este caminho. Você não consegue resistir à curiosidade e às emoções. Mas quem brinca com fogo pode se queimar. Você não sabe se conter e por isso corre o perigo de ceder a uma tentação perigosa ou envolver-se em complicações.

POSIÇÃO 3 – *As reações*:

As pessoas ao redor parecem ameaçadoras. Mesmo que você se sinta atraído, a situação é difícil. Não espere sinceridade ou senso de justiça. Provavelmente, você vai enfrentar tentações, negócios escusos, trapaças para conquistar o poder, desconfiança e, em casos extremos, maldade e ódio.

POSIÇÃO 4 – *As perspectivas*:

Se sua meta for o autoconhecimento, siga este caminho. Nesse caso, você tem condições de iluminar aspectos de sua personalidade que até agora permaneciam obscuros. Em todos os outros casos, esta carta significa uma advertência, pois o caminho pode levar a complicações e tentações das quais você vai se arrepender mais cedo ou mais tarde. Trate de procurar uma alternativa.

O Diabo no Ponto Cego

POSIÇÃO 1 – *O que todo mundo sabe*:

Você está atravessando uma fase sombria, na qual não tem liberdade de seguir a voz de seu coração. Seja qual for o motivo da sujeição – paixões, vícios, instintos ou jogos de poder – você acaba fazendo as coisas contra sua própria vontade e com isso desperta a antipatia das outras pessoas.

POSIÇÃO 2 – *O Ponto Cego*:

Os outros acham que você é uma pessoa maldosa, descontrolada ou perigosa, ou talvez um prisioneiro de suas próprias paixões, alguém que se envolveu em jogos de poder ou numa rede de mentiras. Em caso positivo, a carta significa que, na opinião dos outros, você está tentando esclarecer o lado sombrio de sua personalidade. Seja como for, procure conversar com alguém a esse respeito.

POSIÇÃO 3 – *Como você se enxerga*:

Você sabe que sua vida saiu dos eixos, que se meteu numa rede de mentiras ou em negócios escusos. Provavelmente, você tem todos os motivos para esconder o lado sombrio de sua personalidade. Ou será que está sofrendo uma tentação que parece inofensiva?

POSIÇÃO 4 – *A grande incógnita*:

Sua personalidade tem um aspecto sombrio e perigoso, que pode causar medo e insegurança se permanecer reprimido. Talvez você se considere inocente e prefira ignorar o problema. Mas as pessoas ao redor têm outra opinião, pois os impulsos inconscientes nos levam a fazer coisas das quais nós mesmos não nos damos conta. Se você se conscientizar desse "lado escuro" de sua personalidade, poderá agir com mais senso de responsabilidade e viver de maneira mais profunda e autêntica.

A TORRE – RUPTURA

SÍMBOLOS:	SIGNIFICADO:
torre	estreiteza, prisão
coroa fechada na parte de cima	orgulho
a coroa é lançada para fora da torre	humilhação
raio	o dedo de Deus ou o raio da consciência
pessoas que despencam da torre	pessoas decaídas, ou libertadas dramaticamente
22 gotas de orvalho, em dois grupos de 10 e 12 gotas	referência aos Arcanos Maiores, especialmente à carta de número 10, A RODA DA FORTUNA (missão de vida, necessidade), e à de número 12, O ENFORCADO (imobilidade, mudança de rumo)
número 16	16 = 4 × 4; 4 = estrutura e firmeza, 4 × 4 = entorpecimento

A Torre como carta isolada ou em outros sistemas de leitura

ASPECTOS GERAIS:

A TORRE simboliza uma reviravolta dramática, uma ruptura ou ato de força. As situações antigas e cristalizadas são destruídas ou começam a se modificar. Normalmente, esses processos de transformação nos dão medo, mas depois percebemos que são momentos decisivos de ruptura, que possibilitam uma liberdade maior.

VIDA PROFISSIONAL:

Uma bomba explodiu em sua vida profissional, e agora você está diante de uma montanha de escombros. Suas expectativas foram por água abaixo. Talvez você tenha até perdido o emprego. Apesar da situação deprimente, existem boas chances de que, no futuro, você encare essa reviravolta como uma libertação.

AMOR:

Você foi atingido por um raio e tudo começou a desmoronar. Aquilo que ontem parecia seguro, agora é motivo de dúvida. Sua vida saiu dos trilhos, mas você não deve desanimar. Provavelmente, as experiências desagradáveis deste momento vão permitir uma mudança decisiva.

COMO QUINTESSÊNCIA:

Quando a soma de todas as cartas é igual a 16, A TORRE é a quintessência. A soma desses algarismos dá o resultado 7, que é O CARRO. Com isso, o conselho final do oráculo é romper com o passado, ultrapassar os limites, libertar-se de uma prisão (A TORRE) para perseguir novos objetivos (O CARRO).

A Torre no Oráculo do Amor

POSIÇÃO 1 – *O assunto em questão:*

A tempestade pode ter surgido num céu sem nuvens, ou talvez já estivesse se preparando há muito tempo. Agora, a guerra foi declarada. As consequências são tão profundas que podem pôr em risco o próprio relacionamento.

POSIÇÃO 2 – *Seu estado de espírito:*

Você deseja abandonar as coisas antigas e ultrapassar os limites e, para isso, está disposto a assumir riscos. Ou, então, você sofreu uma forte comoção, que pode ser uma notícia ou um acontecimento. Ou, ainda, você percebeu de repente que tinha uma visão estreita das coisas e que suas esperanças não tinham fundamento.

POSIÇÃO 3 – *Sentimentos da outra pessoa:*

Seu parceiro é uma pessoa explosiva, que no momento não está para brincadeiras. Mantenha distância até onde for possível, para não pisar em campo minado. Sem dúvida, você também pode fazer uma proposta de paz. Se a "guerra" não tiver nada a ver com você, ofereça ajuda.

POSIÇÃO 4 – *O conselho do oráculo:*

Deixe a bomba explodir. Quebre essa moldura do relacionamento, que há muito tempo se tornou estreita. Liberte-se das regras do jogo e das coisas que pareciam certas. Assuma todos os riscos. Ou o relacionamento acaba ou entra numa fase realmente nova.

A Torre na Bússola

POSIÇÃO 1 – *O assunto em questão:*

O assunto em questão é um projeto arriscado, um conflito, um abalo terrível, uma tentativa dramática de libertação, a ruptura de hábitos cristalizados ou a superação de limites estreitos.

POSIÇÃO 2 – *O primeiro passo:*

No início, ocorre um conflito ou uma ruptura. Se essa não for sua intenção, dificilmente você estará seguindo o caminho certo. Talvez ele já tenha chegado ao fim antes de começar. Mas se a carta na posição 4 indicar um objetivo valioso, esta reviravolta pode ser uma libertação. Nesse caso, o risco inicial vale a pena.

POSIÇÃO 3 – *As reações*:
Tudo o que parecia estável saiu dos eixos. As pessoas ao redor estão abaladas. Ou, então, as atitudes que você adotou têm o efeito de uma bomba, e os outros reagem de maneira agressiva. Pode ser que, no futuro, suas iniciativas sejam consideradas revolucionárias e libertadoras, mas de início elas representam uma ameaça.

POSIÇÃO 4 – *As perspectivas*:
No final, ocorre um grande abalo. Você só deve seguir este caminho se quiser superar as coisas antigas e libertar-se do passado. Caso contrário, a carta significa que no final seus intentos fracassam, suas tentativas não dão resultados e tudo o que você construiu com tanto esforço vai desabar.

A Torre no Ponto Cego

POSIÇÃO 1 – *O que todo mundo sabe*:
Você tem um espírito revolucionário, está sempre em busca de agitação e renovação, ou sofreu um abalo profundo e agora está atravessando uma fase de grandes mudanças.

XVI

POSIÇÃO 2 – *O Ponto Cego*:
As outras pessoas acreditam que você está pisando em campo minado ou é uma pessoa explosiva, até mesmo destrutiva. Talvez achem que você está passando por uma fase de crises e mudanças. Se isso lhe parecer bobagem, converse com alguém a respeito, para que as mudanças não apanhem você de surpresa.

POSIÇÃO 3 – *Como você se enxerga*:
Você está consciente de sua situação de crise e acredita numa ruptura que pode levar à libertação. Ou será que uma catástrofe paralisou você completamente?

POSIÇÃO 4 – *A grande incógnita*:
Há uma espécie de "bomba-relógio" em sua alma. Enquanto você não se conscientizar desse aspecto de sua personalidade, ele pode lhe parecer uma ameaça externa, que provoca medos inexplicáveis de mudança e renovação. Mas se você entrar em contato com esse aspecto desconhecido, poderá transformá-lo numa força que leva à libertação.

A ESTRELA – NOVO FUTURO

SÍMBOLOS:	SIGNIFICADO:
a Fada da Estrela derrama água sobre a terra e o lago	fertilidade celestial – abundância
estrelas no céu	previsão do futuro na astrologia
estrela grande de oito pontas	Sírio, a "estrela da íbis", cujo aparecimento anunciava as enchentes anuais do rio Nilo
uma estrela principal e sete estrelas secundárias	as sete colunas do Templo da Sabedoria
árvore	símbolo do oráculo (antigo oráculo das árvores sagradas)
íbis (ave do Egito)	animal que simboliza Thoth, deus da sabedoria símbolo da visão de futuro
número 17	símbolo do novo futuro, já que o crescente da Lua nova surge no décimo sétimo dia depois da Lua cheia, depois de três noites sem Lua

A Estrela como carta isolada ou em outros sistemas de leitura

ASPECTOS GERAIS:

A ESTRELA simboliza a esperança num futuro vasto e promissor. Sempre que esta carta aparece, o consulente pode ter certeza de que o assunto em questão tem futuro, às vezes muito mais do que ele imagina. Num nível profundo, esta carta representa a compreensão das leis cósmicas.

VIDA PROFISSIONAL:

Um futuro vasto se abre diante de você, no qual tudo acontece sem problemas e surgem boas oportunidades. Aproveite esta fase, confie em sua boa estrela e dedique-se a suas tarefas e seus projetos com confiança.

AMOR:

Você tem todos os motivos para se alegrar e sentir esperanças. Um futuro vasto tem início, no qual sua vida amorosa será regida por uma boa estrela.

COMO QUINTESSÊNCIA:

Quando a soma de todas as cartas é igual a 17, a ESTRELA é a quintessência. A soma desses algarismos dá o resultado 8, que é a JUSTIÇA. (Sobre a inversão na numeração desta carta, ver página 22.) Com isso, o conselho final do oráculo é enfrentar os problemas com confiança, acreditando num futuro promissor (A ESTRELA), mas sem esquecer que cada um colhe o que semeia (A JUSTIÇA).

A Estrela no Oráculo do Amor

POSIÇÃO 1 – *O assunto em questão:*

Uma boa estrela brilhou sobre seu relacionamento, prometendo um futuro vasto e agradável.

POSIÇÃO 2 – *Seu estado de espírito:*

Você deseja um relacionamento cheio de emoção e amor, com um grande futuro pela frente. Mesmo que você esteja atravessando uma crise momentânea, não desista. Mantenha a coragem e a esperança.

POSIÇÃO 3 – *Sentimentos da outra pessoa:*

Seu parceiro é uma pessoa visionária, cheia de esperança, para quem você representa uma boa estrela e talvez até um "astro", e que gostaria de construir um futuro a seu lado.

POSIÇÃO 4 – *O conselho do oráculo:*

Livre-se das atitudes rotineiras e tente encarar o relacionamento como um todo. Você verá que os problemas cotidianos ficam menores e que diante de você se abre um futuro vasto e cheio de esperanças. Conserve esse ideal para seu relacionamento e tente comunicar seu entusiasmo ao parceiro.

A Estrela na Bússola

POSIÇÃO 1 – *O assunto em questão:*

Trata-se de um assunto ou projeto que causa muita expectativa e que deve ter consequências de longo alcance. Pelo visto, as chances são as melhores possíveis.

POSIÇÃO 2 – *O primeiro passo:*

No início, você se enche de coragem e esperança, confia em si mesmo e acredita que este caminho tem futuro. Verifique se a carta na posição 4 confirma seu otimismo, ou se você está celebrando cedo demais.

POSIÇÃO 3 – *As reações*:

As pessoas ao redor agem com confiança e acreditam em sua boa estrela. Aparentemente, estão satisfeitas com você ou com suas atitudes. Se você precisar de ajuda ou colaboração, vai consegui-las sem problemas.

POSIÇÃO 4 – *As perspectivas*:

Este é um caminho promissor. Procure segui-lo, mesmo que as cartas anteriores sejam menos favoráveis. No final, os problemas desaparecem, você se liberta e consegue caminhar em direção a um futuro vasto e promissor.

A Estrela no Ponto Cego

POSIÇÃO 1 – *O que todo mundo sabe*:

Você é uma pessoa que confia nas leis cósmicas e nunca perde a esperança. Ou, então, você se encontra numa fase em que tenta refletir sobre o futuro para recuperar o ânimo.

POSIÇÃO 2 – *O Ponto Cego*:

As outras pessoas percebem que você tem um futuro vasto e existem motivos para ter confiança. Uma vez que este é seu Ponto Cego, converse com alguém a respeito, para não desperdiçar suas boas chances.

POSIÇÃO 3 – *Como você se enxerga*:

Você aposta no futuro, sente confiança, respira com alívio e acredita que tem boas chances de alcançar seus objetivos. Verifique a carta na posição 4 para saber se as outras pessoas têm a mesma visão positiva ou se fazem restrições.

POSIÇÃO 4 – *A grande incógnita*:

Existe uma boa estrela no fundo de sua alma. Ela poderia lhe dar confiança e fé em uma orientação mais elevada. Enquanto você não se conscientizar desse aspecto de sua personalidade, sua vida pode ser atravessada por uma sensação de vazio, ou você não encontrará sentido nas leis cósmicas. Mas se esta luz começar a brilhar em sua vida, você terá uma estrela-guia.

A LUA – ESCURIDÃO

SÍMBOLOS:	SIGNIFICADO:
Lua encobrindo o Sol	eclipse do Sol
quinze gotas de orvalho	15 = número da Lua cheia (ver página 86) umidade e fertilidade
torres da Jerusalém Celeste (a Cidade de Deus)	antevisão de um objetivo supremo
lagosta na margem do rio	emergir dos abismos
cão	força benéfica dos instintos
lobo	força perigosa dos instintos
caminho entre o cão e o lobo	andar na "corda bamba"
número 18	número dos eclipses do Sol e da Lua, que se repetem na mesma sequência num ciclo de dezoito anos

A Lua como carta isolada ou em outros sistemas de leitura

ASPECTOS GERAIS:

A LUA representa a noite e a escuridão, na qual é fácil perder o rumo. Ela significa insegurança, medo, preocupações e pesadelos. No entanto, nem sempre é uma carta desfavorável, pois mostra que justamente o caminho do medo pode levar a vivências profundas e enriquecedoras, e às vezes é o caminho mais curto para atingir um determinado objetivo. Como etapa intermediária, esta carta pode representar um desafio para superar o medo. Como etapa final, significa uma advertência de que o caminho leva à escuridão ou pode se converter num pesadelo.

VIDA PROFISSIONAL:

Você está "no escuro", sente irritação e não sabe o rumo que as coisas vão tomar. Jogue tudo para longe e tente se livrar do pesadelo o mais rápido possível, ou confie em sua voz interior e tente atravessar a ponte estreita, em busca da solução.

AMOR:

Você sente medo e não sabe o que fazer. Talvez haja motivos reais de preocupação, mas provavelmente você está apenas tentando adiar uma decisão difícil, mas importante, que poderia representar um verdadeiro progresso.

COMO QUINTESSÊNCIA:

Quando a soma de todas as cartas é igual a 18, a LUA é a quintessência. A soma desses algarismos dá o resultado 9, que é o EREMITA. Com isso, o conselho final do oráculo é atravessar a noite e vencer o medo (A LUA), para finalmente encontrar a si mesmo (O EREMITA).

A Lua no Oráculo do Amor

POSIÇÃO 1 – *O assunto em questão*:

A noite caiu sobre seu relacionamento. Agora você está "no escuro" e não sabe o que fazer. Aquilo que ontem parecia claro não tem mais valor. Se este pesadelo não acabar dentro em breve, você deve procurar um caminho estreito para longe da escuridão.

POSIÇÃO 2 – *Seu estado de espírito*:

Você sente insegurança e irritação, pois a noite ao redor gera monstros que perseguem você e muitas vezes lhe tiram o sono. Não se deixe intimidar por esses fantasmas. Concentre-se totalmente no local de onde vem a luz.

POSIÇÃO 3 – *Sentimentos da outra pessoa*:

Seu parceiro é uma pessoa insegura, que se sente "no escuro" e não sabe onde está a saída. Com certeza ele tem medo de se abrir com você. Se você não for o motivo desse pesadelo, procure demonstrar solidariedade e oferecer apoio.

POSIÇÃO 4 – *O conselho do oráculo*:

Siga o caminho do medo, mesmo que tudo em volta esteja envolto em escuridão. Procure a faixa de luz no horizonte. Ultrapasse seus limites e faça aquilo que deseja, ou que acha fascinante, mas que até agora não teve coragem de fazer.

A Lua na Bússola

POSIÇÃO 1 – *O assunto em questão*:

O assunto em questão tem relação com o medo, os pesadelos, a insegurança, alguma coisa que permanece obscura ou encoberta. Ou, então, trata-se de um desafio para superar o medo, a fim de alcançar uma recompensa.

POSIÇÃO 2 – *O primeiro passo*:

O início é dominado pelo medo. Você está "no escuro", sente dificuldade para se orientar e não sabe onde e como deve começar. Se a carta na posição 4 indicar um objetivo que vale a pena, você deve confiar em sua voz interior e seguir este caminho cuidadosamente, passo a passo. Caso as perspectivas não sejam boas, é melhor procurar outra alternativa.

POSIÇÃO 3 – *As reações*:
As outras pessoas agem de maneira instável, sentem irritação ou medo diante de você e de suas atitudes. Talvez tenham a sensação de que você as deixou "no escuro". Seja como for, é melhor não contar com o apoio delas. Em plena luz do dia ninguém vai lhe atirar uma pedra, mas de noite é melhor ficar de sobreaviso.

POSIÇÃO 4 – *As perspectivas*:
Você não deve seguir este caminho, pois ele leva à escuridão total. É como se você estivesse sozinho numa floresta escura, sem ideia do que fazer. Tire novamente as cartas do Tarô para procurar um caminho mais favorável.

A Lua no Ponto Cego

POSIÇÃO 1 – *O que todo mundo sabe*:
Você é uma pessoa temerosa, que se perturba facilmente e tem tendência à preocupação e ao pessimismo. Ou, então, você se encontra numa fase da vida cheia de preocupações e medos.

XVIII

POSIÇÃO 2 – *O Ponto Cego*:
As outras pessoas acham que você está "no escuro" e provavelmente perdeu o rumo. Uma vez que este é seu Ponto Cego, parece que você está se enganando, ou pelo menos tenta demonstrar uma falsa segurança. Converse com alguém para esclarecer o assunto e não tomar a direção errada.

POSIÇÃO 3 – *Como você se enxerga*:
Você sabe que corre o risco de se perder no labirinto de seus próprios medos. Provavelmente, também sabe que existe uma saída, mesmo que remota. Confie em sua voz interior ou deixe que as cartas do Tarô lhe mostrem, passo a passo, o caminho para longe da floresta escura.

POSIÇÃO 4 – *A grande incógnita*:
Você guarda sentimentos de medo e insegurança em seu íntimo, que com certeza geram pesadelos e já lhe fizeram perder a coragem em momentos importantes. Se você entrar em contato com esse aspecto de sua personalidade e tentar integrá-lo em sua vida, sentirá que muitos desses medos desaparecem espontaneamente e outros revelam até mesmo novos caminhos que podem levar a vivências profundas.

O SOL – ALEGRIA DE VIVER

SÍMBOLOS:

Sol a pino no céu
criança
bandeira laranja
pena em posição vertical
muro e girassóis

cavalo branco
número 19

SIGNIFICADO:

grande irradiação luminosa, generosidade, confiança
despreocupação, sabedoria singela
vitalidade
frescor
limite entre a multiplicidade (girassóis) e a unidade (criança)
pureza
totalidade do cosmos: doze signos do zodíaco e sete planetas (pela contagem tradicional)

O Sol como carta isolada ou em outros sistemas de leitura

XIX

ASPECTOS GERAIS:

De modo geral, O SOL representa tudo aquilo que costumamos chamar de "alegre" ou "radiante", como o lado alegre da vida ou um temperamento radiante. Assim, esta carta significa despreocupação, otimismo e alegria espontânea de viver. Além disso, simboliza a reconciliação e, num nível mais profundo, a conscientização decisiva que leva à sabedoria.

VIDA PROFISSIONAL:

Você está prestes a entrar numa fase radiante, na qual as tarefas são realizadas com facilidade e prazer e novos projetos podem ser começados. Use a oportunidade para sua autorrealização, agindo com generosidade e otimismo.

AMOR:

Aproveite as boas "condições meteorológicas" que se anunciam na vida amorosa. Este setor vai lhe dar prazer e alegria, ou – se for necessário – uma boa oportunidade para a reconciliação definitiva.

COMO QUINTESSÊNCIA:

Quando a soma de todas as cartas é igual a 19, o SOL é a quintessência. A soma desses algarismos dá o resultado 10, a RODA DA FORTUNA. Uma nova soma dá o resultado 1, o MAGO. Com isso, o conselho final do oráculo é enfrentar com confiança (O SOL) o assunto em questão, atendendo o que a vida está pedindo (A RODA DA FORTUNA), mas que você tem força e habilidade para resolver satisfatoriamente (O MAGO).

O Sol no Oráculo do Amor

POSIÇÃO 1 – *O assunto em questão*:

Seu relacionamento vai viver dias ensolarados. É uma fase despreocupada e alegre, cheia de cordialidade, na qual antigas feridas podem ser curadas e velhas desavenças podem ser esclarecidas.

POSIÇÃO 2 – *Seu estado de espírito*:

Você deseja um relacionamento cheio de generosidade, no qual os parceiros se tratam com carinho e aproveitam juntos a vida. Talvez esteja tentando superar tensões, fazer as pazes ou encontrar uma comunhão mais satisfatória.

POSIÇÃO 3 – *Sentimentos da outra pessoa*:

Seu parceiro é uma pessoa cheia de vida, que irradia otimismo e generosidade e tem boas intenções com relação a você. Se você precisar de apoio ou de uma pessoa que "levante" seu estado de espírito, pode contar com ele.

POSIÇÃO 4 – *O conselho do oráculo*:

Mostre seu lado mais entusiástico, generoso e compreensivo. Trate o parceiro com muito carinho, abrindo os olhos dele para a beleza da vida.

XIX

O Sol na Bússola

POSIÇÃO 1 – *O assunto em questão*:

O assunto em questão pode ser a autorrealização ou um projeto que você encara com otimismo, considerando que dessa forma vai alcançar mais qualidade de vida ou vai viver tempos melhores.

POSIÇÃO 2 – *O primeiro passo*:

No início, tudo corre bem. Você mostra segurança e generosidade, o assunto lhe dá prazer, você sente vontade de experimentar coisas novas e não perde a confiança. Verifique a carta na posição 4 para saber se este estado de espírito se mantém até o final.

POSIÇÃO 3 – *As reações*:

As pessoas ao redor agem com otimismo, boa vontade e generosidade. Se você precisar de conselhos ou apoio, pode contar com elas. E caso esteja procurando divertimento, vai encontrar boa companhia.

POSIÇÃO 4 – *As perspectivas*:

Você deve seguir este caminho, mesmo que as cartas anteriores tenham sido desfavoráveis, pois ele leva a um novo amanhecer. Você vai encontrar a autorrealização e no final vai sentir um novo ânimo, satisfação e bom humor.

O Sol no Ponto Cego

POSIÇÃO 1 – *O que todo mundo sabe*:

Você tem uma personalidade radiante, revela senso de humor e irradia confiança e satisfação. Você é uma pessoa jovial, ou pelo menos inspira um entusiasmo juvenil.

POSIÇÃO 2 – *O Ponto Cego*:

As outras pessoas acham que você leva uma vida radiante e que seu dia a dia é – ou pelo menos deveria ser – cheio de satisfação, bom humor e leveza. Uma vez que este é seu Ponto Cego, a avaliação otimista pode lhe causar surpresa. Como se explica que você não tinha percebido este aspecto positivo?

POSIÇÃO 3 – *Como você se enxerga*:

Você é uma pessoa que sabe gozar a vida, tem confiança em si mesmo e sente prazer em tudo aquilo que pode levar à autorrealização. Já superou tensões interiores – e talvez exteriores – e agora está "de bem com a vida".

POSIÇÃO 4 – *A grande incógnita*:

No fundo de sua alma, um Sol espera para ser descoberto. Esse Sol significa alegria de viver, independência, generosidade, confiança, cordialidade e autorrealização. As experiências que você viveu até agora são uma expressão parcial dessas qualidades, mas você ganharia muito se conseguisse descobri-las e desenvolvê-las plenamente. Então, sua vida se iluminaria por inteiro.

O JULGAMENTO – REDENÇÃO

SÍMBOLOS:

anjo com trombeta
estandarte da ressurreição
mortos que ressuscitam
túmulos abertos
os mortos se apresentam em grupos de três, erguendo-se de túmulos retangulares
número 20

SIGNIFICADO:

anjo anunciador do Juízo Final
fim da paixão e do sofrimento
ressurreição de algo que parecia morto
libertação da prisão terrena
o plano divino (3) se liberta do plano terreno (4)
símbolo da graça divina e da redenção (o número 20 é produto dos 5 sentidos "pecaminosos" pelos 4 Evangelhos, que representam a graça divina e a redenção)

O Julgamento como carta isolada ou em outros sistemas de leitura

ASPECTOS GERAIS:

O JULGAMENTO simboliza a redenção e a libertação, ou uma transformação maravilhosa, embora o nome da carta possa sugerir outra coisa. Aqui, a palavra "julgamento" quer dizer Juízo Final, um acontecimento precedido pela ressurreição de Cristo, que é o símbolo e o tema desta carta. Assim, ela significa que algo enterrado ou oculto volta a emergir, um tesouro é resgatado das profundezas, ou uma fase difícil está chegando ao fim, para alívio das pessoas envolvidas.

VIDA PROFISSIONAL:

Você pode respirar aliviado. No âmbito profissional, esta carta significa que uma fase crítica foi superada, uma solução maravilhosa foi encontrada ou um projeto abandonado voltou à tona, prometendo resultados positivos.

AMOR:

Amor e relacionamento eram motivos de desgosto, mas agora o sofrimento acabou. Os velhos problemas foram resolvidos, ou um amor que você acreditava perdido há muito tempo voltou a existir. Seja como for, você encontrou um verdadeiro "tesouro".

COMO QUINTESSÊNCIA:

Quando a soma de todas as cartas é igual a 20, o JULGAMENTO é a quintessência. A soma desses algarismos dá o resultado 2, que é a SACERDOTISA. Com isso, a mensagem final do oráculo é que você pode encontrar uma solução ou libertação (O JULGAMENTO), se tiver paciência e seguir o caminho da voz interior (A SACERDOTISA).

O Julgamento no Oráculo do Amor

POSIÇÃO 1 – *O assunto em questão:*

Chegou o momento de encerrar as coisas antigas, deixar as dificuldades para trás e procurar uma solução definitiva. Existe um "tesouro" que deve ser resgatado em seu relacionamento. Não deixe que ele se perca. Como acontece nos contos de fadas, vários anos podem se passar antes que o tesouro se mostre novamente.

POSIÇÃO 2 – *Seu estado de espírito:*

Você gostaria de se libertar dos velhos aborrecimentos ou preocupações e sabe que chegou o momento. Sente que esta é uma boa oportunidade para resolver um impasse no relacionamento, ou para viver experiências novas e enriquecedoras.

POSIÇÃO 3 – *Sentimentos da outra pessoa:*

Seu parceiro está acabando de superar uma situação difícil e confusa e finalmente consegue respirar com alívio. Ou, então, você é um "tesouro" que ele deseja conquistar.

POSIÇÃO 4 – *O conselho do oráculo:*

Liberte seu amor deste estado de imobilidade. Afaste de seu relacionamento todos os sentimentos inúteis ou hipócritas, todas as situações doentias ou confusas que sufocam o amor. Fale francamente sobre aquilo que está incomodando você, procure ter uma conversa esclarecedora e mostre disposição para perdoar.

O Julgamento na Bússola

POSIÇÃO 1 – *O assunto em questão:*

O assunto em questão é uma transformação maravilhosa, uma cura ou redenção, a superação do sofrimento ou a libertação de uma situação falsa e viciada. Alguma coisa que já tinha murchado pode voltar a florescer, ou algo que estava perdido pode vir à tona novamente.

POSIÇÃO 2 – *O primeiro passo:*

A solução está logo no início. Se você seguir este caminho, poderá experimentar uma sensação de liberdade e provavelmente de profundo enriquecimento. Mesmo que a carta na posição 4 indique perigos a longo prazo, esta situação inicial é tão importante que você deve seguir pelo menos alguns passos nesta direção.

POSIÇÃO 3 – *As reações*:

As pessoas ao redor reagem com satisfação. Você pode contar com a aprovação delas ou com outros tipos de reação positiva. Sua simples presença e a maneira com que você se comporta inspiram contentamento e alívio.

POSIÇÃO 4 – *As perspectivas*:

Você deve seguir este caminho. Não existe carta mais favorável. No final, você vai respirar aliviado, vendo que o esforço valeu a pena. Talvez encontre um verdadeiro "tesouro". Se estiver procurando por uma salvação ou uma mudança maravilhosa para uma situação melhor, se estiver tentando resolver problemas e ser mais feliz, este é o caminho certo.

O Julgamento no Ponto Cego

POSIÇÃO 1 – *O que todo mundo sabe*:

Você está numa fase na qual muitas coisas ou todas elas têm tendência a melhorar, ou você está prestes a encontrar a solução para um problema.

POSIÇÃO 2 – *O Ponto Cego*:

As outras pessoas acham que existe uma solução para você resolver as dificuldades, livrar-se dos aborrecimentos ou superar os constrangimentos físicos e espirituais. Pode ser que você esteja diante de um "problema" que as outras pessoas encaram como vantagem ou benefício, um verdadeiro "tesouro" do qual você deveria tomar posse.

POSIÇÃO 3 – *Como você se enxerga*:

Você acredita (ou já sabe) que tudo em sua vida está mudando para melhor, que esta é uma fase de redenção ou solução dos problemas e que é preciso lutar pela felicidade. Ou, então, você se considera capaz de ajudar outras pessoas em fases importantes de mudança. Se a carta na posição 2 tiver uma conotação negativa, verifique se seu otimismo se justifica.

POSIÇÃO 4 – *A grande incógnita*:

No fundo de sua alma, existe um potencial de cura e libertação que pode realizar verdadeiros milagres para você e as outras pessoas. Enquanto você não se conscientizar dessa força maravilhosa, ela ficará em estado latente. Consequentemente, você não será capaz de encontrar soluções realmente satisfatórias em sua vida, ou descobrirá que não passavam de ilusão.

O MUNDO – O OBJETIVO

SÍMBOLOS:	SIGNIFICADO:
mulher que dança	vitalidade, alegria
postura da mulher = O ENFORCADO (XII) ao contrário	desprendimento
figuras que simbolizam os quatro elementos	integridade, inteireza
coroa de louros	atingir o objetivo
coroa em forma de elipse (auréola)	círculo que abrange dois pontos focais = totalidade
número 21	o número 7 representa uma etapa ou fase da vida, 3 × 7 = o caminho inteiro, o tempo todo, a totalidade

O Mundo como carta isolada ou em outros sistemas de leitura

XXI

ASPECTOS GERAIS:

O MUNDO é uma das cartas mais favoráveis do Tarô. Ela significa que atingimos um objetivo, talvez o principal objetivo da vida. Encontramos o lugar que nos cabe neste mundo e nos sentimos capazes de tomar as decisões corretas. Isso pode valer tanto para a vida exterior quanto para o caminho da evolução interior.

VIDA PROFISSIONAL:

Você atingiu o objetivo a que pretendia. Encontrou o lugar certo ou a tarefa certa, ou tomou a atitude correta. Faça todo o possível para aproveitar esta nova situação por muito tempo.

AMOR:

Você tem todos os motivos para se alegrar. Encontrou, ou está prestes a encontrar, o lugar (ou relacionamento) ideal, no qual você se sente "em casa".

COMO QUINTESSÊNCIA:

Quando a soma de todas as cartas é igual a 21, o MUNDO é a quintessência. A soma desses algarismos dá o resultado 3, a IMPERATRIZ. Com isso, o conselho final do oráculo é tomar a atitude correta ou procurar o lugar certo neste mundo (O MUNDO), favorecendo a alegria de viver e a evolução pessoal (A IMPERATRIZ).

O Mundo no Oráculo do Amor

POSIÇÃO 1 – *O assunto em questão*:

Vocês se encontraram, um ao outro. Esta carta mostra que neste relacionamento vocês estão "em casa", evoluíram juntos até formar um todo e constituir uma unidade.

POSIÇÃO 2 – *Seu estado de espírito*:

Você está à procura de um "lar". Gostaria de sentir segurança e proteção neste relacionamento. Tem grande necessidade de alcançar um determinado objetivo e integrar-se num todo.

POSIÇÃO 3 – *Sentimentos da outra pessoa*:

Seu parceiro é uma pessoa fiel a você, disposta a construir um relacionamento emocionante e satisfatório para os dois.

POSIÇÃO 4 – *O conselho do oráculo*:

Você está "em casa" neste relacionamento. Acredite nele, assuma o compromisso e faça tudo para que a convivência seja satisfatória, construindo uma unidade com o parceiro.

XXI

O Mundo na Bússola

POSIÇÃO 1 – *O assunto em questão*:

O assunto em questão é o lar, a origem, o lugar certo neste mundo, a atitude correta ou simplesmente um objetivo importante que precisa ser alcançado.

POSIÇÃO 2 – *O primeiro passo*:

No início, você se sente bem. É como se você estivesse finalmente "em casa". O caminho que está começando inspira entusiasmo e alegria. Tudo indica que é o caminho certo, a não ser que a carta na posição 4 seja desfavorável.

POSIÇÃO 3 – *As reações*:

As pessoas ao redor se comportam com alegria, sentem-se "em casa" e estão bem-humoradas. As atitudes que você demonstra podem ter contribuído para isso, ou elas estão satisfeitas consigo mesmas e não procuram outras companhias. Mas se você tomar a iniciativa, vai encontrar receptividade.

POSIÇÃO 4 – *As perspectivas*:

O MUNDO é uma das melhores cartas nesta posição. Portanto, você deve seguir este caminho. Ele leva a um objetivo que dará grande satisfação e a sensação de estar "em casa". Se sua pergunta tiver relação com um caminho interior, a carta significa que você está dando um passo decisivo para sua maturidade e integração.

O Mundo no Ponto Cego

POSIÇÃO 1 – *O que todo mundo sabe*:

Você é uma pessoa alegre e equilibrada, que encontrou o lugar que lhe cabe neste mundo, ou pelo menos está adotando as atitudes corretas nesta fase da vida.

POSIÇÃO 2 – *O Ponto Cego*:

As pessoas ao redor percebem que você está no lugar certo, ou pelo menos está prestes a alcançar um objetivo. Será possível que você não tenha consciência disso? Então, converse com outras pessoas a esse respeito.

POSIÇÃO 3 – *Como você se enxerga*:

XXI

Você sabe que atingiu um objetivo, ou vai atingi-lo em breve, e que tomou as atitudes corretas na vida. Para saber se as outras pessoas concordam com sua autoavaliação positiva, verifique a carta na posição 2.

POSIÇÃO 4 – *A grande incógnita*:

No fundo de sua alma, você tem consciência sobre seu verdadeiro "lar", sobre o lugar que lhe cabe neste mundo. Enquanto não libertar esta consciência interior, pode ser que muitas vezes você se sinta desorientado, sem saber que atitudes tomar. Consulte as cartas do Tarô para descobrir a melhor maneira de resgatar este lado desconhecido de sua personalidade.

ÁS DE PAUS – AUTORREALIZAÇÃO

SÍMBOLOS:	SIGNIFICADO:
mão do Criador	impulso
bastão	energia, crescimento
dez folhas brotando	o ás concentra as possibilidades de todas as dez cartas de Paus
oito folhas caindo	referência ao OITO DE PAUS, a carta mais dinâmica deste naipe
paisagem verde	fertilidade, vitalidade
montanha	ponto alto, clímax
número e naipe	oportunidade (1) de autorrealização

Ás de Paus como carta isolada ou em outros sistemas de leitura

ASPECTOS GERAIS:

O Ases do Tarô representam boas oportunidades que não devem ser desperdiçadas, pois abrem novas perspectivas e oferecem chances concretas. O ÁS DE PAUS representa uma chance de se entusiasmar por alguma coisa, engajar-se por uma causa, pôr mãos à obra, demonstrar vitalidade ou amadurecer com os desafios da vida. Mas para isso é preciso ter coragem e disposição para assumir riscos, qualidades implícitas no elemento Fogo (que corresponde ao naipe de Paus).

VIDA PROFISSIONAL:

Surgiu uma chance em sua carreira profissional, e você não deve deixar que ela escape. O momento é emocionante. Mantenha os olhos abertos, tenha coragem e não fuja dos desafios. Isso vai revitalizar seu dia a dia profissional, oferecendo uma chance concreta de realização.

AMOR:

Você tem uma chance imperdível de viver uma aventura ou transformar sua vida amorosa, dando a ela um novo impulso e mais entusiasmo. Chegou a hora de tomar aquela atitude que você nunca teve coragem de assumir.

Ás de Paus no Oráculo do Amor

POSIÇÃO 1 – *O assunto em questão:*

Os dois parceiros têm uma boa oportunidade de alimentar o fogo da paixão, entusiasmar-se juntos por alguma coisa ou viver uma experiência forte e emocionante.

POSIÇÃO 2 – *Seu estado de espírito:*

Você gostaria de "pegar fogo", viver uma aventura, ou está procurando uma espécie de faísca para reacender a paixão e a emoção em seu relacionamento. Ou será que prefere seguir em outra direção e só está esperando uma chance para romper com o parceiro?

POSIÇÃO 3 – *Sentimentos da outra pessoa:*

Seu parceiro é uma pessoa decidida, que vê no relacionamento uma chance real de crescimento e desafio. Se você quiser, pode conquistá-lo facilmente. Espalhe algumas "faíscas", e ele vai "pegar fogo" imediatamente.

POSIÇÃO 4 – *O conselho do oráculo:*

Aproveite a oportunidade para começar uma nova fase no relacionamento. Deixe de lado essa atitude distante. Mostre coragem e disposição para assumir riscos, aceite os novos impulsos, deixe-se levar pelo entusiasmo e pela chama da paixão.

Ás de Paus na Bússola

POSIÇÃO 1 – *O assunto em questão:*

O assunto em questão é uma oportunidade única que exige coragem e disposição para assumir riscos. Pode ser uma aventura ou uma tarefa que tem de ser enfrentada com entusiasmo, ou ainda um desafio que pode levar ao crescimento e ao amadurecimento.

POSIÇÃO 2 – *O primeiro passo:*

No início, surge uma oportunidade que atrai seu interesse, e você mal consegue esperar para agarrá-la. Verifique a carta na posição 4 para saber se tudo não passa de "fogo de palha", ou se você está realmente disposto a se comprometer a longo prazo.

POSIÇÃO 3 – *As reações:*

As pessoas ao redor se entusiasmam facilmente. Para elas, você ou o que você faz representam uma oportunidade fascinante. Se você acreditar naquilo que está fazendo, tem todas as chances de conquistar a aprovação dos outros.

POSIÇÃO 4 – *As perspectivas*:

No final, uma grande oportunidade espera por você, e é bem possível que você se sinta entusiasmado. Pode ser um novo desafio, uma vivência emocionante ou um novo caminho, que você deve seguir com otimismo e confiança.

Ás de Paus no Ponto Cego

POSIÇÃO 1 – *O que todo mundo sabe*:

Você é uma pessoa que não tem medo de aventuras e está sempre procurando emoções e desafios. Você se entusiasma facilmente e tem um "sexto sentido" para as boas oportunidades. Ou pelo menos neste momento está diante de uma ótima chance, que pode levar ao amadurecimento.

POSIÇÃO 2 – *O Ponto Cego*:

As outras pessoas acham que você tem uma oportunidade fora do comum, uma chance real de autorrealização. Se você não está consciente disso, procure conversar com colegas, amigos ou parentes, para abrir os olhos a esse respeito.

POSIÇÃO 3 – *Como você se enxerga*:

Você está diante de uma oportunidade que desperta seu entusiasmo, ou uma chance que pode representar um novo impulso, alegria de viver e possibilidades de autorrealização.

POSIÇÃO 4 – *A grande incógnita*:

Bem no íntimo, você guarda uma espécie de "faísca", uma energia que poderia acender um fogo em sua vida, inspirando mais alegria, coragem e disposição para assumir riscos. Enquanto essa chama não brilhar, vai faltar calor e paixão em sua vida, e você vai perder muitas oportunidades. Procure a chama interior, tenha a coragem de assumir desafios e apaixone-se pela vida.

DOIS DE PAUS – NEUTRALIDADE

SÍMBOLOS:	SIGNIFICADO:
homem com globo terrestre (Alexandre, o Grande)	símbolo da melancolia e do desinteresse de alguém que já alcançou tudo na vida e não se entusiasma mais pelas coisas novas
posição do homem entre dois bastões, segurando um deles	indecisão, falta de envolvimento, atitude de neutralidade
cruz de Santo André florida	sofrimento, martírio
número e naipe	tensão (fogo) que se dissolve (2)

Dois de Paus como carta isolada ou em outros sistemas de leitura

ASPECTOS GERAIS:

A carta DOIS DE PAUS representa uma posição neutra entre dois polos, de uma pessoa que não consegue se decidir diante de um dilema ou um impasse. No máximo, ela manifesta uma intenção sem compromisso e sem resultados concretos. Em muitas situações, esta atitude pode representar uma vantagem. Mas na maioria dos casos o DOIS DE PAUS é uma advertência contra a apatia e a passividade, que podem sufocar a paixão e a alegria de viver.

VIDA PROFISSIONAL:

Atualmente, você se mantém distante de tudo e não sabe como agir daqui em diante. Se o assunto que o preocupa for um conflito, talvez seja melhor ficar neutro. Mas se você estiver sentindo desinteresse pelo trabalho em geral, procure fazer alguma coisa antes que a letargia tome conta de sua vida.

AMOR:

De alguma forma, você está em compasso de espera. Pode ser que a chama do amor esteja quase apagada. Você não sabe se deve desistir dela ou tentar acendê-la novamente. Talvez você esteja começando um novo relacionamento pelo qual não sente muito interesse. Ou será que não consegue decidir entre dois partidos diferentes?

Dois de Paus no Oráculo do Amor

POSIÇÃO 1 – *O assunto em questão:*

Seu relacionamento atravessa uma fase morna, sem entusiasmo nem emoção. Isso poderia ser normal entre colegas de trabalho, mas num relacionamento amoroso a falta de emoção pode ser fatal.

POSIÇÃO 2 – *Seu estado de espírito:*

Neste momento, você não se interessa por nada e tenta manter a neutralidade. Não quer tomar uma decisão e no máximo declara suas intenções, mas sem assumir compromissos.

POSIÇÃO 3 – *Sentimentos da outra pessoa:*

Seu parceiro não é uma pessoa dinâmica. Às vezes, ele demora demais para tomar uma decisão. Pelo visto, o máximo que você pode esperar são promessas mornas ou atitudes sem compromisso.

POSIÇÃO 4 – *O conselho do oráculo:*

No momento, é melhor ficar no plano das intenções. Deixe as decisões em aberto. Evite se envolver. Mantenha-se em segundo plano e adote uma atitude neutra, pelo menos por algum tempo.

Dois de Paus na Bússola

POSIÇÃO 1 – *O assunto em questão:*

Por algum motivo, o assunto em questão parece emperrado ou indefinido. Pode ser que você não esteja realmente interessado, ou não conseguiu se empenhar por outros motivos. Seja como for, as intenções que você revelou até agora não parecem muito sinceras.

POSIÇÃO 2 – *O primeiro passo:*

No início, você diz palavras vazias. Não quer tomar partido e prefere manter uma atitude neutra. Talvez esteja em dúvida, adiando a decisão definitiva, ou tenha medo de dar o próximo passo. Talvez precise de mais tempo para refletir. Ou será que este assunto não significa nada para você? Seja como for, não há motivação suficiente.

POSIÇÃO 3 – *As reações:*

As pessoas ao seu redor agem de maneira indecisa, neutra, ou sem interesse. Isso não será um grande problema se você conseguir lidar sozinho com a situação. Mas, se estiver precisando de apoio e colaboração, com certeza vai ficar decepcionado.

POSIÇÃO 4 – *As perspectivas:*

Se a neutralidade for uma boa opção, você deve seguir este caminho. Caso contrário, dificilmente você vai satisfazer suas expectativas, pois no final só vai haver desinteresse, indiferença e falta de envolvimento.

Dois de Paus no Ponto Cego

POSIÇÃO 1 – *O que todo mundo sabe:*

Você fica evitando as decisões – pelo menos neste momento – e tenta se manter distante. Talvez a neutralidade e a falta de envolvimento sejam características de sua personalidade. O fato é que você tem muita dificuldade para assumir uma posição clara.

POSIÇÃO 2 – *O Ponto Cego:*

As outras pessoas acham que você não consegue se decidir ou tomar partido e, por isso, não esperam nada além de intenções vazias e sem compromisso. Se, ao contrário, você se considera uma pessoa capaz de tomar decisões, deve refletir um pouco mais sobre a opinião dos outros.

POSIÇÃO 3 – *Como você se enxerga:*

Você sabe que neste momento é melhor manter uma atitude neutra. Pelo menos, não há nada que obrigue a assumir uma posição clara. Se você estava mesmo precisando de um tempo para refletir, aproveite. Mas, se a indecisão for uma estratégia de vida, seria melhor pensar duas vezes. A falta de paixão e envolvimento pode fazer com que a vida passe de maneira fútil e sem sentido.

POSIÇÃO 4 – *A grande incógnita:*

No fundo de sua alma, existe uma incapacidade de decidir. Enquanto você não se conscientizar desse aspecto de sua personalidade, as decisões que você tomar não darão bons resultados na maioria das vezes, embora de maneira inexplicável. Na pior das hipóteses, a consequência é um alheamento sistemático que sufoca a emoção e a alegria de viver. Por isso, procure entender e superar esta tendência.

TRÊS DE PAUS – BOAS OPORTUNIDADES

SÍMBOLOS:
homem de ombros largos
colina
mar e horizonte dourados à luz do sol
navios que regressam
número e naipe

SIGNIFICADO:
força, firmeza, capacidade de resistir
visão de futuro
beleza e perspectivas promissoras

chances de lucros e bons negócios
crescimento (fogo) dinâmico (3)

Três de Paus como carta isolada ou em outros sistemas de leitura

ASPECTOS GERAIS:

A carta TRÊS DE PAUS mostra que você atingiu um ponto alto em sua vida, uma base sólida que ao mesmo tempo garante boas oportunidades a curto e longo prazo. É uma das cartas mais favoráveis do Tarô, pois sugere chances realmente valiosas e uma situação de estabilidade.

VIDA PROFISSIONAL:

Você tem bons motivos para ficar satisfeito. A posição que você atingiu é sólida e oferece boas oportunidades para o futuro profissional.

AMOR:

Você sente confiança em si mesmo e tem todos os motivos para ser otimista. Em breve, pode contar com momentos felizes na vida amorosa, com boas perspectivas também a longo prazo.

Três de Paus no Oráculo do Amor

POSIÇÃO 1 – *O assunto em questão:*

Seu relacionamento atingiu um ponto alto. Pode ter havido crises nesse percurso, mas agora elas foram superadas. O amor ganhou uma base sólida, e você tem todos os motivos para encarar o futuro com confiança.

POSIÇÃO 2 – *Seu estado de espírito*:

Você se sente seguro, está otimista e gostaria que seu parceiro também enxergasse as boas oportunidades que se abrem agora.

POSIÇÃO 3 – *Sentimentos da outra pessoa*:

Seu parceiro é uma pessoa otimista, que age demonstrando segurança. Ele vê boas oportunidades no relacionamento amoroso e acredita num futuro feliz.

POSIÇÃO 4 – *O conselho do oráculo*:

Tente se conscientizar de que você conquistou algo valioso e as perspectivas de longo prazo parecem as melhores possíveis. Faça com que a confiança tome conta do relacionamento, para que seu parceiro enxergue esse futuro feliz.

Três de Paus na Bússola

POSIÇÃO 1 – *O assunto em questão*:

O assunto em questão tem relação com o otimismo e a visão de futuro, ou com perspectivas promissoras que se abrem a partir de uma base sólida.

POSIÇÃO 2 – *O primeiro passo*:

No início, você sente segurança absoluta e põe seus projetos em prática com muito otimismo. Verifique a carta na posição 4 para saber se essa avaliação é justificada ou se você está se alegrando cedo demais.

POSIÇÃO 3 – *As reações*:

As pessoas ao redor estão disponíveis e têm interesse por você e seus projetos. Elas estão confiantes e seguras e esperam um futuro promissor. Talvez você possa contribuir com seus planos para esse clima de otimismo.

POSIÇÃO 4 – *As perspectivas*:

Este é um caminho promissor, que você deve seguir mesmo que as cartas anteriores tenham sido desfavoráveis. No final, você atinge uma boa posição, sente-se seguro, respira aliviado e olha serenamente para um futuro que parece esplêndido, até onde a vista consegue alcançar.

Três de Paus no Ponto Cego

POSIÇÃO 1 – *O que todo mundo sabe*:

Você é uma pessoa otimista, que age com firmeza nas situações da vida. Tem consciência daquilo que conquistou e encara o futuro com muita confiança.

POSIÇÃO 2 – *O Ponto Cego*:

As outras pessoas acham que você atingiu uma fase importante na vida e que suas oportunidades são boas. Se este for seu Ponto Cego, aparentemente você está ignorando ou pelo menos subestimando sua situação real. Fale sobre isso com as pessoas ao redor, para não perder chances tão boas.

POSIÇÃO 3 – *Como você se enxerga*:

Você sabe que fez conquistas importantes e encara o futuro com otimismo. Verifique as cartas nas posições 1 e 2 para saber se os outros compartilham dessa confiança, ou se você está comemorando cedo demais.

POSIÇÃO 4 – *A grande incógnita*:

Bem no íntimo, você é uma pessoa confiante e otimista. Enquanto não se conscientizar desse aspecto de sua personalidade, você terá dificuldade para encarar o futuro com tranquilidade e confiar em suas próprias forças. Mas se esse aspecto for incorporado em sua vida, as cortinas do pessimismo serão afastadas e você poderá olhar sem receio para um futuro promissor.

QUATRO DE PAUS – ABERTURA

SÍMBOLOS:
castelo
pessoas com ramos de flores
bastões com guirlandas
número e naipe

SIGNIFICADO:
segurança
franqueza, saudação de boas-vindas
alegria, festa
crescimento (fogo) constante (4)

Quatro de Paus como carta isolada ou em outros sistemas de leitura

ASPECTOS GERAIS:

A carta QUATRO DE PAUS representa situações nas quais nós nos sentimos seguros, gozamos de proteção e tranquilidade e ao mesmo tempo estamos abertos para novas experiências e novos encontros. Muitas vezes, ela também significa que nós nos sentimos bem-vindos, ou damos as boas-vindas à outra pessoa.

VIDA PROFISSIONAL:

Não se preocupe. Uma fase tranquila se abre diante de você. Dedique-se a seus projetos sem nenhum receio e lide com as outras pessoas de maneira franca e aberta. Você pode ter certeza de que será bem recebido.

AMOR:

Esqueça as preocupações e os aborrecimentos. Uma nova primavera se anuncia em sua vida amorosa. Comece a olhar além de si mesmo, procure entrar em contato com as outras pessoas e receba-as com carinho.

Quatro de Paus no Oráculo do Amor

POSIÇÃO 1 – *O assunto em questão*:

Existem bons motivos para você se alegrar na vida amorosa, pois os dois parceiros se relacionam de maneira aberta e carinhosa, alegrando-se com todas as vivências em comum.

POSIÇÃO 2 – *Seu estado de espírito*:

Você se sente seguro e age com franqueza. Gostaria de ir além de si mesmo, ir ao encontro do parceiro e mostrar-lhe o quanto você se alegra com sua companhia.

POSIÇÃO 3 – *Sentimentos da outra pessoa*:

Seu parceiro sente grande inclinação por você, procura sua companhia com prazer, está disponível e lhe dá as boas-vindas de todo o coração.

POSIÇÃO 4 – *O conselho do oráculo*:

Esta carta aconselha você a olhar para além si mesmo, principalmente se você até agora se manteve recolhido, evitando os relacionamentos. Não pense duas vezes. Mostre-se aberto e disponível, aproxime-se da pessoa querida sem receio e de coração alegre.

Quatro de Paus na Bússola

POSIÇÃO 1 – *O assunto em questão*:

Trata-se de uma situação ou pessoa que você acolhe ou recebe com muito prazer, pois sente-se seguro e está disponível para os novos encontros.

POSIÇÃO 2 – *O primeiro passo*:

No início, tudo corre bem. Você se sente de bom humor, em situação segura, pensa além de si mesmo sem receio e vai em busca das outras pessoas. Se as coisas continuarem assim – verifique a carta na posição 4 para confirmar suas chances – com certeza você está no caminho certo.

POSIÇÃO 3 – *As reações*:

As pessoas ao redor recebem você de braços abertos. Elas agem de maneira sincera e sem segundas intenções. Talvez já estivessem contando com você ou com suas atitudes. Seja como for, este é o momento certo. Se estiver precisando de ajuda, pode contar com elas.

POSIÇÃO 4 – *As perspectivas*:

Este é um caminho favorável. No final, você vai ter motivos para comemorar. A paz reina por toda parte, você se sente seguro e vai ao encontro das outras pessoas sem receio e de coração alegre.

Quatro de Paus no Ponto Cego

POSIÇÃO 1 – *O que todo mundo sabe*:

Você é uma pessoa franca e aberta, que se sente segura e gosta de conviver com os outros. Ou pelo menos você atravessa uma fase na qual busca a extroversão, tentando descobrir tudo o que existe no mundo lá fora.

POSIÇÃO 2 – *O Ponto Cego*:

Você irradia franqueza e disponibilidade, ou as outras pessoas vêm até você de forma receptiva. Uma vez que este é seu Ponto Cego, provavelmente você tem uma impressão bem diferente de sua situação real. Fale com alguém a esse respeito para se conscientizar do problema.

POSIÇÃO 3 – *Como você se enxerga*:

Você acredita que pode arriscar dar um passo à frente, deixando para trás sua zona de segurança, para ir ao encontro de outra pessoa ou dar início a um novo projeto.

POSIÇÃO 4 – *A grande incógnita*:

Nas regiões mais profundas de sua subjetividade, existe um sentimento natural e muito forte que poderia inspirar uma atitude mais franca e aberta, talvez até mais receptiva. Enquanto você não se conscientizar dessa tendência, talvez continue sendo uma pessoa fechada ou reservada, sem interesse pelas coisas novas. Mas se você explorar esse aspecto, sua vida pode ter mais emoção e diversidade.

CINCO DE PAUS – DESAFIO

SÍMBOLOS:
situação de conflito
bastões que se cruzam
número e naipe

SIGNIFICADO:
jovens envolvidos numa disputa
medir as forças
crises e desafios (5) no caminho da evolução pessoal (fogo)

Cinco de Paus como carta isolada ou em outros sistemas de leitura

ASPECTOS GERAIS:

A carta CINCO DE PAUS mostra uma situação que exige coragem e na qual temos de pôr à prova toda a nossa energia, nosso saber ou nossa habilidade. O aspecto positivo da situação é que não há previsão de "golpes baixos", a disputa deve ser justa e não precisamos temer ações maldosas. O aspecto negativo (e ao mesmo tempo emocionante) é que não sabemos o resultado final. Como num campeonato, a vitória cabe ao melhor jogador.

VIDA PROFISSIONAL:

Chegou o momento decisivo. Mostre do que é capaz. Não fuja dos desafios e lute para conquistar um lugar ao sol. Você só pode ganhar. Mesmo que não consiga a vitória, pelo menos terá a sensação gratificante de que fez o possível e mostrou seu valor num momento difícil.

AMOR:

Neste momento, o amor representa para você um desafio. Talvez você esteja "medindo forças" com seu parceiro, para saber quem é melhor, mais inteligente, mais bonito, mais simpático etc., ou você suspeita de um concorrente no relacionamento. Caso você esteja sozinho, é provável que tenha de enfrentar o desafio de começar um novo amor.

Cinco de Paus no Oráculo do Amor

POSIÇÃO 1 – *O assunto em questão*:

Embora às vezes você entre em conflito ou possa competir com o parceiro, o relacionamento costuma ser emocionante, pois é encarado como uma aventura ou um desafio no bom sentido.

POSIÇÃO 2 – *Seu estado de espírito*:

Você gostaria de mostrar aquilo de que é capaz, provar que está à altura do relacionamento ou de alguma dificuldade específica, e tem condições de aceitar o desafio. Ou será que gostaria de viver uma aventura?

POSIÇÃO 3 – *Sentimentos da outra pessoa*:

Seu parceiro é uma pessoa corajosa. Ele encara o relacionamento ou a troca de ideias com você como um desafio emocionante e sente-se atraído. Se quiser conquistá-lo, provoque uma situação de disputa ou concorrência.

POSIÇÃO 4 – *O conselho do oráculo*:

Aceite o desafio que está implícito no relacionamento. Mostre que está disposto a medir forças. Caso se trate de uma rivalidade pelo amor de outra pessoa, não desista e mostre tudo aquilo de que é capaz.

Cinco de Paus na Bússola

POSIÇÃO 1 – *O assunto em questão*:

Trata-se de uma competição, uma situação de disputa, um conflito ou outro tipo de desafio em condições de igualdade, sem "golpes baixos".

POSIÇÃO 2 – *O primeiro passo*:

No início, você sente a tentação de aceitar um desafio emocionante. Tem vontade de medir forças com alguém, a fim de mostrar do que é capaz.

POSIÇÃO 3 – *As reações*:

As pessoas ao redor acham que você ou suas atitudes representam um desafio. Estão dispostas a tomar parte numa disputa ou medir forças com você. As intenções delas não são maldosas nem vulgares. O que elas desejam é um "jogo limpo".

POSIÇÃO 4 – *As perspectivas*:

O final promete muita emoção, pois haverá um desafio que você deve aceitar, ou uma competição na qual você deve mostrar aquilo de que é capaz.

Cinco de Paus no Ponto Cego

POSIÇÃO 1 – *O que todo mundo sabe*:

Você é uma pessoa que gosta de competir com os outros, por exemplo no esporte, em disputas verbais ou nas situações do dia a dia. Ou pelo menos você se encontra diante de um desafio importante que vai exigir todas as suas forças.

POSIÇÃO 2 – *O Ponto Cego*:

As outras pessoas acham que você precisa agir com energia para enfrentar um desafio importante, que pode representar crescimento. Já que este é seu Ponto Cego, provavelmente você não está consciente da situação. Converse com alguma pessoa próxima a esse respeito.

POSIÇÃO 3 – *Como você se enxerga*:

Você sabe que se envolveu numa disputa ou precisa enfrentar um desafio. Acredita que suas chances são boas e que seus adversários agem de maneira correra. Verifique a carta na posição 2 para saber se as outras pessoas têm a mesma opinião.

POSIÇÃO 4 – *A grande incógnita*:

No fundo de sua alma, existe um aventureiro que gosta de assumir riscos e está em busca de desafios. Enquanto você não se conscientizar disso, terá uma tendência inexplicável de se envolver em situações realmente arriscadas. Provavelmente, você se considera uma pessoa pacata ou até covarde. Tente incorporar o aspecto profundo de sua personalidade, para que sua vida ganhe mais emoção e diversidade.

SEIS DE PAUS – SUCESSO

SÍMBOLOS:
coroas de louros
Cavaleiro (arauto)
cavalo com adereços
número e naipe

SIGNIFICADO:
vitória
porta-voz de boas-novas
ocasião solene e gratificante
luta (fogo) vitoriosa (6)

Seis de Paus como carta isolada ou em outros sistemas de leitura

ASPECTOS GERAIS:

De modo geral, a carta SEIS DE PAUS representa um clima de otimismo. Ela significa oportunidades positivas, uma vez que boas notícias acabam de chegar: um assunto teve conclusão satisfatória, o sucesso está garantido ou a vitória já foi alcançada.

VIDA PROFISSIONAL:

Agora, deixe as restrições de lado e aposte tudo no sucesso. Boas notícias estão a caminho. A vitória lhe pertence, principalmente se você já estiver envolvido numa disputa com outros adversários ou se estiver tentando se defender de pessoas invejosas e intrigantes.

AMOR:

Você tem certeza do sucesso e vai à luta para conquistar o coração de outra pessoa. Ou será que isso já aconteceu e você está festejando sua "vitória"?

Seis de Paus no Oráculo do Amor

POSIÇÃO 1 – *O assunto em questão*:

Existe alguma coisa a ser comemorada em seu relacionamento. Provavelmente, você encerrou uma disputa antiga com seu parceiro, superou um conflito com outras pessoas ou acaba de receber boas notícias que são motivo de alegria e talvez de alívio para os dois.

POSIÇÃO 2 – *Seu estado de espírito*:

Você se sente confiante e gostaria de compartilhar esse otimismo com seu parceiro. Ou, então, você recebeu uma boa notícia e mal pode esperar para contá-la ao parceiro.

POSIÇÃO 3 – *Sentimentos da outra pessoa*:

Seu parceiro é uma pessoa otimista, que tem certeza do sucesso – pelo menos no que diz respeito ao relacionamento. Ou, então, ele recebeu uma boa notícia e gostaria de contá-la a você o quanto antes.

POSIÇÃO 4 – *O conselho do oráculo*:

Deixe as dúvidas de lado, mostre confiança e vá em busca da vitória. E se você recebeu boas notícias, não tente guardá-las apenas para si mesmo.

Seis de Paus na Bússola

POSIÇÃO 1 – *O assunto em questão*:

O assunto em questão promete dar bom resultado, com chances de vitória ou sucesso, ou trata-se de uma boa notícia.

POSIÇÃO 2 – *O primeiro passo*:

No início, você se sente cheio de otimismo e acredita que está a um passo da vitória. Verifique a carta na posição 4 para saber se você tem razão ou se está comemorando cedo demais, sem ter superado o desafio principal.

POSIÇÃO 3 – *As reações*:

As pessoas ao redor agem com muita confiança. Se você fez alguma associação ou aliança, mais cedo ou mais tarde vai se sentir contagiado e arrebatado pelo otimismo das outras pessoas. Mas se você se opuser a elas, na opinião delas você não tem a menor chance.

POSIÇÃO 4 – *As perspectivas*:

Você deve seguir este caminho. No final, a vitória está garantida. Mesmo que as cartas anteriores tenham mostrado dificuldades, vale a pena enfrentá-las, pois a emoção da vitória será ainda maior.

Seis de Paus no Ponto Cego

POSIÇÃO 1 – *O que todo mundo sabe*:

Você é um otimista incurável, que nasceu para conquistar as coisas, ou pelo menos atravessa uma fase de sucesso que está dando grande impulso à sua vida.

POSIÇÃO 2 – *O Ponto Cego*:

As outras pessoas acham que a vitória lhe pertence. Pode ser que você ainda não tenha recebido as boas-novas ou não perceba o próprio sucesso. Faça todo o possível para esclarecer suas chances reais.

POSIÇÃO 3 – *Como você se enxerga*:

Você se considera uma pessoa bem-sucedida, ou tem absoluta certeza de receber boas notícias a respeito de um determinado assunto, a ponto de acreditar que a vitória já é sua. Verifique a carta na posição 2 para saber se as outras pessoas compartilham desse otimismo.

POSIÇÃO 4 – *A grande incógnita*:

No fundo de sua personalidade existe um vencedor, uma pessoa capaz de resolver os desafios. Enquanto ela permanecer oculta, você não sentirá a confiança necessária para ter sucesso na vida. Não tema resgatar esse aspecto de si mesmo. Desse modo, você poderá afastar as nuvens do pessimismo, experimentando mais alegria de viver.

SETE DE PAUS – AUTOAFIRMAÇÃO

SÍMBOLOS:
atitude do homem
colina
6 bastões voltados contra ele
número e naipe

SIGNIFICADO:
luta, defesa
posição favorável numa disputa
agressores
autoafirmação (fogo) em situação crítica (7)

Sete de Paus como carta isolada ou em outros sistemas de leitura

ASPECTOS GERAIS:

A carta SETE DE PAUS mostra que você é vítima de inveja, ciúme ou outras formas de ataque e que precisa reagir para defender seus interesses. Se este conselho for levado a sério, suas chances de sucesso são boas, por causa da posição favorável em que você se encontra.

VIDA PROFISSIONAL:

Você tem de lidar com alguém que está boicotando seu dia a dia profissional ou prejudicando sua vida. Pode ser que um projeto ou empreendimento de grande importância para você esteja sob algum tipo de ameaça. Se você aceitar o desafio e defender seus interesses, terá as melhores chances de sucesso.

AMOR:

Na vida amorosa, você assume uma posição clara e defende seus interesses. Talvez esteja lutando para conquistar alguém ou para conservar um relacionamento já existente. Ou será que você está vivendo em "isolamento esplêndido" e não quer que ninguém se aproxime?

Sete de Paus no Oráculo do Amor

POSIÇÃO 1 – *O assunto em questão:*

Seu relacionamento está sendo prejudicado por diferenças de perspectiva pessoal. Vocês estão lutando um com o outro pelo reconhecimento ou pela defesa de seus pontos de vista, ou o próprio relacionamento está sofrendo ameaças e precisa ser defendido. Se você enfrentar essa situação, o sol logo vai brilhar de novo.

POSIÇÃO 2 – *Seu estado de espírito:*

Você está sofrendo hostilidade e se sente constrangido ou ameaçado. Se defender seus pontos de vista, tem boas chances de sucesso. Já que sua posição é privilegiada, os problemas logo serão resolvidos.

POSIÇÃO 3 – *Sentimentos da outra pessoa:*

Seu parceiro é uma pessoa que não tem medo de briga. Ele se sente ameaçado e vai defender seus interesses com unhas e dentes. Se você estiver em situação de ataque, deve recuar ou pelo menos tomar muito cuidado, pois seus argumentos não são convincentes ou suas chances são pequenas.

POSIÇÃO 4 – *O conselho do oráculo:*

Defenda claramente seus pontos de vista. Lute por si mesmo ou por seu relacionamento. Sua posição é favorável, e você pode impor seus interesses sem maiores problemas.

Sete de Paus na Bússola

POSIÇÃO 1 – *O assunto em questão:*

Trata-se de uma situação que está sob ameaça ou de um projeto que precisa ser defendido com perseverança. As perspectivas são boas, contanto que você assuma uma posição clara.

POSIÇÃO 2 – *O primeiro passo:*

No início, você mostra empenho e coragem. Faz de tudo para defender aquilo que conquistou ou impor suas decisões contra a vontade dos outros. Se você agir com habilidade e cautela, terá boas chances de alcançar seus objetivos. Verifique a carta na posição 3 para saber o que as outras pessoas pensam sobre você e a carta na posição 4 sobre suas perspectivas a longo prazo.

POSIÇÃO 3 – *As reações:*

Você vai ter de enfrentar adversários. As pessoas ao redor não esperavam por você ou por suas iniciativas e vão tentar defender suas próprias ideias. Avalie bem sua maneira de agir, pois os outros estão em posição superior.

POSIÇÃO 4 – *As perspectivas:*

No final, deve ocorrer uma rivalidade ou uma luta que você pode vencer, se defender seus pontos de vista enfaticamente e mostrar do que é capaz.

Sete de Paus no Ponto Cego

POSIÇÃO 1 – *O que todo mundo sabe*:

Você é uma pessoa com disposição para a luta, ou pelo menos atravessa uma fase na qual se sente ameaçado e precisa defender seus interesses.

POSIÇÃO 2 – *O Ponto Cego*:

As outras pessoas acham que você está sofrendo ameaças, inveja ou má vontade. Se você mesmo não percebe isso, deveria analisar sua situação, pois só terá chances de vencer as dificuldades se as enfrentar conscientemente.

POSIÇÃO 3 – *Como você se enxerga*:

Você se vê numa situação desagradável, na qual tem de se defender constantemente das outras pessoas. Se essa impressão não for confirmada pelas cartas nas posições 1 e 2, avalie até que ponto você está com a razão, pois as acusações ou os ataques dos outros podem ter fundamento.

POSIÇÃO 4 – *A grande incógnita*:

Em seu íntimo existe uma força que poderia ajudá-lo a impor seus pontos de vista e defender seus interesses com habilidade e coragem, mesmo enfrentando a oposição da maioria. Se você se conscientizar desse "aliado interior", terá menos dificuldade para se impor nas situações críticas da vida.

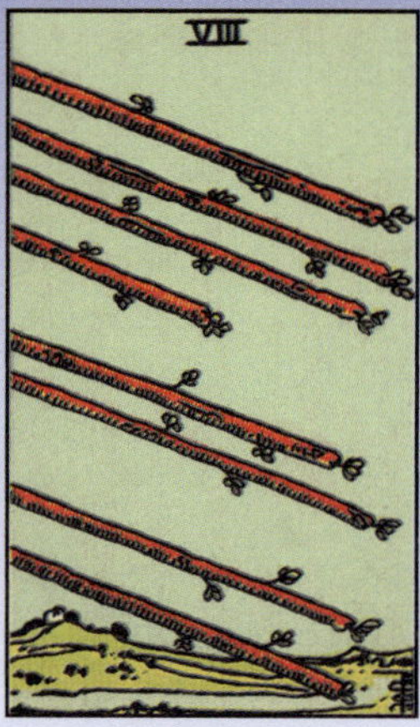

OITO DE PAUS – SURPRESA

SÍMBOLOS:

bastões em pleno voo
os bastões estão prestes a tocar o chão
número e naipe

SIGNIFICADO:

existe "algo no ar"
algo vai se tornar realidade ou está prestes a ocorrer
transformação (8) rápida (fogo)

Oito de Paus como carta isolada ou em outros sistemas de leitura

ASPECTOS GERAIS:

Esta carta é uma das poucas que apontam para um fato que está prestes a ocorrer, ou que vai ocorrer antes da data prevista. É uma referência a acontecimentos iminentes, que normalmente são encarados como positivos. Talvez sejam notícias esperadas ou inesperadas, ou qualquer outro acontecimento surpreendente. Esta carta também significa que uma situação "emperrada" volta a progredir.

VIDA PROFISSIONAL:

Boas notícias "estão no ar". Um assunto que parecia emperrado volta a progredir, ou uma notícia que já era esperada há muito tempo está prestes a chegar. Pode se tratar também de uma surpresa agradável, com a qual você não contava.

AMOR:

Cuidado! As flechas de Cupido estão voando para todo lado. Não se admire se você se apaixonar loucamente. Caso não esteja interessado em novas conquistas, esta carta significa que um relacionamento já existente vai ganhar novo impulso.

Oito de Paus no Oráculo do Amor

POSIÇÃO 1 – *O assunto em questão:*

Existe "algo no ar" que em breve vai trazer desdobramentos positivos para o relacionamento. As "faíscas" que surgem agora podem se transformar em fogo abrasador e revitalizar a união.

POSIÇÃO 2 – *Seu estado de espírito*:

Você espera progressos no relacionamento, ou um impulso que faça surgir uma nova primavera. Ou, então, você está aguardando uma notícia favorável que já está a caminho.

POSIÇÃO 3 – *Sentimentos da outra pessoa*:

Seu parceiro é uma pessoa cheia de vida, que irradia boas vibrações. Para ele, tudo acontece de maneira rápida, ou nada pode ser rápido o bastante. Seja como for, é uma pessoa que gosta de surpresas.

POSIÇÃO 4 – *O conselho do oráculo*:

Tente dar um novo impulso a seu relacionamento. Surpreenda seu parceiro. Ofereça um presente irresistível ou faça uma sugestão com a qual ele não contava.

Oito de Paus na Bússola

POSIÇÃO 1 – *O assunto em questão*:

Trata-se de um assunto agradável que já "está no ar". Pode ser uma notícia inesperada, um projeto que vai começar em breve ou uma cadeia de acontecimentos que tem início agora.

POSIÇÃO 2 – *O primeiro passo*:

Logo no início, você recebe boas notícias e tudo corre bem. Você se sente confiante e deseja levar o assunto adiante. Verifique a carta na posição 4 para saber se tudo não passa apenas de sorte passageira ou se o resultado positivo se mantém até o final.

POSIÇÃO 3 – *As reações*:

Para as outras pessoas, seu projeto representa uma boa notícia que elas aguardavam ansiosamente. Por isso, você pode contar com uma reação positiva e, se necessário, com empatia e ajuda.

POSIÇÃO 4 – *As perspectivas*:

No final, tudo acontece mais depressa do que você pensava, e o resultado é positivo. Aparentemente, você escolheu um projeto ou empreendimento que já "estava no ar", por isso não deve enfrentar dificuldades.

Oito de Paus no Ponto Cego

POSIÇÃO 1 – *O que todo mundo sabe*:

Talvez você esteja atravessando uma fase cheia de boas notícias, ou é basicamente um otimista, sempre confiando num resultado rápido e positivo.

POSIÇÃO 2 – *O Ponto Cego*:

As outras pessoas acham que você está prestes a receber boas notícias ou existem oportunidades "no ar" que, aparentemente, você ainda não percebeu. Converse sobre isso com colegas ou amigos, para não desperdiçar as boas chances.

POSIÇÃO 3 – *Como você se enxerga*:

Você sempre parte do princípio de que o sucesso está garantido, ou pelo menos espera atualmente uma surpresa agradável, apostando que daí em diante tudo vai se resolver a seu favor. Esse otimismo só deve ser questionado se a carta na posição 2 mostrar que a opinião das outras pessoas é completamente diferente.

POSIÇÃO 4 – *A grande incógnita*:

No fundo de sua personalidade existe um desejo de acreditar em surpresas positivas. Enquanto você não se conscientizar desse aspecto de sua natureza interior, provavelmente sentirá uma tendência para o pessimismo em muitas situações da vida e um medo de todas as mudanças repentinas.

NOVE DE PAUS – RETRAIMENTO

SÍMBOLOS:

postura e expressão facial
paliçada feita de oito bastões
não existem agressores à vista
cabeça enfaixada
número e naipe

SIGNIFICADO:

disposição para se defender dos ataques
proteção, retaguarda

sensação de ameaça, mesmo em situações relativamente seguras
velhas feridas
conjunção (9) de força, coragem e determinação (fogo)

Nove de Paus como carta isolada ou em outros sistemas de leitura

ASPECTOS GERAIS:

A carta NOVE DE PAUS mostra que você se sente ameaçado. Mas é preciso analisar se essa ameaça é real ou se você tem medo de reabrir velhas feridas. Seja como for, você adotou uma atitude retraída que pode levar a um endurecimento interior, ou está numa situação de impasse, diante de portas fechadas. A carta pode ter uma conotação positiva se você estiver se libertando de alguma coisa, ou se estiver abandonando conscientemente um determinado hábito. Nesse caso, ela mostra que você "fechou a porta dos fundos", para evitar um recuo ou um retrocesso em sua vida.

VIDA PROFISSIONAL:

A situação deve ficar mais difícil. Talvez você encare seu trabalho ou as outras pessoas como uma ameaça, ou acha que está diante de portas fechadas e não sabe o que fazer. Ou será que você está se isolando por trás de um muro?

AMOR:

Você está lidando com velhas feridas. Ainda é muito cedo para se aproximar de outra pessoa ou abrir-se para um relacionamento íntimo. Mas a carta também pode representar a situação contrária – é a outra pessoa que age com resistência ou desconfiança, e você tem que conquistá-la aos poucos.

Nove de Paus no Oráculo do Amor

POSIÇÃO 1 – *O assunto em questão:*

Os conflitos tomaram conta do relacionamento. Os dois parceiros se distanciaram um do outro, e a reconciliação parece difícil.

POSIÇÃO 2 – *Seu estado de espírito:*

Você se sente ameaçado e prefere se manter na defensiva. A lembrança de velhas feridas ainda está presente. Assim, você trata de se defender para não abrir as cicatrizes.

POSIÇÃO 3 – *Sentimentos da outra pessoa:*

Seu parceiro é uma pessoa retraída, que se mantém na defensiva. Mas a desconfiança que ele manifesta se deve a acontecimentos passados e não tem relação com você. Se você pretende conquistá-lo, dê-lhe um tempo para que as antigas feridas cicatrizem e ganhe sua confiança passo a passo.

POSIÇÃO 4 – *O conselho do oráculo:*

Caso você tenha dado um passo importante no sentido do progresso pessoal, esta carta significa que você deve fazer de tudo para não voltar atrás. Em todos os outros casos, ela significa que você deve se manter na defensiva, sem deixar que as outras pessoas se aproximem demais. Além disso, não aceite pressão ou manipulação de ninguém.

Nove de Paus na Bússola

POSIÇÃO 1 – *O assunto em questão:*

O assunto em questão tem relação com conflitos, velhas feridas, reações de oposição e resistência, ou uma situação que parece ameaçadora.

POSIÇÃO 2 – *O primeiro passo:*

No início, você se vê diante de portas fechadas, ou você mesmo trata de fechá-las, pois se sente ameaçado e se coloca na defensiva. Verifique as cartas nas posições 3 e 4 para saber se este caminho é realmente tão perigoso ou se você está se apavorando sem motivo.

POSIÇÃO 3 – *As reações:*

As pessoas ao redor se sentem ameaçadas por você ou por suas atitudes e "fecham as portas". Assim, não conte com apoio ou boa vontade logo de início. Se deseja conquistar as outras pessoas, tente primeiro superar a resistência e a desconfiança delas. Se não souber a melhor maneira de atingir esse objetivo, consulte as cartas do Tarô. Para isso, use o método de tiragem A CRUZ (ver Apêndice).

POSIÇÃO 4 – *As perspectivas*:

Você só deve seguir este caminho se estiver tentando se libertar de alguma coisa ou abandonar um velho hábito. Nesse caso, a "porta" atrás de você estará fechada no final, evitando qualquer possibilidade de retrocesso. Em todos os outros casos, esta carta aconselha a escolher outro caminho, pois no final você só vai encontrar resistência e oposição.

Nove de Paus no Ponto Cego

POSIÇÃO 1 – *O que todo mundo sabe*:

Velhas feridas fizeram de você uma pessoa retraída, talvez até desconfiada. Ou, então, você se encontra numa situação na qual prefere se manter na defensiva, para não reabrir velhas cicatrizes.

POSIÇÃO 2 – *O Ponto Cego*:

Para os outros, você parece uma pessoa desconfiada ou retraída. Uma vez que este é seu Ponto Cego, provavelmente você tem exatamente a sensação oposta, achando que os outros é que são retraídos e inacessíveis. Nesse caso, as pessoas ao redor são uma espécie de espelho. Tente se abrir aos poucos, e você vai perceber que os outros também começam a confiar em você.

POSIÇÃO 3 – *Como você se enxerga*:

Em seu íntimo, você se sente um "gato escaldado", conhece suas próprias feridas e prefere se manter por algum tempo em posição defensiva, evitando a proximidade de outras pessoas.

POSIÇÃO 4 – *A grande incógnita*:

No fundo de sua personalidade, você se mantém em posição defensiva, provavelmente por causa de velhas feridas. Enquanto não se conscientizar desse aspecto de sua vivência interior, você vai sentir uma tendência inconsciente de rejeitar experiências e relacionamentos que poderiam ser positivos.

DEZ DE PAUS – SOBRECARGA

SÍMBOLOS:
pessoa
postura da pessoa
casas no horizonte
os bastões encobrem a visão
número e naipe

SIGNIFICADO:
excesso de responsabilidade
lidar com uma situação de maneira inapta
os objetivos ainda estão muito distantes
falta de perspectivas
ambição (fogo) grande ou excessiva (10)

Dez de Paus como carta isolada ou em outros sistemas de leitura

ASPECTOS GERAIS:

A carta DEZ DE PAUS representa exigências ou responsabilidades que você considera grandes demais, pelo menos neste momento. Talvez você não esteja à altura da situação ou não saiba agir com a habilidade necessária. Provavelmente, você deu "um passo maior do que as pernas", achando que era capaz de resolver tudo sozinho.

VIDA PROFISSIONAL:

Você está dando o máximo de si mesmo. Se não se sentir à altura das novas exigências – por exemplo, no caso de uma promoção na carreira – esta carta indica um estresse passageiro. Mas se a situação for típica de seu cotidiano profissional, a carta deve ser entendida como uma advertência contra o estresse permanente. Nesse caso, procure delegar algumas tarefas e responsabilidades para outras pessoas.

AMOR:

No momento, sua vida amorosa parece "emperrada" e sem perspectivas. Existem objetivos que valem a pena, mas é muito difícil alcançá-los. Em parte, isso se deve à sua falta de habilidade. Será que você precisa mesmo carregar todo o peso sozinho? Olhe à sua volta e verifique se não consegue se livrar desse peso ou dividi-lo com outras pessoas.

Dez de Paus no Oráculo do Amor

POSIÇÃO 1 – *O assunto em questão*:

O relacionamento está sob pressão. A ameaça pode ser de fatores externos, ou então os dois parceiros se envolveram em dificuldades, a ponto de perderem a identidade, a objetividade ou a perspectiva de um futuro em comum.

POSIÇÃO 2 – *Seu estado de espírito*:

Você se sente sobrecarregado pelas exigências do relacionamento ou pelas expectativas do parceiro e algumas vezes já pensou em desistir de tudo. Talvez você consiga suportar a situação mais algum tempo, mas depois disso as coisas têm de mudar. Verifique a carta na posição 4 para saber qual a melhor atitude a ser tomada.

POSIÇÃO 3 – *Sentimentos da outra pessoa*:

Seu parceiro é uma pessoa aflita ou sob pressão, que não sabe como lidar com a situação neste momento. Alguma coisa está pesando sobre ele e o impede de se dedicar ao relacionamento. Procure ajudá-lo ou tente dividir esse peso com ele. Ou será que você mesmo é o motivo da opressão?

POSIÇÃO 4 – *O conselho do oráculo*:

Faça tudo por este relacionamento, inclusive coisas que até agora você considerava impossíveis. Não desista, mesmo sem conseguir enxergar o que vai acontecer no futuro. Seus esforços vão valer a pena.

Dez de Paus na Bússola

POSIÇÃO 1 – *O assunto em questão*:

Trata-se de um projeto cujos desdobramentos você não consegue prever neste momento. Ou, então, você se sente sobrecarregado pelas exigências da situação ou pelas tarefas que precisam ser realizadas.

POSIÇÃO 2 – *O primeiro passo*:

No início, você se sente sobrecarregado, como se estivesse dando "um passo maior do que as pernas". Se esta for uma fase passageira, na qual você tem de assumir tarefas ou responsabilidades maiores, não desanime. A carta na posição 4 pode lhe dar uma ideia de suas perspectivas. Se você achar que elas valem a pena, use todo o seu esforço e sua persistência.

POSIÇÃO 3 – *As reações*:

As outras pessoas se sentem sobrecarregadas por você ou por suas atitudes, ou não sabem aonde a situação pode levar. Isso não significa que você deve desistir, mas é melhor não contar com o apoio e a boa vontade dos outros.

POSIÇÃO 4 – *As perspectivas*:

Suas chances não são boas. Se continuar seguindo nesta direção, vai se sobrecarregar até chegar a uma situação opressiva, sem que haja uma solução à vista. Procure um caminho que ofereça perspectivas melhores.

Dez de Paus no Ponto Cego

POSIÇÃO 1 – *O que todo mundo sabe*:

Você tem tendência para "carregar o mundo nas costas" e assumir mais compromissos do que é capaz de cumprir. Ou pelo menos está numa situação de grande estresse e não sabe como sair dela.

POSIÇÃO 2 – *O Ponto Cego*:

As outras pessoas percebem que você está sobrecarregado, achando que precisa fazer tudo sozinho, mas no momento você não dá a impressão de que consegue resolver os problemas com eficiência e tranquilidade.

POSIÇÃO 3 – *Como você se enxerga*:

Você sabe que está sobrecarregado, pois assumiu um desafio específico ou simplesmente está atravessando uma fase da vida que exige muito sacrifício. Bem que você tenta se desdobrar para que os outros não percebam o que se passa. Verifique as cartas nas posições 1 e 2 para saber se realmente conseguiu disfarçar suas dificuldades.

POSIÇÃO 4 – *A grande incógnita*:

No fundo de sua personalidade, existe uma força que sempre leva você a situações-limite. Você assume compromissos demais, sem entender por que isso acontece com tanta frequência. Procure o trabalhador compulsivo dentro de você. Mantenha esse aspecto interno dentro de certos limites e aprenda a assumir tarefas e responsabilidades de maneira sensata.

VALETE DE PAUS – PROPOSTA IRRESISTÍVEL

SÍMBOLOS:
Valete
postura do Valete
bastão
deserto e pirâmide
chama no capacete
figura e naipe

SIGNIFICADO:
impulso, incentivo
proposta, cumplicidade
força, tensão, ousadia
calor, ímpeto
personalidade ardente
mensageiro (Valete) de uma proposta excitante (fogo)

Valete de Paus como carta isolada ou em outros sistemas de leitura

ASPECTOS GERAIS:

De modo geral, os Valetes do Tarô representam chances que se oferecem a nós e que chegam do mundo exterior. O VALETE DE PAUS simboliza uma proposta excitante ou um desafio irresistível. Ele traz um novo impulso e vida nova às situações paralisadas, inspirando motivação e despertando o entusiasmo.

VIDA PROFISSIONAL:

Você pode contar com uma proposta excitante ou uma boa oportunidade que vai despertar sua motivação. Mas, se você sentir que o desafio é grande demais, a carta não obriga você a aceitar cegamente as oportunidades. É mais sensato avaliar os riscos envolvidos.

AMOR:

Uma oportunidade maravilhosa se oferece a você. Há uma aventura no ar. De repente, você se inflama. Sorte sua se o fogo durar bastante. Mas, mesmo que seja "fogo de palha", com certeza você não vai esquecer esta aventura tão cedo.

Valete de Paus no Oráculo do Amor

POSIÇÃO 1 – *O assunto em questão:*

Conte com uma oportunidade excitante ou uma proposta irresistível, que podem dar vida nova e novo impulso ao relacionamento.

POSIÇÃO 2 – *Seu estado de espírito*:

Você gostaria de "pegar fogo" e embarcar numa aventura ou viver uma paixão passageira.

POSIÇÃO 3 – *Sentimentos da outra pessoa*:

Seu parceiro é uma pessoa cheia de expectativa, aberta a novos impulsos. Se você tomar a iniciativa, não vai ter grande dificuldade para conquistá-lo.

POSIÇÃO 4 – *O conselho do oráculo*:

Mostre que você está disponível e que só está esperando por uma proposta excitante para "cair na rede".

Valete de Paus na Bússola

POSIÇÃO 1 – *O assunto em questão*:

O assunto em questão é uma oportunidade única ou uma proposta excitante que surge agora. Geralmente, a carta significa boas chances, isso não exclui dificuldades eventuais para alcançar este objetivo.

POSIÇÃO 2 – *O primeiro passo*:

No início, você se sente motivado. Alguém está despertando seu entusiasmo ou atiçando sua paixão. Verifique a carta na posição 4 para saber se este impulso é duradouro ou é apenas "fogo de palha".

POSIÇÃO 3 – *As reações*:

Você toma iniciativas que despertam simpatia nas pessoas ao redor. Elas se entusiasmam com facilidade. Você só precisa confiar na disposição delas para assumirem riscos e desejarem aventuras para conquistar seus corações.

POSIÇÃO 4 – *As perspectivas*:

No final, você se sente motivado, recebe ajuda ou se vê diante de uma chance animadora. Mas a carta pode significar que tudo isso só vai acontecer no final e que escolher agora este caminho pode ser uma decisão prematura.

Valete de Paus no Ponto Cego

POSIÇÃO 1 – *O que todo mundo sabe*:

Você é uma pessoa que se entusiasma facilmente e está sempre disponível para uma proposta excitante. Ou você se encontra numa fase na qual precisa de impulso e motivação do mundo exterior.

POSIÇÃO 2 – *O Ponto Cego*:

Alguém gostaria de despertar seu entusiasmo, sua paixão ou sua iniciativa, ou você se vê diante de uma experiência excitante, um impulso renovador. Será que ainda não tinha se dado conta disso? Nesse caso, trate de manter os olhos bem abertos.

POSIÇÃO 3 – *Como você se enxerga*:

Você gostaria de se entusiasmar por alguma coisa e só está esperando alguém que desperte esse sentimento. Seria melhor aguardar passivamente ou fazer alguma coisa para motivar a si mesmo? Verifique a carta na posição 2 para saber a resposta.

POSIÇÃO 4 – *A grande incógnita*:

Sua alma pode ser comparada a um feixe de lenha que só precisa de uma faísca para pegar fogo. Enquanto você não se conscientizar desse aspecto de sua personalidade, vai agir como uma pessoa cautelosa, que não gosta de assumir riscos e raramente se apaixona por alguma coisa. Mas, se você descobrir e incorporar esse aspecto interior, sua vida pode se tornar mais emocionante e cheia de entusiasmo.

CAVALEIRO DE PAUS – IMPACIÊNCIA

SÍMBOLOS:
Cavaleiro
bastão
tons vermelhos
chamas no capacete e na armadura
postura do Cavaleiro
deserto com pirâmides
figura e naipe

SIGNIFICADO:
arrebatamento, coragem
ousadia
temperamento, vivacidade
sentimentos ardentes

situação dinâmica
calor, ímpeto
representação (Cavaleiro) de um estado de espírito ardente (fogo)

Cavaleiro de Paus como carta isolada ou em outros sistemas de leitura

ASPECTOS GERAIS:

Os Cavaleiros do Tarô representam um ambiente ou estado de espírito. O CAVALEIRO DE PAUS significa uma personalidade temperamental, um estado de espírito do tipo "tudo ou nada", no qual as pessoas procuram a satisfação imediata de seus desejos. Isso pode se traduzir numa atitude de expectativa e tensão, mas também de precipitação e impaciência perigosas, que podem comprometer um resultado positivo.

VIDA PROFISSIONAL:

Sua vida profissional deve entrar numa fase excitante. Se tudo der certo, você vai encontrar emoção e mudança, além de resultados concretos. Por outro lado, existe o risco de enfrentar muito estresse em função de vantagens ilusórias.

AMOR:

Você não consegue esperar por mais tempo. Quer viver o quanto antes uma grande emoção. Mas a carta não diz se sua vida amorosa ganha com isso ou se no final você apenas "quebra a cara".

Cavaleiro de Paus no Oráculo do Amor

POSIÇÃO 1 – *O assunto em questão:*

Seu relacionamento atravessa uma fase excitante, marcada pela impaciência, a emoção, a euforia e a vontade de viver coisas novas.

POSIÇÃO 2 – *Seu estado de espírito:*

Você está excitado ou cheio de paixão. Gostaria de ir mais fundo no relacionamento e, para isso, precisa entender seus aspectos positivos ou negativos, como seu parceiro reage e o que você poderia fazer para interessá-lo.

POSIÇÃO 3 – *Sentimentos da outra pessoa:*

Seu parceiro é apaixonado e impaciente e gostaria de satisfazer seus desejos. Se você puder corresponder a essa expectativa, vai viver com ele uma grande paixão. Mas, se essa paixão for mais intensa do que você desejaria, é preciso abafar o fogo do parceiro com muito cuidado, para que não se transforme rapidamente em energia destrutiva.

POSIÇÃO 4 – *O conselho do oráculo:*

Mergulhe de cabeça no relacionamento. Mostre seu lado temperamental, aja de maneira impulsiva, tente criar uma atmosfera cheia de vida e excitação. Faça uma sugestão fora do comum, organize uma viagem de aventuras ou pelo menos uma noite excitante e inesquecível.

Cavaleiro de Paus na Bússola

POSIÇÃO 1 – *O assunto em questão:*

O assunto em questão desperta emoção e expectativa ou é algo esperado com impaciência. Por outro lado, apesar de toda a emoção, os resultados podem ser decepcionantes.

POSIÇÃO 2 – *O primeiro passo:*

No início, tudo desperta suspense e emoção. Você se sente impaciente e mal consegue esperar para saber o que vai acontecer.

POSIÇÃO 3 – *As reações*:

As pessoas ao redor estão excitadas. Elas se entusiasmam facilmente, mas talvez tudo não passe de "fogo de palha". Seja como for, conte com reações impacientes e precipitadas.

POSIÇÃO 4 – *As perspectivas*:

No final, o clima parece ser de suspense e emoção, mas é provável que o resultado seja apenas frustração e estresse.

Cavaleiro de Paus no Ponto Cego

POSIÇÃO 1 – *O que todo mundo sabe*:

Você é uma pessoa temperamental, talvez até radical, que se entusiasma facilmente e gosta de aventuras. Ou, então, pelo menos neste momento você se sente impaciente com a situação ao redor.

POSIÇÃO 2 – *O Ponto Cego*:

As outras pessoas acham que você é impaciente e se entusiasma com facilidade. Já que este é seu Ponto Cego, provavelmente elas têm a impressão de que você toma atitudes de maneira precipitada, sem levar as coisas até o fim. Talvez você também seja considerado uma pessoa caótica.

POSIÇÃO 3 – *Como você se enxerga*:

Você se considera uma pessoa espontânea e impaciente, capaz de se entusiasmar por qualquer motivo. Sente-se como um "peixe fora da água" nas situações rotineiras e familiares, e só consegue agir mais à vontade nos momentos de emoção.

POSIÇÃO 4 – *A grande incógnita*:

No fundo de seu inconsciente, você é uma pessoa enérgica e impaciente, que gosta de aventuras e não tem medo dos riscos, alguém que se apaixona e se entusiasma facilmente. Enquanto você não se conscientizar desse aspecto de sua vivência interior, pode sentir em certos momentos uma tensão inexplicável. Talvez acabe se metendo com frequência em situações perigosas ou embarque em aventuras sem sentido, sem entender como foi que elas aconteceram.

RAINHA DE PAUS – AUTOCONFIANÇA

SÍMBOLOS:	SIGNIFICADO:
Rainha	disposição aberta, sensibilidade
leões	soberania, independência, coragem
girassol	alegria de viver, vivacidade
gato	tato, esperteza, obstinação
bastão na mão direita	firmeza
figura e naipe	mulher (Rainha) corajosa e voluntariosa (fogo)

Rainha de Paus como carta isolada ou em outros sistemas de leitura

ASPECTOS GERAIS:

As Rainhas do Tarô representam pessoas, geralmente mulheres, e às vezes também homens. Nesse caso, significam uma atitude de expectativa, uma disposição receptiva ou acolhedora. A RAINHA DE PAUS representa uma pessoa altiva e cheia de entusiasmo, que tem força de vontade, iniciativa e dinamismo, e, por isso, consegue motivar ou convencer outras pessoas. Ela pode ser alguém do mundo exterior que se torna importante em sua vida, ou pode representar você mesmo, isto é, um aspecto de sua personalidade que passa a ser preponderante.

VIDA PROFISSIONAL:

No âmbito profissional, a RAINHA DE PAUS simboliza geralmente uma empresária ou uma mulher em cargo de chefia. Caso a carta represente você mesmo, trata-se de um conselho para que você assuma a liderança, tome a iniciativa, mostre força de vontade e capacidade empreendedora, ou motive outras pessoas. Esta carta também pode indicar atividade autônoma ou independência profissional.

AMOR:

Você se deixaria conquistar por uma pessoa cheia de vida e paixão, ou por alguém que demonstrasse muito carinho. Mas a carta também pode significar que você se sente fascinado por uma pessoa com essas características.

Rainha de Paus no Oráculo do Amor

POSIÇÃO 1 – *O assunto em questão:*

Uma mulher dinâmica e aberta para o mundo entrou em sua vida, criando um clima de emoção e aventura. Ou, então, você sente necessidade de mostrar um lado mais emocional e dar vazão à sua paixão. Por outro lado, talvez uma mulher temperamental e egoísta esteja prejudicando seu relacionamento.

POSIÇÃO 2 – *Seu estado de espírito:*

Você é uma pessoa enérgica e independente, que sabe o que quer. Deseja um relacionamento mais ardente, mais emocionante e dinâmico. Ou será que esta carta representa uma pessoa pela qual você se apaixonou há algum tempo?

POSIÇÃO 3 – *Sentimentos da outra pessoa:*

Seu parceiro é uma pessoa determinada, independente e cheia de iniciativa, que está disposta a aceitar uma ideia nova, embarcar numa aventura ou num projeto em comum. Na verdade, ela só está esperando por um sinal de sua parte.

POSIÇÃO 4 – *O conselho do oráculo:*

Prove que você está aí para o que der e vier, que tem coragem e está disposto a embarcar num projeto emocionante. Mostre seus sentimentos, sua alegria de viver. Quando o parceiro estiver abatido, use seu otimismo e abra os olhos dele para a beleza do mundo.

Rainha de Paus na Bússola

POSIÇÃO 1 – *O assunto em questão:*

Trata-se de uma pessoa de temperamento determinado e dinâmico, que está disposta a se entusiasmar por uma ideia fora do comum ou embarcar numa aventura. É bem possível que esta carta represente você mesmo. Nesse caso, ela mostra seu estado de espírito com relação à pergunta.

POSIÇÃO 2 – *O primeiro passo:*

Você quer fazer alguma coisa por conta própria. Sente-se atraído por uma experiência emocionante, um risco ou uma aventura. Está aberto para as coisas novas e segue este caminho com orgulho de si mesmo, autoconfiança e otimismo. Por outro lado, pode ser que você se sinta atraído ou fascinado por uma mulher temperamental.

POSIÇÃO 3 – *As reações*:

Você vai conhecer uma pessoa determinada, orgulhosa de si mesma e independente, disposta a aceitar uma boa ideia ou uma proposta emocionante. Se pretende conquistá-la para você mesmo ou para seus projetos, trate de criar alguma emoção, algo que desperte seu entusiasmo.

POSIÇÃO 4 – *As perspectivas*:

Este caminho pode levar à autorrealização, ao envolvimento intenso e, no final, você vai se sentir otimista e satisfeito. Ou, então, no final você encontra uma pessoa com essas qualidades, que será importante em sua vida futura.

Rainha de Paus no Ponto Cego

POSIÇÃO 1 – *O que todo mundo sabe*:

Você é uma pessoa espontânea e independente. Os outros conhecem sua personalidade generosa e sua alegria de viver. Você gosta de emoção. Está sempre disposto a embarcar numa aventura, sem se importar com ninharias, pelo menos enquanto você tiver o controle da situação. Ou, então, você se encontra numa fase dominada por uma pessoa com essas características.

POSIÇÃO 2 – *O Ponto Cego*:

As outras pessoas enxergam sua força. Você é admirado por seu entusiasmo e vitalidade, mas também por sua capacidade empreendedora e sua coragem. É estranho que este seja seu Ponto Cego. Talvez a carta indique que existe uma mulher ardente e passional por perto, da qual você ainda não tinha se dado conta.

POSIÇÃO 3 – *Como você se enxerga*:

Você sabe o que quer. Quando se entusiasma por um objetivo, não se detém por qualquer motivo. A paciência não é seu forte. Você prefere situações cheias de emoção e dinamismo. Dá valor à sua própria independência, por isso não gosta quando alguém tenta lhe impor limites.

POSIÇÃO 4 – *A grande incógnita*:

No fundo de sua alma, há uma pessoa corajosa, uma amazona cheia de paixão. Caso você seja uma mulher, deve deixar que essa paixão preencha sua vida e seja parte de sua autoimagem. Caso você seja um homem, trata-se aqui de uma imagem ideal, para ser descoberta e vivida em seus relacionamentos.

REI DE PAUS – FORÇA DE VONTADE

SÍMBOLOS:

Rei
postura do Rei
bastão na mão direita
salamandra
figura e naipe

SIGNIFICADO:

atividade
disposição para o entusiasmo
convicção
coragem e valentia
homem (Rei) corajoso e independente (fogo)

Rei de Paus como carta isolada ou em outros sistemas de leitura

ASPECTOS GERAIS:

Os Reis do Tarô representam pessoas, geralmente homens, e às vezes também mulheres. Nesse caso, significam personalidade ativa e atitudes enérgicas. O REI DE PAUS representa um homem que tem força de vontade, capacidade empreendedora, dinamismo e motivação. Ele pode ser alguém do mundo exterior que se torna importante em sua vida, ou pode representar você mesmo, isto é, um aspecto de sua personalidade que passa a ser preponderante.

VIDA PROFISSIONAL:

No âmbito profissional, o REI DE PAUS simboliza geralmente um empresário ou um chefe. Se a carta representar você mesmo, é um conselho para que você assuma a liderança, tome a iniciativa, mostre força de vontade e capacidade empreendedora, ou trate de motivar outras pessoas. O REI DE PAUS também pode indicar atividade autônoma ou independência profissional.

AMOR:

Você é uma pessoa dinâmica, que tenta conquistar ou seduzir alguém com seu jeito ardente e passional. Mas a carta também pode significar que você se sente fascinado por uma pessoa com essas características.

Rei de Paus no Oráculo do Amor

POSIÇÃO 1 – *O assunto em questão:*

Um homem temperamental pode ter entrado em sua vida, criando uma atmosfera de emoção e aventura. Ou, então, você sente necessidade de mostrar seu lado mais emocional e despertar o entusiasmo de outra pessoa. Pode ser também que um homem temperamental e egoísta esteja prejudicando seu relacionamento.

POSIÇÃO 2 – *Seu estado de espírito:*

Você quer viver um relacionamento emocionante, despertar prazer e paixão. Tenta conquistar alguém com muito amor e um carinho sem limites. Ou, então, você se sente fascinado por uma pessoa com essas qualidades.

POSIÇÃO 3 – *Sentimentos da outra pessoa:*

Seu parceiro é uma pessoa dinâmica e independente, cheia de energia vital. Você pode conquistá-lo despertando seu entusiasmo. Deixe que ele tome a iniciativa, para que se sinta mais à vontade na situação.

POSIÇÃO 4 – *O conselho do oráculo:*

Mostre seu lado independente e alegre. Tome a iniciativa, ponha mais emoção no relacionamento, tente encorajar ou entusiasmar seu parceiro por uma ideia fora do comum. Se o relacionamento estiver sofrendo uma ameaça exterior, você deve mostrar que está disposto a lutar por seu amor.

Rei de Paus na Bússola

POSIÇÃO 1 – *O assunto em questão:*

Sua pergunta tem relação com uma pessoa voluntariosa e dinâmica. Caso contrário, a carta significa que você mesmo representa estas qualidades.

POSIÇÃO 2 – *O primeiro passo:*

No início você se sente motivado. Quer conquistar alguma coisa, impor sua vontade, pôr sua coragem à prova ou mostrar independência. Ou, então, você está tentando conquistar, para si mesmo ou para seus projetos, alguém com essas qualidades.

POSIÇÃO 3 – *As reações*:

Você vai conhecer uma pessoa orgulhosa de si mesma, independente e determinada, que "não dá o braço a torcer". Se quiser conquistá-la para você mesmo ou para seus projetos, trate de convencê-la ou motivá-la, por exemplo despertando seu entusiasmo.

POSIÇÃO 4 – *As perspectivas*:

Este caminho pode levar você à autorrealização e, no final, você vai se mostrar uma pessoa otimista e satisfeita. Ou, então, os acontecimentos levam você a se aproximar de uma pessoa com essas qualidades, que será importante em sua vida futura.

Rei de Paus no Ponto Cego

POSIÇÃO 1 – *O que todo mundo sabe*:

Você é uma pessoa independente e determinada, que sabe expressar e impor sua vontade. Quando está em seu elemento, você consegue dominar as outras pessoas e motivá-las com suas ideias. Ou, então, você se encontra numa fase dominada por uma pessoa com essas características.

POSIÇÃO 2 – *O Ponto Cego*:

As pessoas ao redor reconhecem sua capacidade, seu charme e sua facilidade para liderar as outras pessoas ou motivá-las a um determinado objetivo. Se essa avaliação for diferente de sua autoimagem, revelada pela carta na posição 3, trate de examinar seu Ponto Cego. Ou será que existe uma pessoa temperamental por perto, da qual você ainda não tenha se dado conta?

POSIÇÃO 3 – *Como você se enxerga*:

Você tem facilidade para motivar outras pessoas. Seu lema é "querer é poder". Quando resolve se engajar por uma ideia ou um projeto, dedica-se de corpo e alma e consegue resultados positivos.

POSIÇÃO 4 – *A grande incógnita*:

No fundo de sua alma, há uma capacidade de autorrealização, um sentimento de dinamismo e alegria de viver. Se você integrar esse aspecto de sua personalidade na vida cotidiana, será capaz de agir com mais tranquilidade e confiança em si mesmo. Caso você seja uma mulher, trata-se aqui de uma imagem ideal, para ser descoberta e vivida em seus relacionamentos.

ÁS DE ESPADAS – CLAREZA

SÍMBOLOS:
mão do Criador
espada
coroa com adornos
seis gotas de orvalho
paisagem desolada
cumes das montanhas sob o céu claro
número e naipe

SIGNIFICADO:
impulso
decisão, esclarecimento, juízo
conhecimento supremo
referência ao aspecto benéfico do Seis de Espadas
clareza, lucidez
auge da sabedoria

oportunidade (1) de tomar uma decisão (ar) inteligente e lúcida

Ás de Espadas como carta isolada ou em outros sistemas de leitura

ASPECTOS GERAIS:

Os Ases do Tarô representam boas oportunidades que não devem ser desperdiçadas, pois abrem novas perspectivas e oferecem chances concretas. O ÁS DE ESPADAS representa a chance de fazer uma descoberta importante ou tomar uma decisão inteligente e lúcida. Aqui, é a razão que está em primeiro plano, como sugere o próprio naipe – já que todas as cartas de Espadas têm uma característica de lucidez e clareza (elemento Ar).

VIDA PROFISSIONAL:

Aproveite a oportunidade para entender algum problema com o qual provavelmente você já vinha lidando há algum tempo. Isso vai ajudá-lo a tomar uma decisão sensata e definitiva. Tente agir de maneira objetiva e funcional.

AMOR:

Há uma decisão no ar. Chegou o momento de fazer uma escolha. Pode ser que você esteja se afastando de uma pessoa, ou, ao contrário, tentando se aproximar dela. A carta não diz do que se trata, mas indica que é preciso analisar e esclarecer alguma coisa.

Ás de Espadas no Oráculo do Amor

POSIÇÃO 1 – *O assunto em questão*:

Está faltando clareza em sua vida amorosa. Aproveite o tempo para tomar uma decisão importante a favor ou contra o relacionamento.

POSIÇÃO 2 – *Seu estado de espírito*:

Você gostaria de aproveitar este momento para entender ou esclarecer alguma coisa, mesmo que isso envolva decisões difíceis.

POSIÇÃO 3 – *Sentimentos da outra pessoa*:

Seu parceiro é uma pessoa sensata, que se comporta de maneira fria e reservada, pois está numa fase de esclarecimento. Aparentemente, ele espera chegar a uma conclusão para poder se decidir.

POSIÇÃO 4 – *O conselho do oráculo*:

Deixe as tensões de lado. Aproveite a oportunidade para tomar decisões que vinham se arrastando e esclarecer o relacionamento. Reflita com cuidado até chegar a uma conclusão e seja coerente.

Ás de Espadas na Bússola

POSIÇÃO 1 – *O assunto em questão*:

Trata-se de uma análise objetiva, uma descoberta importante, uma atitude inteligente ou uma decisão lúcida e precisa.

POSIÇÃO 2 – *O primeiro passo*:

No início, você encara o assunto em questão com frieza, talvez até com ceticismo. Gostaria de encontrar uma estratégia inteligente ou tomar uma decisão sensata.

POSIÇÃO 3 – *As reações*:

As pessoas ao redor agem de maneira reservada e sensata. Para elas, as atitudes que você demonstra podem ser uma oportunidade para analisar ou entender melhor alguma coisa. Elas esperam uma decisão esclarecedora.

POSIÇÃO 4 – *As perspectivas*:

Se quiser esclarecer ou decidir alguma coisa, você deve seguir este caminho, pois no final vai chegar a uma conclusão sensata. Mas, se quiser um resultado concreto, precisa esperar um pouco, pois as decisões importantes vêm em primeiro lugar.

Ás de Espadas no Ponto Cego

POSIÇÃO 1 – *O que todo mundo sabe*:

Você é uma pessoa sensata, que tenta tomar decisões inteligentes e justas. Ou, então, você se encontra num processo decisivo, que exige uma análise responsável e um juízo cuidadoso.

POSIÇÃO 2 – *O Ponto Cego*:

As outras pessoas acham que você tem uma boa oportunidade de esclarecer alguma coisa ou tomar uma decisão. Abra bem os olhos ou converse com alguém a esse respeito, para não desperdiçar suas chances.

POSIÇÃO 3 – *Como você se enxerga*:

Você sabe que chegou o momento de entender ou esclarecer alguma coisa, ou tomar uma decisão definitiva.

POSIÇÃO 4 – *A grande incógnita*:

No fundo de sua alma, existe uma força que pode lhe inspirar clareza, convicção, objetividade e capacidade para decidir. Sua tarefa é encontrar essa força, integrá-la em sua vida cotidiana e usá-la da melhor maneira.

DOIS DE ESPADAS – DÚVIDA

SÍMBOLOS:
duas espadas
o caminho em direção ao mar e à Lua está bloqueado
olhos vendados

chão vazio e cinzento no primeiro plano
número e naipe

SIGNIFICADO:
pensamentos contraditórios, dúvidas
não é possível chegar à sabedoria profunda – as soluções só podem ser procuradas no nível da razão
ignorância sobre o que vai acontecer daqui em diante
desamparo

pensamentos (ar) contraditórios (2)

Dois de Espadas como carta isolada ou em outros sistemas de leitura

ASPECTOS GERAIS:

A carta DOIS DE ESPADAS é o oposto de A SACERDOTISA. As duas cartas têm em comum a postura sentada da figura principal e as cores da imagem. Mas, enquanto A SACERDOTISA simboliza a confiança na sabedoria interior, a carta DOIS DE ESPADAS significa que não conseguimos ouvir a voz interior (o mar e a Lua) e nos sentimos dilacerados pela inquietação e pelas dúvidas.

VIDA PROFISSIONAL:

A situação é angustiante. Você atravessa uma crise profissional e não sabe o que vai acontecer daqui em diante. Por mais que pense a respeito, não consegue chegar a uma conclusão. Que tal se tentasse confiar um pouco mais em seus próprios sentimentos?

AMOR:

Atualmente, sua vida amorosa é atravessada por dúvidas. Pode ser que existam bons motivos para isso. Se essas dúvidas forem constantes, talvez você não consiga acreditar no amor do parceiro.

Dois de Espadas no Oráculo do Amor

POSIÇÃO 1 – *O assunto em questão*:

Seu relacionamento atravessa uma fase de questionamento. Você tem discutido muito, em diálogos consigo mesmo ou com o parceiro. Com tantas dúvidas no ar, as palavras não ajudam a chegar a uma solução.

POSIÇÃO 2 – *Seu estado de espírito*:

Você está indeciso. Duvida de si mesmo, do parceiro ou do próprio relacionamento. Se não acredita no amor da outra pessoa, deveria perguntar se você mesmo não provocou essa situação. Ninguém pode aceitar o amor de outra pessoa se não souber amar a si mesmo.

POSIÇÃO 3 – *Sentimentos da outra pessoa*:

Seu parceiro é uma pessoa cheia de dúvidas. Ele duvida de si mesmo ou não confia em você. O fato é que ele não sabe o que fazer. Ajude-o a perceber que ele pode confiar mais em seus próprios sentimentos.

POSIÇÃO 4 – *O conselho do oráculo*:

Desconfie da situação. Alguma coisa está errada em seu relacionamento. Analise criticamente todos os aspectos, um por um. Existe algum detalhe que foi ignorado até agora? Por exemplo, uma crise latente ou um conflito que não foi levado a sério? Pense sobre isso, antes que o problema se torne maior.

Dois de Espadas na Bússola

POSIÇÃO 1 – *O assunto em questão*:

Trata-se de um assunto duvidoso, alguma coisa que é questionada ou combatida. Ou, então, trata-se da própria situação de dúvida em que você se encontra, seus conflitos íntimos ou a impossibilidade de encontrar a paz de espírito.

POSIÇÃO 2 – *O primeiro passo*:

No início, você se sente paralisado pelas dúvidas. Não sabe se deve seguir este caminho ou qual a melhor maneira de atingir seu objetivo.

POSIÇÃO 3 – *As reações*:

As pessoas ao redor agem de maneira crítica, questionando tudo aquilo que você faz ou diz. Portanto, desse ambiente não espere nada além de frieza e não conte com apoio ou ajuda.

POSIÇÃO 4 – *As perspectivas*:

Você não deve seguir este caminho. No final, você vai se sentir cheio de dúvidas e terá que questionar tudo. Se esse for seu objetivo, vá em frente. Caso contrário, é melhor buscar alternativas.

Dois de Espadas no Ponto Cego

POSIÇÃO 1 – *O que todo mundo sabe*:

Você está sempre enredado em dúvidas, e tenta resolver os problemas confiando na razão. Ou então, as dúvidas o atormentam bastante nesta fase de sua vida.

POSIÇÃO 2 – *O Ponto Cego*:

As outras pessoas acham que você está em dúvida sente-se dilacerado e não consegue ter paz. Será que você está disfarçando essa situação, tentando parecer uma pessoa segura e determinada? Ou, será que não tem consciência de suas contradições interiores?

POSIÇÃO 3 – *Como você se enxerga*:

Você se considera uma pessoa cética, que vive questionando as coisas e não entra facilmente em situações duvidosas. Talvez você se ache uma espécie de intelectual, que só acredita naquilo que pode ser demonstrado racionalmente.

POSIÇÃO 4 – *A grande incógnita*:

No fundo de sua personalidade, existe uma tendência a duvidar de tudo e de todos, que impede qualquer tipo de certeza e muitas vezes destrói a paz de espírito. Todas as boas decisões acabam fracassando diante dessa força destrutiva. No momento em que você se conscientizar desse aspecto interno e aprender a usá-lo da melhor maneira, verá que ele também pode ser útil, evitando decisões ingênuas ou precipitadas.

TRÊS DE ESPADAS – DESILUSÃO

SÍMBOLOS:	SIGNIFICADO:
espadas	percepções, ideias, decisões
coração trespassado	sentimentos dolorosos
céu chuvoso	estado de espírito melancólico, perspectivas sombrias
número e naipe	conclusões (ar) definitivas (3)

Três de Espadas como carta isolada ou em outros sistemas de leitura

ASPECTOS GERAIS:

A carta TRÊS DE ESPADAS simboliza a desilusão, a decepção, uma descoberta dolorosa ou uma decisão difícil. Por esse motivo, é considerada uma carta desagradável, mas nem sempre tem conotação negativa. As reflexões e decisões podem ser amargas, mas também necessárias.

VIDA PROFISSIONAL:

Alguma coisa está sufocando sua atividade profissional. Há um clima de decepção. O objetivo que você queria atingir era ilusório, ou pelo menos os resultados não são os que você esperava. Mas a carta também pode indicar que você se encontra diante de uma decisão ou tarefa difíceis, que contrariam seus sentimentos.

AMOR:

Se tudo parecer sombrio em sua vida amorosa, não desanime. Esta carta pode significar decepções, desgostos no amor ou acontecimentos desagradáveis. Não tema enxergar o lado positivo da situação: pelo menos agora você está consciente da verdade, por mais que ela seja difícil.

Três de Espadas no Oráculo do Amor

POSIÇÃO 1 – *O assunto em questão*:

Existe algo errado em seu relacionamento, que provocou uma grande desilusão. Talvez você tenha descoberto uma verdade desagradável ou talvez precise tomar decisões que contrariam seus sentimentos.

POSIÇÃO 2 – *Seu estado de espírito*:

Você perdeu as ilusões a respeito do amor – ou será que foi a outra pessoa que causou a desilusão? Seja como for, agora você está enxergando uma realidade que não lhe parece agradável. Ou, então, você é obrigado a tomar uma atitude contra sua própria vontade.

POSIÇÃO 3 – *Sentimentos da outra pessoa*:

Seu parceiro é uma pessoa que perdeu as ilusões e está em crise. Pode ser que você tenha se afastado dele ou tenha lhe causado alguma decepção. Pode ser também que ele precise tomar uma decisão difícil, na qual a cabeça e o coração tentam seguir direções diferentes.

POSIÇÃO 4 – *O conselho do oráculo*:

Trate de enfrentar a situação. Não fique adiando as decisões desagradáveis, nem disfarçando a verdade. Faça o que é necessário, mesmo que isso contrarie seus desejos.

Três de Espadas na Bússola

POSIÇÃO 1 – *O assunto em questão*:

Trata-se de uma decisão difícil, uma decepção ou uma atitude que você precisa tomar contra a vontade, mesmo sabendo que é a mais adequada.

POSIÇÃO 2 – *O primeiro passo*:

No início, pode ser que você tenha uma experiência difícil ou sofra uma desilusão. Caso contrário, esta carta indica que você está se obrigando a seguir um determinado caminho. A razão lhe diz que você deve agir dessa maneira, mas seus sentimentos se revoltam. Verifique a carta na posição 4 para saber se é melhor procurar uma alternativa.

POSIÇÃO 3 – *As reações*:

Seu comportamento não convence as pessoas ao redor. Elas reagem com distanciamento e "fecham a cara". Por isso, é melhor não contar com a compreensão ou o apoio delas.

POSIÇÃO 4 – *As perspectivas*:

Este é um caminho difícil, que você só deve seguir depois de refletir bastante. No final, seus sentimentos estão feridos, a razão triunfou mas seu estado de espírito é melancólico. Seria melhor procurar uma alternativa.

Três de Espadas no Ponto Cego

POSIÇÃO 1 – *O que todo mundo sabe*:

Você é uma pessoa sem ilusões, que encara a vida com muito senso crítico. Ou, então, você acaba de fazer uma descoberta dolorosa. Agora, talvez tenha que pedir perdão ou voltar atrás.

POSIÇÃO 2 – *O Ponto Cego*:

As outras pessoas acham que você está atravessando uma fase difícil, na qual precisa tomar decisões importantes. Talvez elas tenham a impressão de que você é muito exigente consigo mesmo. Você segue demais a razão e reprime as emoções.

POSIÇÃO 3 – *Como você se enxerga*:

Você sabe que está em crise. A única maneira de resolver o impasse é agir com sobriedade e coerência, mesmo que isso contrarie seus desejos. Se a carta na posição 2 mostrar que as outras pessoas encaram sua situação com mais otimismo, tente conversar com alguém para chegar a uma conclusão.

POSIÇÃO 4 – *A grande incógnita*:

No fundo de sua personalidade, existe uma força que sempre se opõe aos sentimentos do coração. Isso ajuda você a agir de maneira sensata, mas lhe dá uma sensação de pessimismo em muitos momentos da vida. Tente integrar esse aspecto de sua vivência interior e usá-lo da melhor maneira. Então, você passará a agir com senso crítico, mas só nos momentos em que isso vale a pena.

QUATRO DE ESPADAS – PAUSA FORÇADA

SÍMBOLOS:	SIGNIFICADO:
Cavaleiro deitado	disposição tranquila
postura do Cavaleiro	pausa para meditar
sacrário	devoção religiosa
3 + 1 espadas	a atenção está voltada para o número 3 (= a Trindade, a religião, o plano divino), enquanto a quarta dimensão (o plano terreno, a energia, a atividade) está em repouso
número e naipe	exaustão (4) espiritual (ar)

Quatro de Espadas como carta isolada ou em outros sistemas de leitura

ASPECTOS GERAIS:

A carta QUATRO DE ESPADAS significa paralisação, repouso forçado ou pausas involuntárias, causadas por exemplo por uma doença, um estado de estresse ou simplesmente um impasse, quando nada parece funcionar. Essas pausas podem ser uma oportunidade para meditar, mas geralmente não foram planejadas dessa forma e por isso causam contrariedade. Se a carta surgir numa posição que indica o caminho a seguir, isso significa que devemos nos recolher e poupar as energias.

VIDA PROFISSIONAL:

Nada parece funcionar. Alguma coisa está emperrada. Um projeto foi suspenso, o computador teve uma pane, seu trabalho foi interrompido ou você sente um peso em sua vida profissional. Talvez você tenha perdido o emprego ou tenha sofrido um acidente. Seja como for, não tente resolver esse impasse pela força. Aproveite a pausa forçada para meditar e acalmar seus sentimentos. No momento certo, tudo vai voltar ao normal.

AMOR:

Por algum motivo, sua vida amorosa está paralisada. Você ficou sozinho contra a vontade, afastou-se do parceiro ou está tão ocupado com outras coisas, que não tem tempo para o amor. Pode ser que um conflito sério tenha bloqueado o relacionamento. Qualquer atitude que você tomar agora para resolver o impasse não vai dar resultado. Aproveite a pausa forçada e espere um momento mais propício para agir.

Quatro de Espadas no Oráculo do Amor

POSIÇÃO 1 – *O assunto em questão*:

Seu relacionamento entrou em "marcha lenta". Talvez você tenha se separado do parceiro por motivos profissionais ou o convívio "esfriou" sem querer.

POSIÇÃO 2 – *Seu estado de espírito*:

Você se sente bloqueado interiormente. O estresse é tão grande que você não consegue agir. Talvez se sinta uma vítima da situação ou foi forçado a se afastar contra a vontade. Mas não tente resolver o dilema pela força. Aproveite a pausa para se acalmar e repor as energias.

POSIÇÃO 3 – *Sentimentos da outra pessoa*:

Seu parceiro está em atitude passiva. Não espere que ele venha até você. Ele não tem coragem nem energia suficientes. Pode ser também que as circunstâncias externas, contra as quais ele não consegue se defender, obrigaram ao repouso ou bloquearam a iniciativa. Na pior das hipóteses, ele "esfriou" – ou teve de esfriar – seus sentimentos com relação a você.

POSIÇÃO 4 – *O conselho do oráculo*:

Tente agir com tranquilidade e fique à espera, mesmo que isso lhe pareça difícil. No momento, não há nada a fazer. Seu relacionamento precisa de uma pausa, que pode ser útil para o esclarecimento interior.

Quatro de Espadas na Bússola

POSIÇÃO 1 – *O assunto em questão*:

De alguma maneira, você chegou a um beco sem saída. Talvez o assunto em questão esteja "emperrado", talvez você tenha uma sensação de estresse e paralisia, sem saber como se safar dessa situação. Seja como for, nada parece dar certo.

POSIÇÃO 2 – *O primeiro passo*:

No início, nada funciona como você esperava. Você se sente paralisado, impotente ou forçado ao repouso. A situação está em ponto morto. Verifique as cartas na posição 3 e, sobretudo, na posição 4. Se elas indicarem uma perspectiva positiva, você deve seguir este caminho. Caso contrário, é melhor procurar uma alternativa.

POSIÇÃO 3 – *As reações*:

As pessoas ao redor parecem imobilizadas. Neste caminho, você não vai encontrar apoio nem oposição. Quando precisar de um conselho ou comentário, só vai encontrar silêncio, ou a situação será adiada indefinidamente. Mas se você seguir este caminho por iniciativa própria, não terá nada a temer.

POSIÇÃO 4 – *As perspectivas*:

Suas chances são ruins. Se você continuar nesta direção, vai chegar a um beco sem saída. No final, terá uma sensação de estresse ou paralisia. Verifique se existe outro caminho com perspectivas melhores.

Quatro de Espadas no Ponto Cego

POSIÇÃO 1 – *O que todo mundo sabe*:

Você está estressado, doente ou paralisado por outro motivo e agora precisa esperar. Procure ver o lado positivo da situação e aproveite a pausa forçada para se recuperar.

POSIÇÃO 2 – *O Ponto Cego*:

As outras pessoas percebem que você foi obrigado ao repouso ou ficou de mãos atadas. Talvez tenham a impressão de que você é culpado por essa situação de paralisia.

POSIÇÃO 3 – *Como você se enxerga*:

Interiormente, você se sente doente, paralisado, talvez até abandonado. Leve esse sentimento a sério. Tente descansar para recuperar as energias.

POSIÇÃO 4 – *A grande incógnita*:

No fundo de sua personalidade, existe um sentimento de impotência que bloqueia a iniciativa. Pode ser uma sensação de desânimo ou cansaço, ou uma voz interior que lhe diz, no momento decisivo, que nada vale a pena. Tente se conscientizar dessa fraqueza interior e encontre um uso adequado para ela. Por exemplo, faça pausas regulares em seu dia a dia e conserve as energias para os momentos em que você realmente precisa delas.

CINCO DE ESPADAS – HUMILHAÇÃO

SÍMBOLOS:	**SIGNIFICADO:**
cenário	fim de uma batalha
duas pessoas voltadas em direção ao mar	os perdedores estão abatidos
pessoa em primeiro plano com sorriso de zombaria	o vencedor não se alegra por muito tempo
céu de tempestade	ambiente carregado
número e naipe	crise (5), situação de paralisia ou frieza (ar)

Cinco de Espadas como carta isolada ou em outros sistemas de leitura

ASPECTOS GERAIS:

A carta CINCO DE ESPADAS mostra o fim de uma batalha. Ela significa fracasso, humilhação, golpe baixo ou uma vitória conquistada a um preço muito alto, de modo que o vencedor não consegue se alegrar por muito tempo.

VIDA PROFISSIONAL:

Tente se preparar. O conflito que você tem de enfrentar é um "osso duro de roer". Se a "guerra" realmente for inevitável, todos os recursos são válidos para vencer.

AMOR:

No momento, existe pouco espaço para o amor em sua vida. Você tem de lidar com reações de ódio, maldade e golpes baixos. Talvez tenha sofrido um golpe e sonhe com a vingança – ou será que foi você que feriu outra pessoa?

Cinco de Espadas no Oráculo do Amor

POSIÇÃO 1 – *O assunto em questão*:

Aconteceram muitos conflitos, e o relacionamento se estilhaçou. Talvez o "clima de guerra" continue por mais algum tempo, mas no final ninguém sairá ganhando.

POSIÇÃO 2 – *Seu estado de espírito*:

Você está congelado e provavelmente cheio de ódio. Quer declarar a "guerra" de uma vez por todas. O que você mais deseja é a humilhação ou derrota de seu parceiro.

POSIÇÃO 3 – *Sentimentos da outra pessoa*:

Tome cuidado. Seu parceiro está ressentido. Será que você o provocou ou feriu seus sentimentos? O fato é que ele está procurando vingança e não vai hesitar em usar golpes baixos.

POSIÇÃO 4 – *O conselho do oráculo*:

É muito raro que o oráculo aconselhe o caminho que esta carta representa, mas aparentemente a "guerra" se tornou inevitável. Talvez você tenha ignorado problemas antigos, refugiando-se num mundo de ilusão. Aceite o desafio e lute com todas as suas forças.

Cinco de Espadas na Bússola

POSIÇÃO 1 – *O assunto em questão*:

O assunto em questão é uma "guerra", um golpe baixo, uma humilhação, uma derrota ou um projeto de vingança.

POSIÇÃO 2 – *O primeiro passo*:

No início acontece um desastre. Você sente uma fúria destrutiva ou precisa enfrentar a oposição de outras pessoas, que fazem de tudo para humilhar você ou atrapalhar seus planos.

POSIÇÃO 3 – *As reações*:

Fique alerta. As pessoas ao redor agem de maneira perigosa, hostil ou injusta. Se possível, afaste-se totalmente dos conflitos. Mas, se a "guerra" for inevitável, não subestime o adversário nem espere que ele faça "jogo limpo".

POSIÇÃO 4 – *As perspectivas*:

Não siga este caminho. No final, tudo estará destruído, e você vai se sentir abatido ou derrotado. Mesmo que saia ganhando, a vitória lhe custará caro.

Cinco de Espadas no Ponto Cego

POSIÇÃO 1 – *O que todo mundo sabe*:

Talvez você seja considerada uma pessoa agressiva, ou pelo menos está atravessando uma fase de conflitos desagradáveis, ou danos que podem ser irreversíveis.

POSIÇÃO 2 – *O Ponto Cego*:

As outras pessoas acham que você tem um espírito destrutivo. Já que este é seu Ponto Cego, existem boas chances de que você não esteja consciente desse aspecto agressivo de sua personalidade. Você é uma bomba que pode explodir a qualquer momento, ou tem tendência para a "agressão passiva" – atitudes que parecem inofensivas, mas servem para provocar ou humilhar outras pessoas.

POSIÇÃO 3 – *Como você se enxerga*:

Talvez você sonhe com uma vingança. Seja como for, existe uma fúria destrutiva dentro de você. Mais cedo ou mais tarde, ela pode provocar uma "guerra" – ou já está provocando.

POSIÇÃO 4 – *A grande incógnita*:

No fundo de seu inconsciente, você guarda sentimentos de mágoa e rancor. Enquanto não se conscientizar desse aspecto de sua personalidade, pode se envolver com frequência em conflitos desagradáveis, que ocasionam irritação ou uma sensação de derrota. Mas, se você curar essa "ferida interior", ela pode se transformar em uma disposição saudável para a luta e na capacidade de se impor em situações difíceis.

SEIS DE ESPADAS – PARTIDA COM RESIGNAÇÃO

SÍMBOLOS:

balsa
águas tranquilas
clima opressivo
barqueiro
margem distante
número e naipe

SIGNIFICADO:

transformação
não existe ameaça exterior
sensação de mal-estar e insegurança
procurar os conselhos de um especialista
terra desconhecida
ajuda (6) em situações de mudança (ar)

Seis de Espadas como carta isolada ou em outros sistemas de leitura

ASPECTOS GERAIS:

A carta SEIS DE ESPADAS representa uma partida ou uma travessia, na qual as margens antigas são deixadas para trás sem problemas, mas as margens novas e desconhecidas inspiram incerteza ou mal-estar. A carta não diz o que vai acontecer de fato quando você pisar na outra margem. Ela indica uma fase de transformações hesitantes e até involuntárias, durante a qual você pode recorrer, se necessário, à ajuda de um profissional ou um especialista no assunto.

VIDA PROFISSIONAL:

Você está diante de uma mudança de profissão ou uma nova fase em sua carreira. Isso (ainda) não lhe agrada, pois você não sabe se vai se dar bem. Se houver alguém por perto que seja especialista no assunto, procure se apoiar nessa pessoa.

AMOR:

Há uma mudança no ar. Talvez você esteja tentando romper um relacionamento antigo, ou começando aos poucos um novo caso de amor. Seja como for, você não se sente muito à vontade nesta situação, pois ainda não sabe o que o futuro lhe reserva.

Seis de Espadas no Oráculo do Amor

POSIÇÃO 1 – *O assunto em questão*:

Seu relacionamento atravessa uma fase de mudanças, mas você não se sente muito à vontade a esse respeito. Se surgirem problemas de longa duração, não hesite em procurar a ajuda de um amigo ou o conselho de um especialista.

POSIÇÃO 2 – *Seu estado de espírito*:

Você está tentando deixar para trás as coisas conhecidas para inaugurar uma nova fase. Isso lhe dá uma sensação incômoda, pois você não sabe até que ponto as coisas vão melhorar.

POSIÇÃO 3 – *Sentimentos da outra pessoa*:

Se o relacionamento for recente, esta carta significa que seu parceiro está se envolvendo com você aos poucos e que a intimidade é cada vez maior. Se o relacionamento for antigo, é provável que ele esteja se afastando de você – pelo menos interiormente.

POSIÇÃO 4 – *O conselho do oráculo*:

Não tenha medo de novas experiências, mesmo que isso lhe dê uma sensação incômoda. Você não ganha nada apegando-se às coisas antigas. Mas só você pode dizer se essa "nova fase" significa uma aproximação ou, ao contrário, um afastamento da outra pessoa.

Seis de Espadas na Bússola

POSIÇÃO 1 – *O assunto em questão*:

O assunto em questão é uma mudança ou despedida que acontece sem muito entusiasmo. Não é o afastamento das coisas antigas que lhe dá uma sensação incômoda, e sim a perspectiva de situações novas e desconhecidas, que ainda causam estranhamento.

POSIÇÃO 2 – *O primeiro passo*:

No início, você não parece muito à vontade. O novo caminho dá uma sensação de mal-estar e opressão. Verifique a carta na posição 4 para saber o que o futuro lhe promete e se realmente vale a pena continuar nessa direção.

POSIÇÃO 3 – *As reações*:

De início, as pessoas ao redor agem com reserva. Acham seus projetos ou suas atitudes um pouco fora do comum. Elas não reagem com uma atitude de oposição, e sim com estranhamento. Pense no que é possível fazer para conquistá-las para você mesmo ou para seus projetos.

POSIÇÃO 4 – *As perspectivas*:

No final, todos os acontecimentos caminham para uma mudança que lhe parece incômoda. Este caminho não leva ao objetivo que você imaginava, a não ser que o objetivo seja a própria mudança. Caso contrário, consulte as cartas para encontrar um caminho que lhe dê perspectivas melhores.

Seis de Espadas no Ponto Cego

POSIÇÃO 1 – *O que todo mundo sabe*:

Você não gosta muito de mudanças, ou pelo menos neste momento sente-se desorientado. Aparentemente, você está atravessando uma fase de transformações que lhe parecem incômodas.

POSIÇÃO 2 – *O Ponto Cego*:

As outras pessoas acham que você está entrando numa fase nova e que essa mudança lhe dá uma sensação de mal-estar. Já que este é seu Ponto Cego, pode ser que você não esteja consciente da situação. Converse com alguém a esse respeito.

POSIÇÃO 3 – *Como você se enxerga*:

Você sabe que está deixando para trás as coisas conhecidas e caminhando para uma fase nova, sem poder evitar a mudança. Não se admire se isso acontecer sem muito entusiasmo. O mais importante é que você se sente tranquilo e sabe a quem recorrer se precisar de ajuda.

POSIÇÃO 4 – *A grande incógnita*:

No fundo de seu inconsciente, você é uma pessoa indecisa, que não gosta de novidades e fica adiando as possibilidades de transformação. É por esse motivo que muitas vezes sua vida parece paralisada. As fases de insegurança se prolongam inutilmente e os caminhos novos, que na verdade deveriam trazer alegria, são encarados com má vontade e desconfiança. Tente analisar e superar esse aspecto de sua personalidade, pois só através da mudança existe perspectiva de uma vida melhor.

SETE DE ESPADAS – FALSIDADE

SÍMBOLOS:	SIGNIFICADO:
situação representada na carta	esperteza, roubo
postura do homem	atitude de esquivar-se, esgueirar-se
fundo dourado	referência à carta do MAGO, mostrando seu polo oposto e problemático
número e naipe	uso questionável (7) do intelecto (ar)

Sete de Espadas como carta isolada ou em outros sistemas de leitura

ASPECTOS GERAIS:

A carta SETE DE ESPADAS é a antítese do MAGO e mostra assim o lado questionável ou duvidoso da capacidade intelectual. Esta carta significa esperteza, astúcia, malícia e mentira, deixando em aberto se o consulente é vítima ou autor da trapaça. De modo geral, a carta pode ter muitos significados, sugerindo situações de falsidade, meias-verdades ou meias-palavras, logro, astúcia ou fraude.

VIDA PROFISSIONAL:

Fique atento. Você está se envolvendo em algum tipo de trapaça. Alguém lhe faz promessas que não serão mantidas ou você está sendo enganado de outra maneira. Ou será que suas intenções não são totalmente sinceras?

AMOR:

Cuidado, alguém está trapaceando. Talvez você esteja sendo enganado, ou seu parceiro lhe faz promessas vazias, ou ele está escondendo as cartas. Talvez você mesmo esteja planejando um grande blefe.

Sete de Espadas no Oráculo do Amor

POSIÇÃO 1 – *O assunto em questão*:

No momento, o relacionamento não é inteiramente sincero. Talvez os dois parceiros evitem discutir um assunto polêmico ou tentem esconder alguma coisa um do outro. Na pior das hipóteses, os dois estão se traindo mutuamente.

POSIÇÃO 2 – *Seu estado de espírito*:

Você está tramando alguma coisa. Tenta se safar de uma situação incômoda ou gostaria de ludibriar seu parceiro. Ou será que você andou "pulando a cerca"?

POSIÇÃO 3 – *Sentimentos da outra pessoa*:

Seu parceiro é uma pessoa cheia de manha e esperteza. Tente lidar com ele com cautela. As trapaças e os fingimentos podem ser inofensivos, mas talvez você acabe sofrendo danos mais graves.

POSIÇÃO 4 – *O conselho do oráculo*:

Não revele tudo, saiba o que dizer, procure se esquivar de um assunto espinhoso, invente uma estratégia. Aparentemente, falar a verdade abertamente não é uma boa política. Use a imaginação e seja mais esperto.

Sete de Espadas na Bússola

POSIÇÃO 1 – *O assunto em questão*:

O assunto em questão é uma ideia engenhosa, mas moralmente questionável, uma atitude hipócrita, maliciosa ou astuta, uma fraude, mentira ou trapaça.

POSIÇÃO 2 – *O primeiro passo*:

O início é uma fase crítica. Você se meteu na situação errada ou quer se esquivar de alguma coisa logo no começo. Pode haver também uma ameaça exterior, ou seja, alguém que tenta prejudicar você. Verifique a carta na posição 4 para saber se vale a pena continuar neste caminho.

POSIÇÃO 3 – *As reações*:

As pessoas ao redor agem com esperteza. Querem enganar você e dar-lhe um "golpe", ou prejudicar você de outra maneira. Talvez também queiram lhe roubar alguma coisa. Seja como for, trate de lidar com elas com uma boa dose de desconfiança.

POSIÇÃO 4 – *As perspectivas*:

Este caminho é perigoso. No final, pode haver decepções causadas por mentiras, ilusões ou trapaças, e suas esperanças podem ir por água abaixo. As promessas que lhe fizeram não serão mantidas, ou alguém vai se esquivar de um compromisso.

Sete de Espadas no Ponto Cego

POSIÇÃO 1 – *O que todo mundo sabe*:

Você é uma pessoa ardilosa, esperta, ágil e imprevisível. Ou, então, você se encontra numa situação na qual tenta evitar um confronto, uma discussão ou explicação, esquivando-se como um "gato escaldado".

POSIÇÃO 2 – *O Ponto Cego*:

Talvez você mesmo esteja se iludindo. Talvez corra o risco de ser enganado por outra pessoa. Seja como for, é preciso esclarecer seu Ponto Cego. Converse com outras pessoas a esse respeito.

POSIÇÃO 3 – *Como você se enxerga*:

Secretamente, você sabe que seus planos não são totalmente honestos. Quer evitar uma responsabilidade ou esquivar-se de alguma forma. Ou será que está tentando enganar outra pessoa?

POSIÇÃO 4 – *A grande incógnita*:

No fundo de seu inconsciente, você tem tendência a trapacear ou agir de maneira duvidosa. Enquanto não se conscientizar disso, os outros podem achar que você não é confiável, ou age com falsidade, sem que entenda o motivo. Mas se analisar melhor esse aspecto de sua personalidade, você aprenderá a lidar conscientemente com ele. Use sua astúcia nas situações em que ela for realmente necessária, ou para evitar que você seja enganado pelos outros.

OITO DE ESPADAS – SUBMISSÃO

SÍMBOLOS:
pessoa imobilizada
venda nos olhos
castelo ao fundo
número e naipe

SIGNIFICADO:
prisão, limitação, controle
humilhação
ser excluído de alguma coisa
transformação (8) comandada pela razão (ar)

Oito de Espadas como carta isolada ou em outros sistemas de leitura

ASPECTOS GERAIS:

A carta OITO DE ESPADAS representa situações de restrição e limitação, voluntárias ou involuntárias. Ela pode mostrar um obstáculo ou uma proibição, ou ainda uma situação difícil, na qual você precisa fazer concessões para atingir um objetivo importante. Como experiência transitória, ela pode significar uma renúncia necessária, uma fase de "apertar os cintos" para alcançar vantagens mais tarde. Mas, se a carta for tirada numa posição que representa o fim ou o desdobramento de uma situação, deve ser encarada como uma advertência.

VIDA PROFISSIONAL:

As coisas estão "emperradas". Talvez isso aconteça por um bom motivo. Nesse caso, você está no controle da situação e tenta adiar alguns interesses para atravessar uma fase difícil ou atingir um objetivo mais importante. Por outro lado, talvez a limitação seja negativa; você sente que sua atividade profissional é sufocante e não lhe dá margem para progredir.

AMOR:

De alguma maneira, você foi levado a uma situação opressiva e não consegue viver as alegrias do amor. Talvez você mesmo seja uma pessoa retraída e bloqueada. Talvez esteja se resguardando por outros motivos. Ou, então, está passando por uma fase difícil, na qual tem de abrir mão de cercas coisas.

Oito de Espadas no Oráculo do Amor

POSIÇÃO 1 – *O assunto em questão*:

No momento, existem alguns limites travando o relacionamento. Se essa for uma fase passageira, os dois parceiros têm condições de superá-la sem problemas. Mas, se a limitação for permanente, o relacionamento pode estar seriamente comprometido.

POSIÇÃO 2 – *Seu estado de espírito*:

Você está no controle da situação e sabe que neste momento tem de aceitar algumas restrições. Ou, então, você se sente sozinho e desamparado.

POSIÇÃO 3 – *Sentimentos da outra pessoa*:

Seu parceiro está em situação bastante desagradável. Sente-se bloqueado ou tem de lidar com limitações que podem partir dele mesmo, de você ou de outras pessoas. Seja como for, a situação é opressiva e ele não consegue agir como desejaria.

POSIÇÃO 4 – *O conselho do oráculo*:

Tente se conter e adiar por algum tempo seus interesses ou necessidades. Se o relacionamento estiver passando por uma fase crítica, mostre que você é uma pessoa confiável, que está no controle da situação e tem condições de superar os obstáculos.

Oito de Espadas na Bússola

POSIÇÃO 1 – *O assunto em questão*:

Trata-se de uma situação complicada ou um assunto "emperrado", que parece insolúvel, provavelmente por causa de limites ou proibições. Ou, então, trata-se de uma situação da qual alguém se sente excluído.

POSIÇÃO 2 – *O primeiro passo*:

Você se sente bloqueado ou está sujeito a proibições e limites. Talvez esteja tentando manter o autocontrole ou fazer alguma coisa contra a vontade. Verifique a carta na posição 4 para saber se seus esforços valem a pena.

POSIÇÃO 3 – *As reações*:

As pessoas ao redor estão em situação difícil. Talvez se sintam excluídas ou bloqueadas ou não consigam agir como gostariam por outros motivos.

POSIÇÃO 4 – *As perspectivas*:

Você só deve seguir este caminho se não tiver outra alternativa. É um caminho que não lhe oferece condições de evoluir realmente, vai exigir restrições desagradáveis por muito tempo e no final você não estará satisfeito.

Oito de Espadas no Ponto Cego

POSIÇÃO 1 – *O que todo mundo sabe*:

Você está atravessando uma fase em que não pode agir como gostaria, pois está bloqueado ou oprimido ou sente-se excluído por algum motivo.

POSIÇÃO 2 – *O Ponto Cego*:

As outras pessoas acham que você está numa fase difícil, tem de lidar com limites e proibições, ou não consegue agir livremente por outros motivos. Leve essa opinião a sério. Talvez uma conversa possa ajudar você a superar os obstáculos.

POSIÇÃO 3 – *Como você se enxerga*:

Você sabe que é forçado pelas circunstâncias a fazer alguma coisa contra a sua vontade. Em caso positivo, você está no controle da situação e poderá superá-la sem problemas. Em caso negativo, você se sente uma vítima da situação.

POSIÇÃO 4 – *A grande incógnita*:

No fundo de sua alma, existem sentimentos recalcados, um aspecto de sua personalidade que foi reprimido pela consciência ou não consegue se manifestar por outros motivos. Tente se conscientizar desse "prisioneiro" dentro de você. Se conseguir libertá-lo e integrá-lo em sua vida, ela vai se enriquecer em vários sentidos.

NOVE DE ESPADAS – NOITES EM CLARO

SÍMBOLOS:	SIGNIFICADO:
noite escura	opressão, aflição
postura da pessoa	pesadelo, susto, arrependimento
espadas pairando acima da cama	ameaça
entalhe na moldura da cama com cena de luta	conflito, agressão
cobertor com rosas e símbolos astrológicos	necessidade de um refúgio
número e naipe	concentração (9) de pensamentos (ar) negativos

Nove de Espadas como carta isolada ou em outros sistemas de leitura

ASPECTOS GERAIS:

Esta é a carta dos temores, preocupações e arrependimentos. Ela significa noites insones, sensação opressiva e às vezes fases de desespero. Se a carta for tirada numa posição que representa atitude a ser tomada (ou conselho do oráculo), isso significa, conforme a pergunta, que você deve se arrepender de seus atos ou deve vencer seus temores, isto é, deve enfrentar aquilo que lhe dá medo, passo a passo.

VIDA PROFISSIONAL:

No momento, sua vida profissional parece cheia de problemas. Você se preocupa ou se irrita facilmente. Se fez alguma coisa da qual se arrepende, não deve manter isso em segredo. Talvez a carta também signifique um conselho para que você enfrente seus temores. Se você se sente confuso a esse respeito, consulte o Tarô sobre o melhor caminho a seguir (usando o esquema de disposição da BÚSSOLA).

AMOR:

Você se sente preocupado, tem medo de ser abandonado ou sente a consciência pesada. Veja o que é possível fazer para acordar desse pesadelo e recuperar a clareza ou a paz de espírito.

Nove de Espadas no Oráculo do Amor

POSIÇÃO 1 – *O assunto em questão*:

No momento, sua vida amorosa é atravessada por nuvens escuras. Talvez a situação não tenha saída. Seja como for, o clima é pesado e pairam temores no ar. Você fez alguma coisa da qual se arrepende agora ou cometeu algum erro?

POSIÇÃO 2 – *Seu estado de espírito*:

Você se sente desesperado e abandonado, ou tem medo de receber uma notícia ruim, talvez sobre a separação do parceiro. Ou, então, você sente a consciência pesada e não sabe como lidar com isso.

POSIÇÃO 3 – *Sentimentos da outra pessoa*:

Seu parceiro está angustiado e oprimido por grandes preocupações. Talvez ele sinta a consciência pesada em relação a você. Seja como for, os temores o tornam muito inseguro.

POSIÇÃO 4 – *O conselho do oráculo*:

Se você está angustiado, aceite esse fato e procure enfrentar o que te dá medo, com paciência e sem desanimar (ver os "Aspectos gerais" acima). Mas, se você sente a consciência pesada, deve conversar abertamente com as pessoas envolvidas. Mostre um arrependimento sincero.

Nove de Espadas na Bússola

POSIÇÃO 1 – *O assunto em questão*:

O assunto em questão é alguma coisa que lhe dá aflição e medo. Ou, então, trata-se de situações que envolvem arrependimento e consciência pesada.

POSIÇÃO 2 – *O primeiro passo*:

No início, você passa noites em claro. Talvez se arrependa por ter escolhido este caminho ou sente-se atormentado por preocupações e aborrecimentos. Mas o medo é um mau conselheiro. Não deixe que ele tome conta de você, nem fique irritado. Converse a esse respeito com um psicólogo ou amigo íntimo, até enxergar a situação com mais clareza. Se a carta na posição 4 lhe prometer um resultado favorável, você deve enfrentar o medo e seguir este caminho apesar de tudo.

POSIÇÃO 3 – *As reações*:

As pessoas ao redor agem com preocupação. Têm medo de você ou de suas atitudes, sentem insegurança profunda ou talvez tenham a consciência pesada. Ou será que estão preocupadas por sua causa?

POSIÇÃO 4 – *As perspectivas*:

Este caminho é espinhoso. Você só deve segui-lo se estiver muito angustiado e quiser abrir seu coração ou confessar arrependimento. Caso contrário, procure uma alternativa melhor, ou modifique seus planos radicalmente. Ou, no final, você sentirá arrependimento e consciência pesada.

Nove de Espadas no Ponto Cego

POSIÇÃO 1 – *O que todo mundo sabe*:

Você é uma pessoa pessimista e temerosa, ou pelo menos neste momento está atravessando uma fase difícil, cheia de preocupações e medos que lhe tiram o sono.

POSIÇÃO 2 – *O Ponto Cego*:

As outras pessoas acham que você está em plena crise, atormentado pelo medo e pelo desespero, ou que está prestes a dar um passo do qual vai se arrepender depois. Se esta imagem não coincide com sua autoavaliação (posição 3), tente saber mais a esse respeito conversando com amigos.

POSIÇÃO 3 – *Como você se enxerga*:

Você está angustiado, tem a consciência pesada ou sente-se atormentado por preocupações e temores. Se resolveu enfrentar a situação sem a ajuda de ninguém, deve ter bons motivos para isso. Mesmo assim, verifique a carta na posição 2 para saber se é melhor procurar ajuda externa.

POSIÇÃO 4 – *A grande incógnita*:

Em seu íntimo, existe um sentimento de melancolia que com certeza, por motivos inexplicáveis, já lhe roubou mais de uma vez a alegria de viver. Ou, então, uma força inconsciente atormenta você, faz com que você se culpe com frequência e seu sono seja atravessado por pesadelos. Se você se conscientizar desse aspecto desconhecido de sua personalidade, pode dar um passo importante para uma vida mais alegre e tranquila.

DEZ DE ESPADAS – PONTO-FINAL

SÍMBOLOS:
morto perfurado por espadas
céu escuro
cores frias
número e naipe

SIGNIFICADO:
fim repentino e intencional
perspectiva sombria
ambiente gélido
acumulação (10) de pensamentos (ar) tristes e opressivos

Dez de Espadas como carta isolada ou em outros sistemas de leitura

ASPECTOS GERAIS:

A carta DEZ DE ESPADAS representa um fim intencional, causado por uma decisão consciente, ao contrário da carta da MORTE, que representa o fim natural. Pode se tratar de uma atitude negativa, destrutiva, talvez até brutal, mas também um ato de justiça, um ponto-final que traz alívio e libertação.

VIDA PROFISSIONAL:

Você está diante de uma ruptura. Alguma coisa chegou ao fim. Pode ser um projeto, uma negociação, um emprego, talvez até sua carreira atual como um todo. Mas a carta não diz se essa ruptura é precipitada ou vantajosa, apesar de todas as dificuldades envolvidas.

AMOR:

A situação parece difícil. O amor acabou de repente. Você se separou ou está tentando fugir de um relacionamento. Não há dúvida de que sua decisão está tomada, mas a carta não diz se este ponto-final é realmente necessário ou se é um erro do qual você pode se arrepender depois.

Dez de Espadas no Oráculo do Amor

POSIÇÃO 1 – *O assunto em questão*:

Vocês se afastaram um do outro. Tudo acabou. Talvez o relacionamento ainda fosse possível, mas um dos dois tomou uma decisão clara e fria, que provavelmente aconteceu de repente. Ou será que vocês só encerraram um capítulo do relacionamento?

POSIÇÃO 2 – *Seu estado de espírito*:

Você está tentando "dar um basta". Talvez queira encerrar uma fase desagradável ou pôr um ponto-final no relacionamento como um todo.

POSIÇÃO 3 – *Sentimentos da outra pessoa*:

Seu parceiro é uma pessoa intransigente, que precisou se esforçar para se separar de alguma coisa ou de alguém – provavelmente de você. Verifique a carta na posição 4 para saber se ainda é possível salvar o relacionamento.

POSIÇÃO 4 – *O conselho do oráculo*:

Faça uma opção clara. Evite pessoas ou atitudes que atrapalhem seu relacionamento ou afaste-se totalmente de seu parceiro, se isso for necessário.

Dez de Espadas na Bússola

POSIÇÃO 1 – *O assunto em questão*:

O assunto em questão é uma solução radical, uma ruptura sem meio-termo, um final provocado conscientemente. A carta pode parecer assustadora, mas isso não significa que é errado agir assim, pois ela pode representar tanto uma atitude destrutiva quanto uma liberação.

POSIÇÃO 2 – *O primeiro passo*:

No início, há um momento decisivo. Para seguir este caminho, talvez você precise se afastar ou se libertar primeiro de alguma coisa. Caso contrário, a carta significa que você vai desistir e se afastar logo na primeira tentativa. Nesse caso, as cartas nas posições 3 e 4 não são importantes.

POSIÇÃO 3 – *As reações*:

As pessoas ao redor agem de maneira radical. Não querem manter nenhuma relação com você e tentam se afastar. Ou, então, as atitudes que você adotou causam uma ruptura, ajudando as outras pessoas a se libertarem dos comportamentos ou vínculos antigos.

POSIÇÃO 4 – *As perspectivas*:

No final, você volta para a estaca zero. Se esse for seu objetivo, siga o caminho que escolheu. Mas, se estava esperando um resultado mais alegre ou mais cheio de perspectivas, vai ficar decepcionado com um final tão repentino e radical.

Dez de Espadas no Ponto Cego

POSIÇÃO 1 – *O que todo mundo sabe*:

Você é uma pessoa conhecida por suas atitudes radicais ou no momento sente necessidade de "dar um basta".

POSIÇÃO 2 – *O Ponto Cego*:

As pessoas ao redor acham que você rompeu com alguma coisa, que algo em sua vida está chegando ao fim de maneira definitiva, ou que você deveria se libertar radicalmente de alguma limitação. Se você não está consciente disso, procure se informar mais a esse respeito, pois este passo tem de ser consciente para levar à liberdade verdadeira.

POSIÇÃO 3 – *Como você se enxerga*:

Aparentemente, sua vida está passando por mudanças radicais. Talvez você se sinta totalmente afastado das outras pessoas ou esteja numa fase radical, do tipo "tudo ou nada".

POSIÇÃO 4 – *A grande incógnita*:

Há uma força em seu interior que leva você a terminar as coisas de repente. Enquanto você não se conscientizar desse aspecto de sua personalidade, muitas situações de sua vida vão acabar como por acaso, sem explicação. Mas, se você incorporar essa tendência em sua vida, aprenderá a mostrar decisão e persistência em situações difíceis, em vez de interromper prematuramente etapas necessárias.

VALETE DE ESPADAS

VALETE DE ESPADAS – CRÍTICA

SÍMBOLOS:

Valete
espada
muitos pássaros
nuvens que se levantam no céu
figura e naipe

SIGNIFICADO:

capacidade de liderança
ambiguidade entre clareza e conflitos
muitas ideias
impulso esclarecedor

mensageiro (Valete) de uma mensagem (ar) crítica e hostil

Valete de Espadas como carta isolada ou em outros sistemas de leitura

ASPECTOS GERAIS:

De modo geral, os Valetes do Tarô representam chances que se oferecem a nós e que chegam do mundo exterior. O VALETE DE ESPADAS simboliza uma chance de esclarecimento, que no entanto raramente é agradável, pois em geral provoca críticas. A carta significa que nos sentimos atacados, criticados ou ameaçados. Apesar disso, não devemos esquecer que essa é justamente a condição básica para amadurecer, aprender ou entender melhor alguma coisa.

VIDA PROFISSIONAL:

Cuidado, você está remando contra a maré. Não se espante se surgirem críticas. Em vez de reagir com mágoa ou aborrecimento, tente ouvi-las com atenção. Pode ser sua chance de aprender ou entender alguma coisa importante, mesmo que depois fique claro que as críticas não eram justificadas.

AMOR:

Você já viveu dias melhores. Seu relacionamento está sendo ameaçado, ou você se sente exposto aos ataques e sufocado por críticas. Talvez elas pareçam irritantes e injustas, mas vale a pena ouvi-las, pois graças a elas você pode chegar a uma descoberta importante.

Valete de Espadas no Oráculo do Amor

POSIÇÃO 1 – *O assunto em questão:*

Sua vida amorosa "esfriou". Pode ser que os dois parceiros estejam atravessando uma fase de críticas e hostilidade ou o relacionamento esteja sujeito a uma ameaça do mundo exterior.

POSIÇÃO 2 – *Seu estado de espírito:*

No momento, você não se sente amado. Acha que está sofrendo ameaças e até rejeição. Verifique a carta na posição 3 para saber se essa ameaça parte realmente do parceiro e a carta na posição 4 para decidir o melhor caminho a seguir.

POSIÇÃO 3 – *Sentimentos da outra pessoa:*

No momento, seu parceiro acha que suas atitudes demonstram frieza e antipatia. Aparentemente, ele se sente ameaçado, criticado ou provocado por você.

POSIÇÃO 4 – *O conselho do oráculo:*

Não tenha medo das críticas. Faça todo o possível para enfrentá-las, em vez de se sentir magoado. Se você ouvir as críticas com atenção, poderá fazer descobertas valiosas e entender alguma coisa que até agora permanecia oculta ou que você estava escondendo de si mesmo.

Valete de Espadas na Bússola

POSIÇÃO 1 – *O assunto em questão:*

Pode ser que haja críticas e hostilidade no ar, ou o assunto em questão esteja ameaçado por algum motivo.

POSIÇÃO 2 – *O primeiro passo:*

No início, você tem de enfrentar uma oposição clara. Sente-se ameaçado e gostaria de se esquivar dos ataques. Mas talvez essas críticas possam ser encaradas de maneira criativa, como um incentivo para começar uma coisa nova.

POSIÇÃO 3 – *As reações:*

Os outros acham que você é uma pessoa crítica, talvez até hostil, e encaram suas atitudes como uma afronta. Por isso, na melhor das hipóteses vão reagir de maneira fria e distante. Se você estiver precisando de apoio ou incentivo, deve mudar de atitude, por mais que isso lhe seja penoso.

POSIÇÃO 4 – *As perspectivas*:

É pouco provável que você se dê por satisfeito com esse resultado. Na melhor das hipóteses, você tem uma chance de amadurecer, mas com certeza vai enfrentar hostilidades e todo tipo de críticas.

Valete de Espadas no Ponto Cego

POSIÇÃO 1 – *O que todo mundo sabe*:

Você está atravessando uma fase na qual tem de enfrentar todo tipo de críticas. Talvez isso tenha uma razão de ser, como uma chance de amadurecimento. Caso contrário, prepare-se para enfrentar uma fase desagradável.

POSIÇÃO 2 – *O Ponto Cego*:

As outras pessoas acham que você está sofrendo ameaças ou ataques. Se você não tem a mesma opinião, converse com amigos ou colegas para esclarecer a verdade.

POSIÇÃO 3 – *Como você se enxerga*:

Você acha que muitas pessoas, ou pelo menos algumas, estão contra você. Sente-se criticado, talvez provocado. Ou será que você causou essa situação conscientemente, para ter mais clareza a respeito de si mesmo?

POSIÇÃO 4 – *A grande incógnita*:

No fundo de sua alma existe um medo inconsciente, uma sensação constante de ameaça. Enquanto você não se conscientizar desse aspecto de sua personalidade, não vai encontrar segurança na vida, nem aceitação no amor. Além disso, provavelmente você sofre de complexos de culpa, ou fica facilmente magoado. Não deixe que esses sentimentos continuem prejudicando sua alegria de viver. Encontre o lugar adequado para eles em sua vida consciente, pois a capacidade de aceitar críticas é uma condição para evoluir.

CAVALEIRO DE ESPADAS – CONFLITO

SÍMBOLOS:
Cavaleiro
espada
postura do Cavaleiro
nuvens esgarçadas
árvores curvadas pelo vento
figura e naipe

SIGNIFICADO:
agressão, agressividade
conflito, separação, esclarecimento
arremeter, atacar
tempestade, guerra
vento (contrário) constante
representante (Cavaleiro) de um estado de espírito gélido (ar)

Cavaleiro de Espadas como carta isolada ou em outros sistemas de leitura

ASPECTOS GERAIS:

Os Cavaleiros do Tarô representam um ambiente ou estado de espírito. O CAVALEIRO DE ESPADAS simboliza uma atmosfera gélida, agressiva, cheia de conflitos, ou um estado de espírito que pode levar a insultos e agressões. Em caso positivo, trata-se de críticas que talvez magoem a pessoa atingida, mas que podem levar a descobertas importantes ou contribuir para o autoconhecimento.

VIDA PROFISSIONAL:

Prepare-se para o que der e vier. Você vai ter de enfrentar ventos contrários – provavelmente críticas, mas também golpes baixos. Não se deixe intimidar. Mostre que, se necessário, você é capaz de agir de cabeça fria.

AMOR:

Este momento não é muito favorável ao amor. Um clima gélido afastou todos os sentimentos de calor e paixão. Talvez você esteja envolvido numa verdadeira "guerra". Tome cuidado para não sair ferido.

Cavaleiro de Espadas no Oráculo do Amor

POSIÇÃO 1 – *O assunto em questão*:

Uma tempestade de gelo expulsou o amor. Agora, a "guerra" e o ódio imperam. Só as outras cartas podem dizer se o conflito é transitório ou prolongado, como numa "guerra de trincheiras".

POSIÇÃO 2 – *Seu estado de espírito*:

Seus sentimentos "esfriaram" e você declarou guerra. Sente-se magoado e quer esclarecer alguma coisa a qualquer preço, para impor sua vontade.

POSIÇÃO 3 – *Sentimentos da outra pessoa*:

Seu parceiro é uma pessoa que não tem medo de briga, ou pelo menos neste momento não está para brincadeiras. Ele sente frieza ou rancor com relação a você, talvez até ódio. Tome cuidado ao lidar com esses sentimentos gélidos.

POSIÇÃO 4 – *O conselho do oráculo*:

Não fique adiando o conflito. Aja com objetividade, clareza e inteligência. Ponha o dedo na ferida e não desista até que o problema esteja esclarecido.

Cavaleiro de Espadas na Bússola

POSIÇÃO 1 – *O assunto em questão*:

O assunto em questão tem relação com um ambiente gélido, um vento contrário, conflitos, oposições ou golpes baixos.

POSIÇÃO 2 – *O primeiro passo*:

No início, a situação "esfria" completamente. Você tem de lidar com irritações ou um estado de espírito maldoso e agressivo. A carta na posição 4 lhe mostra se o "mau tempo" é passageiro ou se ele pode comprometer o caminho definitivamente.

POSIÇÃO 3 – *As reações*:

Prepare-se para uma oposição implacável. As pessoas ao redor reagem com frieza ou agressividade. Consideram suas atitudes como uma provocação e estão dispostas a usar todos os meios para deter ou até mesmo destruir você.

POSIÇÃO 4 – *As perspectivas*:

É melhor não seguir este caminho. Você vai se meter numa tempestade de gelo. No final, terá de lidar com conflitos e aborrecimentos.

Cavaleiro de Espadas no Ponto Cego

POSIÇÃO 1 – *O que todo mundo sabe*:

Você é uma pessoa objetiva, que não recua diante dos conflitos. Ou, então, pelo menos neste momento seu estado de espírito é muito pouco amigável.

POSIÇÃO 2 – *O Ponto Cego*:

As pessoas ao redor acreditam que você vai encontrar uma "frente fria" daqui em diante, causada inconscientemente por você mesmo, ou sem que você suspeite de nada. Seja como for, trate de esclarecer este assunto com seus amigos, para não ser surpreendido pela tempestade.

POSIÇÃO 3 – *Como você se enxerga*:

Você é uma pessoa fria, conscientemente agressiva. Talvez sinta um ódio recalcado ou sonhe com algum tipo de vingança. Será que é a melhor reação na situação presente? Talvez seja aconselhável consultar as cartas novamente a esse respeito.

POSIÇÃO 4 – *A grande incógnita*:

Há um sentimento de ódio no fundo de sua personalidade. Enquanto ele permanecer inconsciente, pode se manifestar sob a forma de cinismo ou arrogância, ou uma agressividade maldosa por trás de comportamentos inofensivos. Mas se você se conscientizar desse aspecto de sua personalidade, pode encontrar para ele uma expressão sensata, por exemplo a disposição para lutar contra as dificuldades da vida ou a coragem para defender seus direitos ou opiniões políticas.

RAINHA DE ESPADAS

RAINHA DE ESPADAS – INDEPENDÊNCIA

SÍMBOLOS:	**SIGNIFICADO:**
Rainha	mente aberta, sensibilidade
espada em posição vertical	pensamento voltado para objetivos práticos
postura da Rainha	clareza
fragmentos de uma corrente na mão esquerda	libertação de qualquer forma de dependência
espada na mão direita	personalidade enérgica
um pássaro no céu	disposição para o aprendizado
silfos (divindades do ar) no trono	espíritos protetores do elemento Ar (silfos) = leveza
figura e naipe	mulher (Rainha) inteligente e independente (ar)

Rainha de Espadas como carta isolada ou em outros sistemas de leitura

ASPECTOS GERAIS:

As Rainhas do Tarô representam pessoas, geralmente mulheres, mas às vezes também homens. Nesse caso, elas significam uma atitude de expectativa, uma disposição receptiva ou acolhedora. A RAINHA DE ESPADAS representa uma pessoa lúcida, que tem inteligência aguda, curiosidade intelectual e independência, habilidade e astúcia, mas também frieza quando necessário. Ela pode ser alguém do mundo exterior que se torna importante em sua vida ou pode representar você mesmo, isto é, um aspecto de sua personalidade que passa a ser preponderante.

VIDA PROFISSIONAL:

No âmbito profissional, a RAINHA DE ESPADAS simboliza geralmente uma mulher independente, isto é, uma empresária ou profissional liberal. Caso a carta represente você mesmo, trata-se de um convite para que você procure ou mantenha sua independência, tome uma decisão imparcial e habilidosa, mostre espírito crítico e pensamento claro ou surpreenda as outras pessoas com ideias arrojadas. Esta carta também pode ser uma indicação de atividades de aconselhamento ou psicoterapia.

AMOR:

Você se deixaria conquistar por uma pessoa inteligente e com presença de espírito ou gostaria de experimentar um relacionamento fora das convenções sociais. Mas a carta também pode significar que você se sente fascinado por uma pessoa com essas características.

Rainha de Espadas no Oráculo do Amor

POSIÇÃO 1 – *O assunto em questão:*

Uma mulher inteligente e hábil no manejo das palavras entrou em sua vida, criando oportunidade de diálogo, mudanças e muitas novidades. Ou, então, você sente necessidade de agir com mais curiosidade e mente aberta, procurar ou preservar sua independência. Por outro lado, talvez uma mulher fria e calculista esteja prejudicando seu relacionamento.

POSIÇÃO 2 – *Seu estado de espírito:*

Você precisa de liberdade e gostaria de manter distância, pelo menos durante algum tempo, para poder agir com mais independência. Ou, então, sente necessidade de "arejar" e renovar o relacionamento. Mas a carta também pode significar que você se sente fascinado por uma mulher charmosa e inteligente, que tem algo de inatingível.

POSIÇÃO 3 – *Sentimentos da outra pessoa:*

Seu parceiro é uma pessoa lúcida e inteligente, que adora conversar. Talvez você ame e até admire a independência dele, mas – conforme aquilo que você espera do relacionamento – a frieza do parceiro também pode ser um obstáculo.

POSIÇÃO 4 – *O conselho do oráculo:*

Tente se manter a distância, pelo menos durante algum tempo. O relacionamento precisa de renovação para que os dois parceiros possam respirar livremente. Demonstre que você é independente, tem condições de seguir seu próprio caminho e sabe agir por conta própria.

Rainha de Espadas na Bússola

POSIÇÃO 1 – *O assunto em questão:*

A pessoa em questão sabe o que quer, costuma agir com objetividade e espírito crítico, é competente e qualificada em seu setor de atuação. Existem boas chances de que esta carta represente você mesmo. Nesse caso, ela mostra seu estado de espírito com relação à pergunta formulada.

POSIÇÃO 2 – *O primeiro passo:*

No início, você age com a cabeça, mais do que com o coração. Tenta se manter a distância, para examinar alguma coisa com objetividade e espírito crítico. Talvez não queira se comprometer. Seja como for, você dá muito valor à sua independência. Por outro lado, pode ser que você se sinta atraído ou fascinado por uma mulher inteligente e objetiva.

POSIÇÃO 3 – *As reações*:

Você vai conhecer uma pessoa inteligente, que parece culta e hábil, mas também um pouco retraída, e que sempre está disposta para uma boa conversa ou uma disputa intelectual. Se você quiser conquistá-la para você ou para seus projetos, tente despertar o entusiasmo ou a curiosidade dela por uma ideia ou um projeto.

POSIÇÃO 4 – *As perspectivas*:

Neste caminho, as outras pessoas não são uma prioridade e não despertam seu entusiasmo. No final, você vai se sentir independente, fiel a si mesmo, capaz de enxergar aquilo que deseja com toda a clareza e senso crítico. Ou, então, no final, você conhece uma mulher cuja inteligência você admira e que se tornará uma conselheira valiosa.

Rainha de Espadas no Ponto Cego

POSIÇÃO 1 – *O que todo mundo sabe*:

Você é uma pessoa independente e autônoma, que tem curiosidade pela vida. Sua lucidez e sua perspicácia são admiradas pelos outros. Ou, então, neste momento, você se encontra numa fase dominada por uma pessoa com essas qualidades.

POSIÇÃO 2 – *O Ponto Cego*:

As outras pessoas acham que você segue seu próprio caminho, age com independência e senso crítico. Mas pode ser que elas façam restrições contra seu lado calculista e racional e às vezes seu excesso de racionalidade, que pode magoar ou ferir. Por outro lado, talvez a carta indique que existe uma mulher inteligente e espirituosa por perto, da qual você ainda não tinha se dado conta.

POSIÇÃO 3 – *Como você se enxerga*:

Você sabe que conquistou sua liberdade e gosta de ter independência para fazer o que quer. Sua personalidade não é exatamente romântica. Você prefere a distância crítica em vez do envolvimento emocional, que sempre lhe parece exagerado.

POSIÇÃO 4 – *A grande incógnita*:

No fundo de sua alma, há uma pessoa inteligente, um intelectual. Ele sabe se comportar na vida de maneira hábil e sensata, às vezes também astuciosa. Caso você seja uma mulher, deveria deixar que esse aspecto desconhecido preencha sua vida e seja parte de sua autoimagem. Caso você seja um homem, trata-se aqui de uma imagem ideal, para ser descoberta e vivida em seus relacionamentos.

REI DE ESPADAS – PERSPICÁCIA

SÍMBOLOS:

Rei
postura do Rei
dois pássaros no céu
espada em posição oblíqua
na mão direita
borboletas (no trono)
figura e naipe

SIGNIFICADO:

atividade
mente aberta, interesse
seguir várias ideias ou pensamentos diferentes
juízo crítico e inteligente

leveza do elemento ar
homem (Rei) inteligente e bastante frio (ar)

Rei de Espadas como carta isolada ou em outros sistemas de leitura

ASPECTOS GERAIS:

Os Reis do Tarô representam pessoas, geralmente homens, mas às vezes também mulheres. Nesse caso, eles significam personalidade ativa e atitudes enérgicas. O REI DE ESPADAS representa um homem inteligente e capaz, que tem perspicácia, facilidade de expressão, independência e flexibilidade. Ele pode ser alguém do mundo exterior que se torna importante em sua vida ou pode representar você mesmo, isto é, um aspecto de sua personalidade que passa a ser preponderante.

VIDA PROFISSIONAL:

No âmbito profissional, o REI DE ESPADAS simboliza geralmente um conselheiro, um intermediário, alguém que trabalha com palavras ou desenvolve ideias. Se a carta representar você mesmo, é um convite para que você se torne independente, prove sua perspicácia e criatividade, resolva problemas e oriente outras pessoas. O REI DE ESPADAS também pode ser uma indicação de atividade autônoma ou independência profissional.

AMOR:

Você é uma pessoa espirituosa, charmosa e dinâmica, que sabe se exprimir maravilhosamente e está tentando seduzir ou conquistar alguém com seu jeito persuasivo, mas às vezes um pouco distante. Por outro lado, a carta também pode significar que você se sente fascinado por uma pessoa com essas características.

Rei de Espadas no Oráculo do Amor

POSIÇÃO 1 – *O assunto em questão*:

Pode ser que um homem espirituoso e muito divertido tenha entrado em sua vida, criando um ambiente novo, cheio de inteligência e humor. Ou, então, você sente necessidade de mostrar seu lado mais independente, exercer sua curiosidade ou esclarecer outra pessoa. Por outro lado, pode ser também que um homem hábil e frio esteja prejudicando seu relacionamento.

POSIÇÃO 2 – *Seu estado de espírito*:

Você sente curiosidade, mas ainda está em dúvida. Gostaria que o relacionamento fosse o mais livre possível e que os dois parceiros agissem por prazer, sem assumir compromissos. Ou, então, você se sente fascinado por uma pessoa com essas características.

POSIÇÃO 3 – *Sentimentos da outra pessoa*:

Seu parceiro é uma pessoa inteligente, interessante e divertida, que valoriza a liberdade e a independência. Para conquistá-lo, basta despertar sua curiosidade. O problema é que ele costuma agir com frieza e não se entusiasma facilmente.

POSIÇÃO 4 – *O conselho do oráculo*:

Mostre seu lado mais crítico, inteligente e espirituoso. Tente ser criativo e dar uma nova direção ao relacionamento. Trate de animar seu parceiro ou ajude a esclarecer um problema. Palavras vazias não adiantam. Se o relacionamento estiver sendo ameaçado por fatores externos, aja com objetividade e habilidade, ou use seu senso de humor para convencer a outra pessoa.

Rei de Espadas na Bússola

POSIÇÃO 1 – *O assunto em questão*:

Sua pergunta pode ter relação com uma pessoa considerada inteligente, habilidosa e capaz de agir com frieza. Caso contrário, a carta significa que você mesmo representa essas qualidades.

POSIÇÃO 2 – *O primeiro passo*:

Você quer entender alguma coisa, tomar uma decisão inteligente, dar livre curso à sua curiosidade, tornar-se independente ou conquistar uma pessoa com essas características para seus projetos.

POSIÇÃO 3 – *As reações*:

Você vai conhecer uma pessoa competente, que tem senso crítico e habilidade, e com certeza não se deixa enganar por qualquer motivo. Se você quiser conquistá-la para si mesmo ou para seus projetos, crie um desafio ou dê-lhe um problema para resolver, ou faça alguma coisa que desperte sua curiosidade.

POSIÇÃO 4 – *As perspectivas*:

No final, você age com frieza e habilidade, tentando alcançar um objetivo. Ou, então, a situação leva você a conhecer alguém que será seu conselheiro ou intermediário, ou que era o próprio objetivo deste caminho.

Rei de Espadas no Ponto Cego

POSIÇÃO 1 – *O que todo mundo sabe*:

Você tem mente clara, senso crítico, capacidade de análise e facilidade de expressão. Ou, então, você se encontra numa fase dominada por uma pessoa com essas qualidades.

POSIÇÃO 2 – *O Ponto Cego*:

As outras pessoas acham que você tem mais senso crítico, objetividade e distanciamento do que você mesmo imaginava ou gostaria que fosse verdade. Talvez elas também acreditem que você diz palavras vazias ou assume atitudes sem compromisso. Ou será que existe uma pessoa por perto, espirituosa e talvez intelectual, cuja presença até agora você não tinha percebido?

POSIÇÃO 3 – *Como você se enxerga*:

Você sabe que é uma pessoa lúcida e gosta de seguir os impulsos da curiosidade. Dá valor à liberdade acima de tudo, por isso tolera a intimidade com outras pessoas só até certo ponto. Às vezes, você dá a impressão de ser reservado ou inacessível.

POSIÇÃO 4 – *A grande incógnita*:

No fundo de sua alma, há uma força que almeja o conhecimento supremo e tenta trazer mais clareza e retidão à sua vida. Se você se conscientizar desse aspecto de sua personalidade, poderá agir com mais independência e autonomia. Caso você seja uma mulher, trata-se aqui de uma imagem ideal, para ser descoberta e vivida em seus relacionamentos.

ÁS DE OUROS – FELICIDADE REAL

SÍMBOLOS:

mão do Criador
moeda
estrela de cinco pontas (pentagrama)
jardim verde
lírios brancos
sebe ao fundo, com portão
cumes de montanhas
número e naipe

SIGNIFICADO:

impulso
qualidades sólidas e duradouras
símbolo da pessoa que aspira a coisas mais elevadas (todas as cartas de Ouros indicam riqueza interior)
fertilidade
pureza
perspectiva favorável
clímax, experiência satisfatória
chance (1) de encontrar riquezas (terra) duradouras e gratificantes

Ás de Ouros como carta isolada ou em outros sistemas de leitura

ASPECTOS GERAIS:

Os Ases do Tarô representam boas oportunidades que não devem ser desperdiçadas, pois abrem novas perspectivas e oferecem chances concretas. O ÁS DE OUROS é uma das principais "cartas da sorte" dos Arcanos Menores. Ele representa a chance de viver uma experiência gratificante, encontrar algo duradouro e substancial, num espectro vasto que vai do sucesso financeiro até a riqueza interior.

VIDA PROFISSIONAL:

Você tem uma chance valiosa pela frente, que não deve ser desperdiçada. Se estiver pensando num recomeço, o caminho parece favorável. Mas em todas as outras situações existem boas chances de conquistar algo valioso ou fazer progressos decisivos.

AMOR:

Mantenha os olhos bem abertos. Existe uma chance de encontrar felicidade duradoura no amor. Talvez você se apaixone novamente, ou talvez uma experiência gratificante venha enriquecer o relacionamento já existente.

Ás de Ouros no Oráculo do Amor

POSIÇÃO 1 – *O assunto em questão*:

Trata-se de uma chance valiosa que pode abrir novas perspectivas no relacionamento, criando uma base sólida ou uma moldura firme e duradoura.

POSIÇÃO 2 – *Seu estado de espírito*:

Você deseja uma experiência enriquecedora e gratificante, que possa dar novo impulso ao relacionamento e fortalecer o vínculo entre os parceiros.

POSIÇÃO 3 – *Sentimentos da outra pessoa*:

Seu parceiro vê uma boa oportunidade para construir ou consolidar com você um relacionamento duradouro e gratificante, repleto de vida e emoção.

POSIÇÃO 4 – *O conselho do oráculo*:

Aproveite a chance que se oferece para o relacionamento. Faça alguma coisa para fortalecer o vínculo ou melhorar as finanças do casal. Talvez o oráculo também esteja aconselhando um novo impulso na vida sexual dos parceiros.

Ás de Ouros na Bússola

POSIÇÃO 1 – *O assunto em questão*:

O assunto em questão é uma oportunidade valiosa ou um caminho favorável, que oferece boas perspectivas de resultados sólidos e duradouros.

POSIÇÃO 2 – *O primeiro passo*:

No início, você tem uma chance de ouro de alcançar a felicidade, o sucesso financeiro ou outros resultados sólidos e permanentes. Verifique a carta na posição 4 para saber se tudo não passa de um golpe de sorte ou se as perspectivas são realmente favoráveis a longo prazo.

POSIÇÃO 3 – *As reações*:

As pessoas ao redor estão cheias de expectativa. Acham que seus projetos ou suas atitudes representam uma chance ou promessa favorável. Por isso, você pode contar com solidariedade e apoio, se precisar deles.

POSIÇÃO 4 – *As perspectivas*:

Não importa como foi o caminho até aqui – no final, há uma chance de progresso verdadeiro, sucesso financeiro ou outros resultados gratificantes e duradouros.

Ás de Ouros no Ponto Cego

POSIÇÃO 1 – *O que todo mundo sabe*:

Você é uma pessoa que tem "faro" para boas oportunidades e que sabe aproveitá-las. Ou, então, pelo menos neste momento, está atravessando uma fase de sorte. Trate de manter os olhos bem abertos para as chances que se oferecem.

POSIÇÃO 2 – *O Ponto Cego*:

As pessoas ao redor acham que você tem uma oportunidade de ouro de alcançar algo valioso e duradouro, no sentido profissional, financeiro ou de enriquecimento interior. Se você não está consciente disso, deveria conversar com alguém a esse respeito, para não desperdiçar suas chances.

POSIÇÃO 3 – *Como você se enxerga*:

Você está contando com uma boa oportunidade ou já a encontrou e acredita que dessa forma vai alcançar sucesso ou obter vantagens importantes. Verifique a carta na posição 2. Caso as outras pessoas encarem suas perspectivas com menos otimismo, procure reavaliar sua opinião.

POSIÇÃO 4 – *A grande incógnita*:

No fundo de sua alma, uma grande chance está esperando para ser descoberta. Ela promete sucesso financeiro e uma base sólida na vida, assim como experiências sensoriais enriquecedoras e outros resultados gratificantes. Descubra essa fonte de felicidade dentro de você mesmo e dê-lhe a atenção que ela merece.

DOIS DE OUROS – FLEXIBILIDADE

SÍMBOLOS:
arlequim
movimento de dança
moedas dentro do símbolo de infinito
malabarismo
navios na crista das ondas
número e naipe

SIGNIFICADO:
despreocupação, leveza, humor
opiniões flexíveis
o eterno jogo das forças

brincar com as possibilidades
adaptar-se aos altos e baixos
fazer malabarismos (2) com as possibilidades concretas (terra)

Dois de Ouros como carta isolada ou em outros sistemas de leitura

ASPECTOS GERAIS:

A carta DOIS DE OUROS simboliza fases da vida alegres e despreocupadas e a capacidade de se adaptar aos altos e baixos de cada situação. Em caso positivo, ela significa flexibilidade e destreza para jogar com as possibilidades, mas em caso negativo significa indecisão e falta de opiniões firmes.

VIDA PROFISSIONAL:

Não leve as coisas muito a sério. Agora não é o momento de tomar decisões definitivas para o resto da vida. Deixe o barco correr e brinque com suas possibilidades, com alegria e despreocupação, até chegar a um esclarecimento.

AMOR:

Esta carta simboliza um período alegre e despreocupado em sua vida amorosa. Na prática, isso significa que você ainda está na fase do namoro ou simplesmente não quer se comprometer. Talvez você ainda não tenha se envolvido no relacionamento e queira apenas testar suas possibilidades.

Dois de Ouros no Oráculo do Amor

POSIÇÃO 1 – *O assunto em questão*:

Você está brincando com o amor. Este jogo pode ser encantador, alegre e excitante, mas às vezes leva à falta de compromissos e a uma sensação de vazio.

POSIÇÃO 2 – *Seu estado de espírito*:

Você gostaria de viver com leveza e despreocupação, sem se "amarrar" em nada. Por isso, está relutando em se envolver no relacionamento – ou será que você tem várias possibilidades em vista?

POSIÇÃO 3 – *Sentimentos da outra pessoa*:

Seu parceiro é uma pessoa que não gosta de tomar decisões e, em vez disso, prefere brincar com as possibilidades. Você vai apreciar seu temperamento ágil, flexível e tolerante. Mas, quando surgirem dificuldades, você pode descobrir que ele também é inconstante e pouco confiável.

POSIÇÃO 4 – *O conselho do oráculo*:

Procure manter-se flexível e tranquilo, não leve nada muito a sério e não tome decisões precipitadas.

Dois de Ouros na Bússola

POSIÇÃO 1 – *O assunto em questão*:

O assunto em questão tem relação com a falta de preocupação ou compromisso, com um teste ou experiência. Você também pode estar tentando jogar ao mesmo tempo com várias possibilidades.

POSIÇÃO 2 – *O primeiro passo*:

No início, você tenta lidar com o assunto de maneira leve e despreocupada, sem assumir compromissos. Você se mostra flexível e simplesmente prefere experimentar ou brincar com as possibilidades.

POSIÇÃO 3 – *As reações*:

As pessoas ao redor não assumem uma posição clara. Elas preferem "nadar com a corrente", mostram-se despreocupadas e até curiosas, mas agem de maneira indecisa.

POSIÇÃO 4 – *As perspectivas*:

No final, você se dá por satisfeito. Sente-se alegre e bem-humorado, embora nenhuma decisão tenha sido tomada. Tudo permanece em aberto. Será que a sorte não deveria ser lançada mais uma vez?

Dois de Ouros no Ponto Cego

POSIÇÃO 1 – *O que todo mundo sabe*:

Você é uma pessoa bem-humorada, que prefere enxergar o lado bom das coisas, vive de maneira despreocupada e consegue se adaptar sem dificuldade aos altos e baixos do dia a dia.

POSIÇÃO 2 – *O Ponto Cego*:

As outras pessoas acham que sua atitude adaptável também é um sinal de inconstância. E o fato de não adotar opiniões firmes e pontos de vista claros pode sugerir, aos olhos de algumas pessoas, uma personalidade fraca ou falta de caráter.

POSIÇÃO 3 – *Como você se enxerga*:

Você se considera uma pessoa flexível, despreocupada e hábil, que sabe gozar as boas coisas da vida. A carta na posição 2 lhe dirá se as outras pessoas compartilham dessa visão positiva ou se encaram suas atitudes de maneira mais crítica.

POSIÇÃO 4 – *A grande incógnita*:

No fundo de sua alma, existe uma pessoa alegre e adaptável, uma espécie de arlequim. Enquanto você não se conscientizar desse aspecto de sua personalidade, terá uma tendência de colocar em dúvida as decisões que já tinha tomado, agindo muitas vezes com inconstância ou de maneira insegura. Mas, se você conhecer esse aspecto mais de perto, aprenderá a viver com mais alegria e leveza.

TRÊS DE OUROS – COMPETÊNCIA

SÍMBOLOS:	SIGNIFICADO:
cena representada na carta	prova de aprendizes, ritual de iniciação
fundo preto	segredos, mistérios
escultores durante o trabalho	alguém que põe seu saber à prova
pessoas em hábitos religiosos	perito, fiscal, examinador
número e naipe	nova etapa (3) consolidada (terra)

Três de Ouros como carta isolada ou em outros sistemas de leitura

ASPECTOS GERAIS:

A carta TRÊS DE OUROS simboliza um teste de competência ou uma promoção, graças à qual uma etapa antiga chega ao fim e um estágio mais avançado tem início. Dessa forma, conforme a pergunta formulada, ela pode significar que fomos aprovados num exame, fomos promovidos na carreira profissional ou atingimos um estágio de maturidade na vida amorosa. No plano espiritual, ela simboliza a iniciação nos mistérios ou nas verdades ocultas.

VIDA PROFISSIONAL:

Se neste momento você tiver de pôr sua capacidade à prova, as perspectivas são as melhores possíveis. Talvez você seja aprovado num exame, termine um projeto com honra ao mérito ou obtenha outro tipo de qualificação. Seja como for, você pode contar com um progresso notável em sua carreira, talvez uma nomeação ou mudança de cargo.

AMOR:

Se o amor lhe deu desgostos no passado, agora surgiu a oportunidade de superar essa etapa e começar uma vivência mais satisfatória. Mesmo que antes não houvesse problemas, agora você pode dar um passo adiante, para viver um relacionamento mais maduro.

Três de Ouros no Oráculo do Amor

POSIÇÃO 1 – *O assunto em questão*:

Sua vida amorosa está passando por uma prova de maturidade que pode melhorar bastante a convivência entre os parceiros. Não fuja do "exame", pois chegou o momento de superar todas as deficiências do relacionamento.

POSIÇÃO 2 – *Seu estado de espírito*:

Você está tentando deixar para trás os aspectos problemáticos do relacionamento e faz todo o possível para inaugurar uma fase mais madura.

POSIÇÃO 3 – *Sentimentos da outra pessoa*:

Seu parceiro encara o relacionamento ou as expectativas que você demonstra a esse respeito como um desafio ou tarefa a ser cumprida. Ele está disposto a enfrentar essa prova e mostrar que é capaz de vencê-la.

POSIÇÃO 4 – *O conselho do oráculo*:

Aproveite a atual fase do relacionamento para o crescimento pessoal. Alguma coisa leva você a procurar mais equilíbrio e maturidade. Examine seus sentimentos e reflita sobre o assunto – talvez por meio de conversas ou leituras – até perceber que deu um passo decisivo.

Três de Ouros na Bússola

POSIÇÃO 1 – *O assunto em questão*:

O assunto em questão é sua necessidade de ultrapassar o estágio atual para alcançar um nível mais elevado ou avançado. Para isso, você deve reunir toda a sua experiência prévia e demonstrar sua capacidade e competência.

POSIÇÃO 2 – *O primeiro passo*:

No início, você se sente como um estudante durante uma prova. Mas você está disposto a dar o melhor de si e mostrar sua capacidade. Gostaria de dar um passo decisivo, talvez até penetrar num território até então desconhecido ou misterioso (caso se trate de iniciação espiritual).

POSIÇÃO 3 – *As reações*:

As pessoas ao redor estão muito motivadas. Se elas acharem que você é um concorrente, vão mostrar que estão à altura da disputa. Mas se você conseguir conquistá-las, tem uma chance de mostrar por sua vez todas as suas qualidades.

POSIÇÃO 4 – *As perspectivas*:

No final, tudo converge para um progresso, uma promoção ou a aprovação num exame, no sentido literal ou figurado. Você vai perceber que, neste caminho, tem uma chance de superar o estágio antigo e qualificar-se para algo mais valioso. Este caminho lhe permite dar um passo adiante e penetrar num território existencial mais elevado ou avançado que as fases anteriores de sua vida.

Três de Ouros no Ponto Cego

POSIÇÃO 1 – *O que todo mundo sabe*:

Você é uma pessoa que gosta de mostrar sua capacidade. Está atravessando uma fase de exames ou tenta qualificar-se de outra maneira, a fim de superar o estágio em que se encontra.

POSIÇÃO 2 – *O Ponto Cego*:

As outras pessoas percebem que você está atravessando um estágio importante ou uma fase de exames, na qual pode ser aprovado ou receber um diploma, no sentido mais abrangente da palavra.

POSIÇÃO 3 – *Como você se enxerga*:

Você sabe que tem de enfrentar um desafio ou um passo decisivo e que dessa maneira pode alcançar o sucesso no mundo exterior ou um nível mais profundo de vivência interior, talvez até um ritual de iniciação.

POSIÇÃO 4 – *A grande incógnita*:

No fundo de sua alma, existe uma disposição, talvez até um grande desejo, de progredir na vida, superar barreiras, qualificar-se profissionalmente ou em outro sentido, comprovar sua capacidade, penetrar em territórios ocultos ou surpreendentes, ou "simplesmente" amadurecer. Se você se conscientizar desse aspecto de sua personalidade e encontrar expressão para ele na vida cotidiana, pode "sacudir" ou superar em pouco tempo todo tipo de problemas incômodos que se arrastavam inexplicavelmente em sua vida.

QUATRO DE OUROS – PRECAUÇÃO EXCESSIVA

SÍMBOLOS:

mercador/agiota
moedas sob os pés
moeda sobre a coroa
moeda nos braços
cidade grande ao fundo e coroa denteada na cabeça
número e naipe

SIGNIFICADO:

interesse exclusivo pelos valores materiais
construir de maneira sólida e segura
riqueza que acarreta imobilidade
atrair sem dar alguma coisa, girar em círculos
atitude relacionada principalmente com a vida urbana
paralisia (4) em nome dos valores materiais (terra)

Quatro de Ouros como carta isolada ou em outros sistemas de leitura

ASPECTOS GERAIS:

A carta QUATRO DE OUROS simboliza uma necessidade exagerada de segurança e geralmente serve como advertência contra atitudes muito estreitas ou a incapacidade para assumir riscos. Quando agimos com excesso de precaução ou com avareza, podemos chegar a uma situação de imobilidade e, mais tarde, à dissolução ou ruína (a carta da TORRE) de tudo aquilo a que nos agarramos com tanta força e por tanto tempo. Porém, quando a carta é tirada numa posição que nos aconselha essa atitude, ela significa que devemos ter cuidado e apostar nas coisas seguras.

VIDA PROFISSIONAL:

Você age com muita precaução e não quer assumir riscos. Provavelmente, essas manobras só podem levar a um estágio de imobilidade. Consulte as cartas para saber se essa preocupação excessiva com a segurança realmente é necessária.

AMOR:

Você procura a segurança absoluta, não quer cometer erros ou "cair nas garras" de alguém. Talvez todo esse cuidado seja causado por decepções anteriores. No entanto, você não deve esquecer que o amor e a alegria só podem florescer em liberdade e que ela sempre envolve riscos.

Quatro de Ouros no Oráculo do Amor

POSIÇÃO 1 – *O assunto em questão:*

O relacionamento é estável, mas não no bom sentido da palavra. Aparentemente, vocês se apegaram tanto um ao outro que o progresso não é mais possível, e o amor se transformou numa convivência rotineira e estéril.

POSIÇÃO 2 – *Seu estado de espírito:*

Você toma precauções demais. Se tentar exigir garantias, poderá colocar o amor em perigo e excluí-lo do relacionamento, juntamente com a alegria. O que resta são regras e acordos que podem funcionar, mas que sufocam o amor.

POSIÇÃO 3 – *Sentimentos da outra pessoa:*

Seu parceiro é uma pessoa egoísta ou que prefere evitar riscos no setor emocional. Pode ser que ele esteja apenas atraindo você, sem lhe dar algo concreto. Se você pretende levantar essas barreiras e desarmar seu parceiro, vai precisar de muita habilidade, senso de humor e paciência.

POSIÇÃO 4 – *O conselho do oráculo:*

Tome cuidado e não tome atitudes impensadas, que só iriam prejudicar o relacionamento. Mesmo que essas medidas de precaução lhe pareçam restritivas ou exageradas, você deve se esforçar ao máximo para fortalecer as bases, o compromisso e a estabilidade do relacionamento.

Quatro de Ouros na Bússola

POSIÇÃO 1 – *O assunto em questão:*

Trata-se de um assunto que "empacou" ou chegou a um estado de imobilidade, um círculo vicioso. Ou, então, trata-se de uma atitude de cautela excessiva, uma recusa em assumir riscos, que geralmente não é necessária.

POSIÇÃO 2 – *O primeiro passo:*

Você não quer assumir riscos e prefere se agarrar àquilo que já tem. Para você, o ideal seria comprar o bilhete de loteria só quando tivesse certeza de que ele seria premiado. Geralmente, esta carta é uma advertência contra a cautela excessiva. A carta na posição 4 pode lhe dizer se essa atitude é exagerada ou correta.

POSIÇÃO 3 – *As reações*:

É melhor não esperar nada das pessoas ao redor, sobretudo apoio ou solidariedade. Talvez você esteja lidando com pessoas egoístas ou agiotas, ou que acenam o tempo todo com vantagens atraentes, mas que no momento decisivo não têm nada a oferecer.

POSIÇÃO 4 – *As perspectivas*:

Se o que você deseja é encontrar segurança e pisar em chão firme, siga este caminho. Mas, mesmo nesse caso, não esqueça que a atitude representada pela carta é duvidosa a longo prazo e pode ter consequências. O resultado deste caminho pode ser estreito ou limitado, de modo que é aconselhável consultar as cartas para procurar uma alternativa.

Quatro de Ouros no Ponto Cego

POSIÇÃO 1 – *O que todo mundo sabe*:

Você é uma pessoa obcecada com a segurança, ou pelo menos está atravessando uma fase na qual procura ser muito econômico e cauteloso. Prefere manter distância de tudo o que envolve riscos, por menores que sejam.

POSIÇÃO 2 – *O Ponto Cego*:

As outras pessoas acham que você é pouco flexível. Talvez você seja um perfeccionista preso num labirinto de princípios e regras, para evitar qualquer possibilidade de cometer um erro. Ou, então, elas têm a impressão de que você atrai os outros com seus talentos, riquezas ou encantos, para depois abandoná-los. Ou será que você é considerado sovina?

POSIÇÃO 3 – *Como você se enxerga*:

Você sabe que é uma pessoa muito cautelosa, apegada a tudo o que possui. Talvez neste momento haja bons motivos para essa atitude. Mas, se esta for uma tendência constante em sua vida, não esqueça que toda chance envolve riscos.

POSIÇÃO 4 – *A grande incógnita*:

No fundo de seu inconsciente, há uma pessoa avarenta e extremamente cautelosa. Provavelmente, você é levado a fazer coisas que não consegue explicar, como estocar mantimentos, conservar objetos inúteis ou agarrar-se demais a uma pessoa querida, a ponto de afugentá-la. Procure se conscientizar desse aspecto de sua personalidade. Escolha o momento certo para adotar essas atitudes, em vez de deixar que elas tomem conta de sua vida.

CINCO DE OUROS – PRIVAÇÃO

SÍMBOLOS:
mendigo
muletas
pessoas do lado de fora,
diante da janela da igreja
número e naipe

SIGNIFICADO:
pobreza, carência
deficiência, sacrifício
frio, opressão, angústia

crise (5) existencial (terra)

Cinco de Ouros como carta isolada ou em outros sistemas de leitura

ASPECTOS GERAIS:

A carta CINCO DE OUROS simboliza miséria, privações ou carências existenciais. Mas isso não significa necessariamente prejuízos financeiros. Ela aponta "apenas" para um impasse, um período de abstinência ou um terreno movediço que é preciso atravessar.

VIDA PROFISSIONAL:

As chances parecem pequenas, e isso não deve mudar tão cedo. Procure diminuir suas pretensões e expectativas, poupe seu dinheiro e não aceite riscos. Por precaução, prepare-se para um longo período de "vacas magras".

AMOR:

No momento, tudo parece faltar. Você se sente inseguro, excluído, solitário ou mal-amado e tem de lidar com uma sensação opressiva ou incômoda.

Cinco de Ouros no Oráculo do Amor

POSIÇÃO 1 – *O assunto em questão*:

Pode ser que as circunstâncias externas tenham apagado a chama do relacionamento, ou uma crise entre os parceiros esteja prejudicando a convivência. Por outro lado, às vezes a carta significa que a necessidade ou a pressão externa fortalecem o amor entre os dois parceiros.

POSIÇÃO 2 – *Seu estado de espírito*:

Você se sente desamparado neste relacionamento. Talvez seus desejos não sejam atendidos. Talvez você não se considere uma pessoa atraente, capaz de oferecer algo ao parceiro.

POSIÇÃO 3 – *Sentimentos da outra pessoa*:

Seu parceiro é uma pessoa em crise, que se sente insegura e menosprezada. Ou, então, ele acha que não pode competir com você.

POSIÇÃO 4 – *O conselho do oráculo*:

Observe sua carência e necessidade de atenção. Ou admita que você está em dificuldades e tem de enfrentar uma crise. Peça ajuda – não tente enfrentar a situação sozinho.

Cinco de Ouros na Bússola

POSIÇÃO 1 – *O assunto em questão*:

O assunto em questão é uma crise, um projeto para o qual não há dinheiro suficiente ou simplesmente uma situação que parece muito precária e insegura.

POSIÇÃO 2 – *O primeiro passo*:

No início, tudo parece precário ou insatisfatório. Talvez o dinheiro esteja faltando ou a situação não tenha bases firmes por outros motivos. Se a carta na posição 4 indicar uma chance de sucesso, você deve seguir este caminho apesar de tudo, mas no início prepare-se para enfrentar um longo período de "vacas magras".

POSIÇÃO 3 – *As reações*:

As pessoas ao redor se mostram carentes. Talvez você não tenha levado em conta as necessidades delas. Talvez elas se sintam prejudicadas por outros motivos ou estejam precisando de dinheiro.

POSIÇÃO 4 – *As perspectivas*:

Você não vai ficar muito satisfeito com este resultado. No final, você pode se ver em situação lamentável, com os bolsos vazios. Talvez não haja prejuízos, mas com certeza não haverá ganhos.

Cinco de Ouros no Ponto Cego

POSIÇÃO 1 – *O que todo mundo sabe*:

Você está atravessando uma crise existencial ou um impasse financeiro, ou sente-se carente por outros motivos.

POSIÇÃO 2 – *O Ponto Cego*:

As outras pessoas acham que você está em situação carente ou precária, ou perdeu as esperanças. Já que este é seu Ponto Cego, é provável que você esteja fingindo, mostrando uma riqueza que não possui de fato ou subestimando os riscos de um projeto.

POSIÇÃO 3 – *Como você se enxerga*:

Você acaba de sofrer uma grande perda ou está em crise há bastante tempo, causada por uma carência material ou espiritual.

POSIÇÃO 4 – *A grande incógnita*:

Sua personalidade inconsciente é dominada por um profundo sentimento de carência que muitas vezes leva à angústia existencial, mesmo quando as circunstâncias exteriores não dão motivo para isso. Por causa dessa inquietação interior, você age com muita cautela e acaba renunciando a experiências valiosas. Tente entender os motivos desse medo para superar as barreiras e conquistar a alegria de viver.

SEIS DE OUROS – GENEROSIDADE

SÍMBOLOS:
gesto do mercador
balança na mão esquerda
postura do mendigo
número e naipe

SIGNIFICADO:
generosidade
equilíbrio entre dar e receber
atitude de gratidão de quem recebe ajuda
ajuda (6) constante (terra)

Seis de Ouros como carta isolada ou em outros sistemas de leitura

ASPECTOS GERAIS:

A carta SEIS DE OUROS simboliza a ajuda, a solidariedade, a generosidade e, num sentido mais amplo, a tolerância. Mas ela não diz qual o papel do consulente – se ele é a pessoa que dá ou recebe ajuda. Além disso, a carta também pode indicar que alguma coisa vale a pena ou que um presente está sendo oferecido.

VIDA PROFISSIONAL:

Seus projetos vão render benefícios. Oferta e procura estão equilibradas. Mostre-se generoso e tolerante, ou peça ajuda, caso você mesmo esteja em situação de necessidade.

AMOR:

Uma boa fase se anuncia em sua vida amorosa, na qual você pode se sentir recompensado, pois o relacionamento se baseia na generosidade, no bem-estar e na empatia.

Seis de Ouros no Oráculo do Amor

POSIÇÃO 1 – *O assunto em questão*:

Seu relacionamento se baseia num espírito de tolerância, empatia e compreensão amorosa diante das diferenças entre os parceiros. Dar e receber estão em equilíbrio, e vocês se apoiam e se incentivam um ao outro.

POSIÇÃO 2 – *Seu estado de espírito*:

Talvez você precise de ajuda e apoio verdadeiro, ou sinta necessidade de ajudar e apoiar seu parceiro. Se estiver ocorrendo um conflito, tente agir com generosidade.

POSIÇÃO 3 – *Sentimentos da outra pessoa*:

Seu parceiro é uma pessoa generosa e boa, que gostaria de ajudar você. Ou será que ele mesmo está em situação difícil e precisa de ajuda?

POSIÇÃO 4 – *O conselho do oráculo*:

Mostre-se tolerante e generoso. Se for preciso resolver um conflito, não dê atenção a ninharias. Mas, se você mesmo estiver em crise, peça socorro e aceite a ajuda que lhe oferecem.

Seis de Ouros na Bússola

POSIÇÃO 1 – *O assunto em questão*:

O assunto em questão é a ajuda que se oferece a alguém, ou simplesmente um gesto de generosidade. Por outro lado, talvez se trate de um projeto para o qual você pode contar com o apoio de outras pessoas.

POSIÇÃO 2 – *O primeiro passo*:

No início, tudo corre bem. Você encontra empatia ou apoio financeiro e percebe que as outras pessoas estão dispostas a ajudar. Ou, então, você mesmo age como patrocinador e se mostra jovial e generoso.

POSIÇÃO 3 – *As reações*:

As pessoas ao redor se mostram tolerantes e protetoras. Estão dispostas a favorecer você ou seus projetos, sem demora e sem restrições. No entanto, caso você mesmo esteja oferecendo ajuda, vai encontrar pessoas que realmente precisam dela e se sentirão muito gratas.

POSIÇÃO 4 – *As perspectivas*:

Vale a pena seguir este caminho. No final, você vai encontrar uma solução generosa. Vai se sentir recompensado, mas sem ficar em dívida com as outras pessoas.

Seis de Ouros no Ponto Cego

POSIÇÃO 1 – *O que todo mundo sabe*:

Você é uma pessoa generosa, que gosta de ajudar e patrocinar outras pessoas, ou se encontra numa situação na qual recebe apoio e proteção de alguém.

POSIÇÃO 2 – *O Ponto Cego*:

Será que as outras pessoas reconhecem e admiram sua generosidade, sem que você mesmo se dê conta disso? Caso contrário, a carta significa que alguém está disposto a lhe oferecer apoio e ajuda, sem que você esteja consciente disso.

POSIÇÃO 3 – *Como você se enxerga*:

Você se considera uma pessoa generosa e tolerante, disposta a dar, mas também a receber.

POSIÇÃO 4 – *A grande incógnita*:

Uma vez que esta carta tem sentido duplo, pode mostrar dois aspectos desconhecidos de sua personalidade. Talvez você não esteja consciente de sua própria generosidade e tolerância. Por isso, não conhece a alegria de ajudar outras pessoas sem esperar algo em troca. Ou, então, você sente dificuldade para receber, e mesmo em situações difíceis tende a recusar a ajuda de outras pessoas.

SETE DE OUROS – PROVA DE PACIÊNCIA

SÍMBOLOS:
pessoa
postura da pessoa
arbusto com moedas
número e naipe

SIGNIFICADO:
jardineiro
contemplação e espera
frutas que amadurecem
crise (7) duradoura (terra)

Sete de Ouros como carta isolada ou em outros sistemas de leitura

ASPECTOS GERAIS:

A carta SETE DE OUROS pode agradar ou não, conforme a situação do consulente. Ela simboliza uma prova de paciência, um desafio que leva ao sucesso de maneira lenta e constante. A carta promete uma solução satisfatória, se a pessoa "der tempo ao tempo". Por outro lado, a impaciência e a precipitação podem causar prejuízos.

VIDA PROFISSIONAL:

Trate de ir devagar. Não se precipite. Caso contrário, por causa de uma vantagem pequena e rápida você corre o risco de estragar um bom resultado, que só pode ser obtido a longo prazo. Na atual fase profissional é possível colher bons frutos, se você der tempo para si mesmo. Trate de planejar e agir com maturidade.

AMOR:

Com relação à vida amorosa, lembre-se de que as coisas boas não acontecem da noite para o dia. A espera pode ser incômoda, mas você também pode relaxar e deixar que os frutos amadureçam.

Sete de Ouros no Oráculo do Amor

POSIÇÃO 1 – *O assunto em questão:*

O relacionamento entre vocês cresce como uma árvore – devagar e sempre. Por isso, também é duradouro. Bem que você gostaria que as coisas andassem mais depressa, mas trate de ser paciente. No final, não terá motivos para se arrepender. Às vezes, esta carta significa que algo está crescendo devagar – por exemplo, um bebê.

POSIÇÃO 2 – *Seu estado de espírito:*

Você gostaria de ir devagar, sem tomar atitudes precipitadas. Prefere deixar que o relacionamento amadureça aos poucos, sem nenhum tipo de pressão. Ou será que está tentando se refugiar numa atitude infantil?

POSIÇÃO 3 – *Sentimentos da outra pessoa:*

Seu parceiro é uma pessoa que sabe esperar. Ele pensa bastante antes de agir e não gosta de atitudes precipitadas. Se você está cansado de tanta demora, tome a iniciativa e resolva a situação de uma maneira ou de outra.

POSIÇÃO 4 – *O conselho do oráculo:*

Tudo tem seu tempo. Procure ser paciente, mesmo que isso lhe pareça difícil. Deixe que o tempo trabalhe a seu favor e a favor do relacionamento. Suspenda por enquanto qualquer atitude ou expectativa. A espera pode valer a pena.

Sete de Ouros na Bússola

POSIÇÃO 1 – *O assunto em questão:*

Provavelmente, o assunto em questão exige paciência, ou pelo menos trata-se de um projeto demorado, que só vai trazer resultados depois de algum tempo.

POSIÇÃO 2 – *O primeiro passo:*

As coisas começam devagar. Por enquanto, a única coisa a fazer é esperar. Mas, se você demonstrar paciência desde o início, tem boas chances de alcançar bons resultados, e seus projetos podem ter sucesso a longo prazo.

POSIÇÃO 3 – *As reações*:

As pessoas ao redor se mostram pacientes. Elas não rejeitam as atitudes que você adota, mas a aprovação também pode demorar bastante. Tente não se apressar – isso só iria causar prejuízos.

POSIÇÃO 4 – *As perspectivas*:

No final, é preciso ter paciência. Talvez até muita paciência. Mas, se você não se importar com isso, os resultados serão satisfatórios. Caso você não tenha tempo suficiente, ou seja uma pessoa impaciente, deve procurar outro caminho.

Sete de Ouros no Ponto Cego

POSIÇÃO 1 – *O que todo mundo sabe*:

No momento, é preciso agir com paciência. Se você for uma pessoa fleumática, não se importará muito com isso. Caso contrário, essa "prova de paciência" vai incomodá-lo bastante.

POSIÇÃO 2 – *O Ponto Cego*:

As outras pessoas percebem que você é obrigado a esperar e que seus projetos de vida demoram mais do que você gostaria. Se sua autoavaliação e a carta na posição 3 apontarem para uma direção muito diferente, seria aconselhável conversar com alguém a esse respeito, para não cometer erros por impaciência ou precipitação.

POSIÇÃO 3 – *Como você se enxerga*:

Você se considera um bom "jardineiro" (no sentido figurado), que cuida de todas as plantas com atenção e carinho e deixa que o tempo faça sua parte, esperando que elas cresçam da melhor maneira.

POSIÇÃO 4 – *A grande incógnita*:

No fundo de sua alma, há uma pessoa paciente e acomodada. Enquanto você não se conscientizar desse aspecto de sua personalidade, ele pode se manifestar de maneira contraditória. Às vezes, as pressões do dia a dia parecem insuportáveis, embora o estresse não seja realmente necessário. Outras vezes, qualquer ninharia faz com que você perca a paciência. Tente refletir sobre esse aspecto desconhecido, para viver com mais alegria e tranquilidade.

OITO DE OUROS – INÍCIO PROMISSOR

SÍMBOLOS:	SIGNIFICADO:
pessoa = aprendiz	ponto de partida de um projeto promissor
características da pessoa (traje, postura etc.)	prazer de trabalhar
moedas alinhadas verticalmente	atividade construtiva
número e naipe	recomeço (8) sólido (terra)

Oito de Ouros como carta isolada ou em outros sistemas de leitura

ASPECTOS GERAIS:

A carta OITO DE OUROS significa um novo ponto de partida, consciente e planejado, que inspira prazer. Existem boas chances de que o projeto em questão tenha uma evolução satisfatória, se houver empenho suficiente. Em breve, as primeiras experiências, vivências e resultados serão visíveis.

VIDA PROFISSIONAL:

Procure assumir uma nova tarefa, construir alguma coisa ou começar um novo projeto, mesmo que a situação lhe pareça desconhecida ou você tenha de passar por uma fase de adaptação. O esforço pode valer a pena, trazendo prazer e sucesso.

AMOR:

Na vida amorosa, tudo está (re)começando. Talvez o relacionamento esteja no início, talvez haja muita coisa a ser construída. Seja como for, existem boas chances de que o esforço compense.

Oito de Ouros no Oráculo do Amor

POSIÇÃO 1 – *O assunto em questão:*

O amor ainda é recente, ou você está tentando começar novos caminhos num relacionamento já existente. Nos dois casos, as perspectivas são animadoras.

POSIÇÃO 2 – *Seu estado de espírito:*

Você gostaria de recomeçar. Talvez tenha acabado de se apaixonar e queira construir um novo relacionamento. Talvez tenha decidido fazer mais uma tentativa num relacionamento já existente – provavelmente, depois de várias dificuldades.

POSIÇÃO 3 – *Sentimentos da outra pessoa:*

Seu parceiro está realmente disposto a construir um relacionamento com você. Mas a carta também pode significar que a vida amorosa ainda é precária e precisa de objetivos mais claros.

POSIÇÃO 4 – *O conselho do oráculo:*

Considere começar do zero. Existem boas chances de que o recomeço dê resultados a longo prazo – se você se esforçar de verdade.

Oito de Ouros na Bússola

POSIÇÃO 1 – *O assunto em questão:*

O assunto em questão é um recomeço que exige esforço e reflexão, um projeto a ser construído ou um novo caminho que se abre agora, que pode dar bons resultados a longo prazo.

POSIÇÃO 2 – *O primeiro passo:*

No início, você se sente motivado. Está feliz de começar uma coisa nova e acredita que os primeiros resultados não podem tardar.

POSIÇÃO 3 – *As reações:*

As pessoas ao redor estranham um pouco as atitudes que você adota, mas estão dispostas a se adaptar. Mostram empenho e vontade de aprender. Se você precisar de ajuda ou apoio, vai consegui-los sem dificuldade. Mas pode haver tropeços, pois as pessoas com quem você está lidando não têm experiência no assunto.

POSIÇÃO 4 – *As perspectivas*:

O resultado não é ruim, mas provavelmente você esperava mais. No final, seu papel não é o de mestre, e sim de aprendiz, começando uma coisa nova. As perspectivas são as melhores possíveis, se você agir com alegria, empenho e perseverança.

Oito de Ouros no Ponto Cego

POSIÇÃO 1 – *O que todo mundo sabe*:

Você é uma pessoa que gosta de aprender coisas novas e começar do zero, quando existem chances de sucesso. Ou, então, você está diante de um recomeço e espera resultados favoráveis.

POSIÇÃO 2 – *O Ponto Cego*:

Provavelmente, as outras pessoas acham que você está começando um projeto com boas chances de sucesso. Nesse caso, é estranho que você não tenha se dado conta disso. Talvez elas achem que você ainda é um aprendiz, por mais que você se esforce ou acredite que atingiu um grau de maturidade maior.

POSIÇÃO 3 – *Como você se enxerga*:

Você sabe que está diante de um recomeço e espera bons resultados. Verifique a carta na posição 2 para saber se as outras pessoas compartilham dessa opinião ou se encaram você e suas chances de maneira diferente.

POSIÇÃO 4 – *A grande incógnita*:

Existe um "aprendiz" no fundo de seu inconsciente – um desejo ou uma tendência inconscientes de aprender coisas novas e começar novos projetos, com alegria e empenho. Enquanto você não se conscientizar desse aspecto de sua personalidade, vai se intimidar diante das novidades ou acreditar que não precisa aprender mais nada, pois já sabe o suficiente.

NOVE DE OUROS – MOMENTO FAVORÁVEL

SÍMBOLOS:	SIGNIFICADO:
pessoa bem-vestida e jardim exuberante	riqueza
mulher	capacidade de reação
videira	plenitude
falcão de caça na mão esquerda da mulher	colher os frutos no momento certo
caramujo em primeiro plano	símbolo do misticismo = riqueza interior
número e naipe	qualidades (terra) conjugadas (9)

Nove de Ouros como carta isolada ou em outros sistemas de leitura

ASPECTOS GERAIS:

A carta NOVE DE OUROS é uma das "cartas da sorte", quase sempre interpretada no sentido de lucros materiais. Mas ela tem significados mais amplos: surpresas agradáveis, golpes de sorte ou a capacidade de reagir no momento certo para aproveitar a oportunidade do momento. O caramujo em primeiro plano significa que não se trata apenas de riquezas exteriores ou materiais.

VIDA PROFISSIONAL:

Aproveite a oportunidade, pise no acelerador e acredite na vitória, mesmo que ela lhe pareça um pouco duvidosa. O momento é favorável e você está em maré de sorte. Não fique parado, pois os resultados podem surpreendê-lo.

AMOR:

A sorte está a seu favor. Você está prestes a se apaixonar perdidamente ou vai encontrar outra surpresa em sua vida amorosa, uma mudança inesperada e bem-vinda.

Nove de Ouros no Oráculo do Amor

POSIÇÃO 1 – *O assunto em questão*:

Sua vida amorosa está em fase de sorte. O relacionamento começou de repente, como por milagre, ou está passando por uma mudança positiva, um enriquecimento espontâneo.

POSIÇÃO 2 – *Seu estado de espírito*:

Você está em busca da felicidade ou tenta aproveitar uma oportunidade, achando que chegou o momento certo.

POSIÇÃO 3 – *Sentimentos da outra pessoa*:

Para seu parceiro, encontrar você foi um golpe de sorte. Com certeza ele vai tentar conquistá-lo, se é que isso já não ocorreu.

POSIÇÃO 4 – *O conselho do oráculo*:

Acredite em sua boa sorte. O momento é favorável para dar um novo impulso ao amor ou procurar outro caminho. Surpreenda seu parceiro com uma ideia fora do comum, ou aproveite a oportunidade, em momentos difíceis do relacionamento, para uma nova aproximação.

Nove de Ouros na Bússola

POSIÇÃO 1 – *O assunto em questão*:

O assunto em questão é uma oportunidade vantajosa, um golpe de sorte ou algo que está no ar e promete bons resultados.

POSIÇÃO 2 – *O primeiro passo*:

Você gostaria de especular, tentar a sorte grande, fazer lucros rápidos ou obter vantagem de outra maneira. Seja como for, sente necessidade de aproveitar o momento favorável. A carta na posição 4 pode lhe dizer se você está no caminho certo ou se no final pode haver uma grande decepção.

POSIÇÃO 3 – *As reações*:

As pessoas ao redor acham que você ou seus projetos são uma surpresa agradável e vão reagir de maneira muito positiva. Por isso, conte com apoio e simpatia.

POSIÇÃO 4 – *As perspectivas*:

Você está com sorte. Deve seguir este caminho e não vai se decepcionar, mesmo que as cartas anteriores não sejam exatamente as que você esperava. No final, uma virada decisiva pode levar à sorte grande.

Nove de Ouros no Ponto Cego

POSIÇÃO 1 – *O que todo mundo sabe*:

Você tem "pé quente", é uma pessoa que atrai as coisas boas e tem intuição para escolher o momento certo. Ou, então, a carta significa que você atravessa uma fase favorável, que pode representar enriquecimento do ponto de vista interior ou exterior.

POSIÇÃO 2 – *O Ponto Cego*:

As outras pessoas acham que você tem sorte ou atravessa agora um momento favorável. Se isso não lhe diz nada, converse com alguém a esse respeito, para não desperdiçar suas boas chances.

POSIÇÃO 3 – *Como você se enxerga*:

Você se considera uma pessoa de sorte. Por esse motivo, talvez tenha a tendência de apostar todas as suas fichas num único lance, à espera de uma virada decisiva. Verifique a carta na posição 2 para saber como as outras pessoas encaram sua situação. Se a avaliação for crítica, trate de rever seu otimismo.

POSIÇÃO 4 – *A grande incógnita*:

No fundo de sua alma, há uma pessoa de sorte, que tem intuição para aproveitar as oportunidades. Enquanto você não se conscientizar desse aspecto de sua personalidade, vai perceber em sua vida momentos inexplicáveis de azar e chances desperdiçadas, além da tendência de apostar tudo numa única carta, no momento errado. Por isso, vale a pena resgatar esse aspecto desconhecido.

DEZ DE OUROS – RIQUEZA

SÍMBOLOS:

propriedade rural
moedas formando o traçado de uma árvore cabalística
pessoas que caminham
cães
videira
velho escondido dentro da videira
número e naipe

SIGNIFICADO:

riqueza exterior
riqueza interior

pressa, precipitação
voz providencial dos instintos
plenitude
coisas ocultas que estão muito próximas, mas passam despercebidas
segurança e estabilidade (terra) sem limites (10)

Dez de Ouros como carta isolada ou em outros sistemas de leitura

ASPECTOS GERAIS:

A carta DEZ DE OUROS simboliza riqueza exterior, segurança e estabilidade. Ela também significa que podemos encontrar a riqueza interior se abrirmos nossos olhos para experiências que estão muito próximas, mas às quais não damos atenção, por pressa ou descaso.

VIDA PROFISSIONAL:

Uma fase dourada se anuncia, um tempo de abundância e estabilidade, no qual nada lhe faz falta e você se sente seguro. Por outro lado, talvez você descubra alguma coisa que ainda não havia chamado sua atenção e que pode ser um fator de enriquecimento.

AMOR:

Aproveite a riqueza que a Deusa do Amor lhe oferece. Abra os olhos para as qualidades ocultas que talvez até agora tenham passado despercebidas.

Dez de Ouros no Oráculo do Amor

POSIÇÃO 1 – *O assunto em questão*:

Sua vida amorosa atingiu um ponto alto, um estágio de plenitude. Por isso, não leve em conta apenas a riqueza exterior.

POSIÇÃO 2 – *Seu estado de espírito*:

Você reconhece e aprecia a estabilidade e as qualidades de seu relacionamento, mas gostaria de enriquecê-lo ainda mais com experiências que até agora ficaram em segundo plano ou não puderam ser vividas.

POSIÇÃO 3 – *Sentimentos da outra pessoa*:

Seu parceiro lhe dá muito valor, reconhece suas qualidades e acha que você representa um verdadeiro enriquecimento.

POSIÇÃO 4 – *O conselho do oráculo*:

Confie na estabilidade do relacionamento, procure dar sua contribuição e abra os olhos para detalhes valiosos que até agora passaram despercebidos.

Dez de Ouros na Bússola

POSIÇÃO 1 – *O assunto em questão*:

O assunto em questão tem relação com segurança, estabilidade e riqueza. Talvez isso signifique muito dinheiro – ou a necessidade de abrir os olhos para outro tipo de riqueza, que até agora passou despercebida.

POSIÇÃO 2 – *O primeiro passo*:

No início, tudo corre bem. Segurança, dinheiro, experiências enriquecedoras – nada lhe faz falta. Consulte a carta na posição 4 para saber se essa riqueza se mantém até o final ou se vai se evaporar ao longo do caminho.

POSIÇÃO 3 – *As reações*:

As pessoas ao redor são ricas e sentem-se seguras. As atitudes que você adota são consideradas uma experiência enriquecedora, mas pode ser também que ninguém se impressione com elas. Se você deseja conquistar alguém, trate de inventar alguma coisa. Talvez consiga chamar a atenção das outras pessoas para uma riqueza oculta que tinha passado despercebida.

POSIÇÃO 4 – *As perspectivas*:

Este caminho é o melhor possível. Ele conduz a experiências gratificantes, estabilidade e fortuna. No final, você vai se sentir rico e seguro.

Dez de Ouros no Ponto Cego

POSIÇÃO 1 – *O que todo mundo sabe*:

Você é uma pessoa realizada e leva uma vida cheia de experiências enriquecedoras, ou encontra-se neste momento numa situação que lhe garante dinheiro e segurança suficientes.

POSIÇÃO 2 – *O Ponto Cego*:

Mesmo que você seja uma pessoa rica, é provável que não esteja enxergando experiências e oportunidades que poderiam tornar sua vida ainda mais profunda e satisfatória.

POSIÇÃO 3 – *Como você se enxerga*:

Você se sente um felizardo, uma pessoa rica em todos os sentidos. Ou, então, está à procura de experiências enriquecedoras das quais ainda não tinha se dado conta.

POSIÇÃO 4 – *A grande incógnita*:

No fundo de sua alma, você tem consciência de sua própria riqueza. Isso pode significar que, mesmo conquistando riqueza exterior, você não consegue encontrar a verdadeira plenitude interior. Ou, então, até agora você não alcançou a estabilidade e a segurança que desejava.

VALETE DE OUROS – PROPOSTA CONCRETA

SÍMBOLOS:
Valete
postura do Valete
moeda
campos verdes
figura e naipe

SIGNIFICADO:
impulso, incentivo
oferta, proposta
qualidades sólidas
fertilidade
portador (Valete) de um impulso (terra) valioso

Valete de Ouros como carta isolada ou em outros sistemas de leitura

ASPECTOS GERAIS:

De modo geral, os Valetes do Tarô representam chances que se oferecem a nós e que chegam do mundo exterior. O VALETE DE OUROS simboliza uma proposta séria ou oportunidade concreta, confiável. Provavelmente, trata-se de uma chance de ganhar dinheiro ou receber sugestões e conselhos que se revelam práticos e úteis.

VIDA PROFISSIONAL:

Mantenha os olhos abertos. Uma boa oportunidade está a caminho, e você não deve desperdiçá-la. Talvez se trate de um apoio concreto ou uma proposta vantajosa. Ou, então, talvez você tenha uma chance de ganhar muito dinheiro.

AMOR:

Fique atento para uma oportunidade que vai se apresentar ou para uma proposta que alguém vai lhe fazer. As intenções são sérias, e os resultados prometem ser sólidos e duradouros.

Valete de Ouros no Oráculo do Amor

POSIÇÃO 1 – *O assunto em questão*:

Um impulso corajoso ou uma sugestão oportuna vão trazer novos estímulos e possibilidades à sua vida amorosa.

POSIÇÃO 2 – *Seu estado de espírito*:

Você está esperando que o parceiro tome a iniciativa e lhe faça uma proposta séria e confiável.

POSIÇÃO 3 – *Sentimentos da outra pessoa*:

Seu parceiro está esperando que você tome a iniciativa e dê um impulso ou estímulo ao relacionamento. Evite propostas vazias e tente dar uma impressão de seriedade e segurança.

POSIÇÃO 4 – *O conselho do oráculo*:

Fique de olhos abertos e espere. Alguém vai lhe fazer uma proposta útil e oportuna, que você deve aceitar e pôr em prática.

Valete de Ouros na Bússola

POSIÇÃO 1 – *O assunto em questão*:

O assunto em questão é uma proposta séria ou uma chance verdadeira que se oferecem – uma boa oportunidade de ganhar dinheiro, um plano para garantir sua segurança ou outra experiência enriquecedora.

POSIÇÃO 2 – *O primeiro passo*:

Logo no início, você recebe ajuda concreta, que pode ser do tipo prático ou financeiro. Ou, então, alguém lhe faz uma proposta séria, que você não deve recusar.

POSIÇÃO 3 – *As reações*:

As outras pessoas estão em atitude de expectativa, mas aceitariam de bom grado sugestões concretas e úteis. Talvez esperem que você lhes dê dinheiro. Se você fizer uma proposta séria, pode contar com a aprovação dos outros. Mas se suas ideias forem "castelos de areia", não espere mais do que um sorriso desanimado.

POSIÇÃO 4 – *As perspectivas*:

No final, você vai receber impulsos valiosos e apoio verdadeiro das outras pessoas, talvez até dinheiro. Mas talvez isso não baste para você alcançar seu objetivo. Verifique se as cartas nas posições 2 e 3 são favoráveis.

Valete de Ouros no Ponto Cego

POSIÇÃO 1 – *O que todo mundo sabe*:

Aparentemente, você é uma pessoa de sorte, que sempre tem boas oportunidades e sabe aproveitar as chances da melhor maneira. Ou, então, você recebeu uma oferta valiosa.

POSIÇÃO 2 – *O Ponto Cego*:

As outras pessoas acham que você tem boas oportunidades, ou alguém lhe fez propostas concretas. Uma vez que este é seu Ponto Cego, parece que você não está enxergando suas chances, ou é orgulhoso demais para aceitar a ajuda dos outros.

POSIÇÃO 3 – *Como você se enxerga*:

Você sabe que não perde uma chance de ganhar dinheiro, ou pelo menos neste momento está esperando uma proposta concreta de uma pessoa específica.

POSIÇÃO 4 – *A grande incógnita*:

No fundo de sua alma, existe uma força que sabe reconhecer o momento favorável e aproveitar as oportunidades. Enquanto você não se conscientizar desse aspecto de sua personalidade, vai desperdiçar muitas chances. Talvez se sinta aborrecido, achando que não tem sorte na vida. Trate de pôr em prática essa intuição valiosa.

CAVALEIRO DE OUROS – ESTABILIDADE

SÍMBOLOS:

Cavaleiro
moeda
cavalo preto
postura do Cavaleiro
tons castanhos e ocres
figura e naipe

SIGNIFICADO:

força, estabilidade
segurança
energia e capacidade de resistência
firmeza, teimosia
solidez, fertilidade
representante (Cavaleiro) de um estado de espírito (terra) sólido e produtivo

Cavaleiro de Ouros como carta isolada ou em outros sistemas de leitura

ASPECTOS GERAIS:

Os Cavaleiros do Tarô representam um ambiente ou estado de espírito. O CAVALEIRO DE OUROS simboliza um ambiente sólido e produtivo, um estado de espírito de esforço, diligência, dedicação, segurança e estabilidade, ou um apego às coisas conhecidas que pode chegar à teimosia.

VIDA PROFISSIONAL:

Você tem que agarrar seus projetos com força, para garantir as bases e consolidar os resultados. Mostre que você é confiável, dá valor à qualidade e gosta de trabalhar de maneira constante e duradoura.

AMOR:

Você não gosta de assumir riscos ou meter-se em aventuras. Na vida amorosa, prefere uma base sólida e um clima sadio, que garantam a fidelidade e a confiança mútua.

Cavaleiro de Ouros no Oráculo do Amor

POSIÇÃO 1 – *O assunto em questão*:

Esta carta promete estabilidade e um chão firme para o relacionamento. Às vezes, ela pode ser uma advertência contra o excesso de rotina, a monofonia ou a falta de variedade na relação a dois.

POSIÇÃO 2 – *Seu estado de espírito*:

Você precisa de segurança e estabilidade. Gostaria de consolidar o relacionamento para garantir as bases de uma ligação estável ou de uma família.

POSIÇÃO 3 – *Sentimentos da outra pessoa*:

Seu parceiro leva as coisas a sério e não está para brincadeiras ou namoros sem compromisso. Ele prefere um relacionamento sólido e fiel. Se essas forem suas intenções, você está no endereço certo.

POSIÇÃO 4 – *O conselho do oráculo*:

Faça alguma coisa para fortalecer a proximidade e a confiança no relacionamento. Não deixe dúvidas sobre sua fidelidade e crie um ambiente no qual os prazeres sensuais da vida se tornem uma celebração em comum.

Cavaleiro de Ouros na Bússola

POSIÇÃO 1 – *O assunto em questão*:

O assunto em questão é uma oportunidade lucrativa, um projeto sólido e garantido ou que conduz à segurança a longo prazo.

POSIÇÃO 2 – *O primeiro passo*:

O começo é sólido, mas provavelmente vai exigir bastante esforço. Apesar disso, pode ser que os resultados custem a aparecer, pois se trata de um projeto que avança de maneira lenta e constante.

POSIÇÃO 3 – *As reações*:

As pessoas ao redor são competentes, esforçadas e têm os "pés no chão". Agem de maneira coerente, mas também com cautela, espírito conservador e talvez teimosia. Se você precisar de empatia, apoio ou ajuda, procure conquistar aos poucos a confiança delas, sem se precipitar.

POSIÇÃO 4 – *As perspectivas*:

No final, você atinge um estado de espírito no qual o trabalho é produtivo e dá resultados concretos. Você vai se sentir seguro, num ambiente sadio, onde pode fincar raízes profundas.

Cavaleiro de Ouros no Ponto Cego

POSIÇÃO 1 – *O que todo mundo sabe*:

Você é uma pessoa coerente, que tem os "pés no chão" e não se deixa abalar por qualquer motivo. Além disso, tem espírito prático e equilibrado. Por isso, não adianta tentar conquistar você com ideias mirabolantes, fantásticas ou exageradas.

POSIÇÃO 2 – *O Ponto Cego*:

As outras pessoas acham que você é confiável e coerente. Uma vez que este é seu Ponto Cego, existe o perigo de que essas qualidades sejam confundidas com teimosia ou atitude inflexível.

POSIÇÃO 3 – *Como você se enxerga*:

Você sabe que é uma pessoa coerente e de espírito prático, que valoriza as qualidades duradouras. Seus objetivos de longo prazo sempre são mais importantes do que uma vantagem de curto prazo.

POSIÇÃO 4 – *A grande incógnita*:

Em seu íntimo, você é uma pessoa sensata e coerente, talvez até conservadora. Enquanto não se conscientizar desse aspecto de sua personalidade, você vai sentir uma espécie de bloqueio em sua vida, que muitas vezes atrasa ou emperra seus projetos, ou que se manifesta em forma de teimosia. Mas, se você entender esse aspecto, poderá transformá-lo numa característica positiva, de uma pessoa com os "pés no chão".

RAINHA DE OUROS – PÉ NO CHÃO

SÍMBOLOS:	SIGNIFICADO:
Rainha	sensibilidade, receptividade
postura da Rainha	calma
gesto de segurar a moeda com as mãos	bom senso para lidar com os valores materiais
paisagem florida em tons castanhos	fertilidade
lebre	fertilidade
caveira de cabra no trono	sensualidade
figura e naipe	mulher (Rainha) sensual e ligada à natureza (terra)

Rainha de Ouros como carta isolada ou em outros sistemas de leitura

ASPECTOS GERAIS:

As Rainhas do Tarô representam pessoas, geralmente mulheres, às vezes também homens. Nesse caso, elas significam uma atitude de expectativa, uma disposição receptiva ou acolhedora. A RAINHA DE OUROS representa uma pessoa com os "pés no chão", que tem mentalidade realista, discernimento, disposição para dar o máximo de si, senso de responsabilidade e persistência, e que pode representar amparo e segurança para outras pessoas. Ela pode ser alguém do mundo exterior que se torna importante em sua vida ou pode representar você mesmo, isto é, um aspecto de sua personalidade que passa a ser preponderante.

VIDA PROFISSIONAL:

No âmbito profissional, a RAINHA DE OUROS costuma representar uma mulher habilidosa, que gosta de trabalhar com as mãos, mas também sabe lidar com dinheiro. Caso a carta represente você mesmo, trata-se de um convite para que você ponha mãos à obra e faça com que as coisas comecem a funcionar, mostrando realismo, competência e persistência, ou oferecendo apoio para outras pessoas. Esta carta também pode ser uma indicação de atividades de artesanato, trabalho na natureza ou no mundo das finanças.

AMOR:

Você se deixaria conquistar por uma pessoa confiável e coerente, ou sente necessidade de experimentar os prazeres sensuais. Mas a carta também pode significar que você se sente fascinado por uma pessoa com essas características.

Rainha de Ouros no Oráculo do Amor

POSIÇÃO 1 – *O assunto em questão*:

Uma mulher hábil e dinâmica entrou em sua vida, criando um clima de segurança e momentos de sensualidade. Ou você sente necessidade de mostrar sua ligação com a terra, pôr os "pés no chão" e provar que é uma pessoa fiel. Por outro lado, talvez uma mulher sensual esteja prejudicando seu relacionamento.

POSIÇÃO 2 – *Seu estado de espírito*:

Você gostaria de dar livre curso à sensualidade e viver o amor. Para isso, você precisa da segurança de um relacionamento estável. Talvez tenha vontade de ser pai (ou mãe). A carta também pode indicar que você se sente fascinado por alguém dinâmico, hábil e sensual.

POSIÇÃO 3 – *Sentimentos da outra pessoa*:

Em princípio, seu parceiro tem uma queda por você, mas ele é desconfiado e só se entrega aos poucos. Se você provar que é uma pessoa confiável e séria, ou fizer propostas concretas, pode conquistar a confiança dele.

POSIÇÃO 4 – *O conselho do oráculo*:

Seja persistente. Mostre seu lado confiável, caseiro e prático. Descubra uma maneira de enriquecer o dia a dia do relacionamento com momentos de paixão e sensualidade.

Rainha de Ouros na Bússola

POSIÇÃO 1 – *O assunto em questão*:

O assunto em questão tem relação com uma pessoa confiável, admirada por seu senso prático, sua força de vontade ou sua ligação com a natureza, que pode ser conquistada com uma proposta concreta ou um projeto viável. Existem boas chances de que esta carta represente você mesmo. Nesse caso, ela mostra seu estado de espírito com relação à pergunta formulada.

POSIÇÃO 2 – *O primeiro passo*:

No início, você encara o assunto em questão com senso crítico e numa atitude de espera. Você sabe que tudo tem seu tempo, por isso não se importaria se tudo demorasse um pouco. Mas, assim que estiver convencido de que o projeto é viável, vai agir com energia. Por outro lado, pode ser que você se sinta atraído ou fascinado por uma mulher dinâmica e sensata.

POSIÇÃO 3 – *As reações*:

Você vai conhecer uma pessoa tranquila, paciente e confiável. Contanto que você não abuse de sua confiança, ela vai se mostrar tolerante. Se você precisar de apoio, pode conquistar essa pessoa com propostas concretas ou um pagamento adequado.

POSIÇÃO 4 – *As perspectivas*:

Você plantou as sementes e no final espera que seu jardim cresça e as flores desabrochem. Ou, então, os acontecimentos acabam levando você a conhecer uma pessoa prática e sensata, mas também sensual, e que será importante em sua vida futura.

Rainha de Ouros no Ponto Cego

POSIÇÃO 1 – *O que todo mundo sabe*:

Você é uma pessoa ligada à natureza, que gosta de pôr mãos à obra e fazer trabalhos físicos, como plantar, colher, arrumar, organizar, construir etc. Ou, então, você se encontra numa fase dominada por uma pessoa com essas características.

POSIÇÃO 2 – *O Ponto Cego*:

As outras pessoas acham que você é sóbrio, pragmático, coerente ou responsável. Uma vez que este é seu Ponto Cego, é provável que às vezes você tome atitudes pouco criativas, teimosas ou pedantes. Por outro lado, talvez a carta indique que existe uma mulher inteligente e espirituosa por perto, da qual você ainda não tinha se dado conta.

POSIÇÃO 3 – *Como você se enxerga*:

Você sabe que tem os "pés no chão" e não se deixa enganar facilmente. Considera-se uma pessoa de senso prático, hábil, paciente e ligada à natureza, que gosta de pôr mãos à obra.

POSIÇÃO 4 – *A grande incógnita*:

No fundo de sua alma, há uma pessoa sensata, de mentalidade prática. Enquanto você não se conscientizar desse aspecto de sua personalidade, vai agir em muitos momentos com precaução excessiva, ou de maneira teimosa. Caso você seja uma mulher, deveria fazer um uso concreto dessa mentalidade prática, deixando que ela seja parte de sua autoimagem. Caso você seja um homem, trata-se aqui de uma imagem ideal, para ser descoberta e vivida em seus relacionamentos.

REI DE OUROS – SENSO DE REALIDADE

SÍMBOLOS:
Rei
postura do Rei
gesto de segurar a moeda com a mão esquerda
caveira de bode no trono
videira
castelo ao fundo
figura e naipe

SIGNIFICADO:
atividade
firmeza
busca de valores palpáveis

ligação com a terra, sensualidade
plenitude
segurança e riqueza
homem (Rei) dinâmico e realista (terra)

Rei de Ouros como carta isolada ou em outros sistemas de leitura

ASPECTOS GERAIS:

Os Reis do Tarô representam pessoas, geralmente homens, às vezes também mulheres. Nesse caso, eles personificam uma inclinação ativa e atitudes dinâmicas. O REI DE OUROS representa um homem responsável, que tem realismo, mentalidade prática, força de vontade e um desejo profundo de gozar a vida. Ele pode ser alguém do mundo exterior que se torna importante em sua vida, ou pode representar você mesmo, isto é, um aspecto de sua personalidade que passa a ser preponderante.

VIDA PROFISSIONAL:

No âmbito profissional, o REI DE OUROS simboliza geralmente alguém que gosta de trabalhar duro, que é responsável pelas finanças ou pela segurança, ou uma pessoa de espírito prático. Se a carta representar você mesmo, é um convite para que você assuma responsabilidades, mostre sua habilidade para fazer negócios ou seu instinto em relação aos valores palpáveis. O REI DE OUROS também pode ser uma indicação de atividade prática ou emprego no setor financeiro.

AMOR:

Você é uma pessoa de personalidade forte, dominadora, confiável e fiel, que tenta conquistar ou seduzir alguém com seu jeito sensual e cheio de vida. Mas a carta também pode significar que você se sente fascinado por uma pessoa com essas características.

Rei de Ouros no Oráculo do Amor

POSIÇÃO 1 – *O assunto em questão:*

Talvez um homem de boa índole tenha entrado em sua vida, criando um clima de confiança e momentos de sensualidade e prazer. Talvez você sinta necessidade de mostrar seu lado prático, sério e competente, ou agir com pleno domínio da situação e inspirar confiança nas outras pessoas. Por outro lado, talvez um homem de personalidade forte esteja prejudicando seu relacionamento.

POSIÇÃO 2 – *Seu estado de espírito:*

Você gostaria de manter um relacionamento estável e fortalecer a convivência. Confiança, fidelidade, proximidade física e prazer sensual são aspectos muito importantes para você. Ou, então, você se sente fascinado par uma pessoa com essas características.

POSIÇÃO 3 – *Sentimentos da outra pessoa:*

Seu parceiro é uma pessoa com os "pés no chão" que ama a natureza, irradia tranquilidade e cumpre suas promessas. Ele não tem o menor interesse por aventuras sem compromisso. Mas, se você tiver intenções sérias e quiser desfrutar a vida ao lado dele, deve procurar uma aproximação. Você será bem-vindo – mas não se precipite.

POSIÇÃO 4 – *O conselho do oráculo:*

Crie um clima de confiança e estabilidade no relacionamento. Não deixe que o dia a dia se torne uma coisa cinzenta. Desperte em seu parceiro o prazer sensual e faça com que ele aproveite as delícias da vida. Se o relacionamento estiver sofrendo alguma ameaça, trate de defendê-lo com unhas e dentes.

Rei de Ouros na Bússola

POSIÇÃO 1 – *O assunto em questão:*

Sua pergunta tem relação com uma pessoa considerada firme, capaz e pragmática, ou sensual e cheia de vida, que gosta dos prazeres simples e naturais. Existem boas chances de que esta carta represente você mesmo. Nesse caso, ela mostra seu estado de espírito com relação à pergunta formulada.

POSIÇÃO 2 – *O primeiro passo:*

Você põe mãos à obra e segue este caminho com persistência, passo a passo. Seu objetivo é construir alguma coisa duradoura, obter um resultado concreto ou garantir sua própria segurança e a segurança dos outros. Por outro lado, pode ser que você se sinta atraído ou fascinado por alguém que tem facilidade para os negócios e senso prático.

POSIÇÃO 3 – *As reações*:

Você vai conhecer uma pessoa confiável, íntegra, realista e responsável, que sabe manter a tranquilidade mesmo nas horas difíceis. Se você pretende conquistá-la para si mesmo ou para seus projetos, faça-lhe uma proposta concreta ou tente despertar seu prazer sensual. Uma remuneração em dinheiro não está excluída, mas às vezes basta um ótimo jantar.

POSIÇÃO 4 – *As perspectivas*:

No final, você vai provar sua competência, realizando ou consolidando projetos que prometem prazer ou segurança. Ou, então, os acontecimentos acabam levando a uma pessoa que você considera confiável e lhe oferece ajuda. Talvez ela mesma seja o objetivo no final deste caminho.

Rei de Ouros no Ponto Cego

POSIÇÃO 1 – *O que todo mundo sabe*:

Você é uma pessoa esforçada, ligada à natureza e de mentalidade prática, ou pelo menos neste momento tenta atingir um objetivo concreto ou fazer alguma coisa para sua segurança. Caso contrário, você se encontra numa fase dominada por uma pessoa com essas características.

POSIÇÃO 2 – *O Ponto Cego*:

As outras pessoas acham que você tem persistência e esperteza. Uma vez que este é seu Ponto Cego, é bem provável que você dê uma impressão de teimosia e insensibilidade, ou de uma pessoa inconstante, que só pensa no prazer. Talvez a carta indique que existe uma pessoa firme e confiável por perto, da qual você ainda não tinha se dado conta.

POSIÇÃO 3 – *Como você se enxerga*:

Você se considera uma pessoa pragmática e hábil, que gosta de fazer alguma coisa com as mãos, mas também conhece seu lado sensual e seu fraco pelas boas coisas da vida.

POSIÇÃO 4 – *A grande incógnita*:

No fundo de sua alma, há uma pessoa que sabe gozar a vida. Enquanto você não se conscientizar desse aspecto de sua personalidade, provavelmente vai oscilar entre uma atitude de ascetismo ou de excessos físicos. Mas, se você entender melhor esse aspecto desconhecido, terá mais alegria de viver e uma mentalidade pragmática, que o ajudará a resolver tranquilamente os problemas do dia a dia. Caso você seja uma mulher, trata-se aqui de uma imagem ideal, para ser descoberta e vivida em seus relacionamentos.

ÁS DE COPAS – PLENITUDE

SÍMBOLOS:	SIGNIFICADO:
mão do Criador	impulso
taça	plenitude, felicidade, alegria, amor
pomba	Espírito Santo
pomba, hóstia e taça alinhadas verticalmente	renovação da força miraculosa do Santo Graal
letra M[10] ao contrário	o mistério ou *mercy* (= graça divina) pode ser alcançado pela pessoa que beber desta taça
cinco jatos de água	abundância, transbordamento
26 gotas de orvalho que caem	misericórdia divina (26 = valor numérico de JHVH = Javé ou Jeová)
nenúfares	beleza que cresce na lama
número e naipe	chance (1) de encontrar a plenitude (água)

Ás de Copas como carta isolada ou em outros sistemas de leitura

ASPECTOS GERAIS:

Os Ases do Tarô representam boas oportunidades que não devem ser desperdiçadas, pois abrem novas perspectivas e oferecem chances concretas. O ÁS DE COPAS é uma das "cartas da sorte" dos Arcanos Menores. Ele representa uma chance de encontrar alegria, autorrealização, harmonia, amor e paz.

VIDA PROFISSIONAL:

Não desperdice a chance valiosa que se apresenta. Você pode escolher um novo caminho ou tentar um salto profissional que lhe promete bons resultados e a oportunidade de seguir sua verdadeira vocação.

AMOR:

Você tem ótimas chances de encontrar o grande amor ou viver uma nova primavera em seu relacionamento. Esta carta simboliza sentimentos profundos, harmonia e tempos felizes.

[10] A letra também pode ser interpretada como um W. Nesse caso, seria a inicial de Waite, criador do Tarô de Rider-Waite. Nas cartas de jogo, é costume estampar as iniciais ou o logotipo do fabricante num dos Ases.

Ás de Copas no Oráculo do Amor

POSIÇÃO 1 – *O assunto em questão:*

Neste momento, sua vida amorosa é regida por uma boa estrela. Você está numa fase de boas oportunidades, que lhe prometem harmonia, autorrealização e paz. Mas nada vai acontecer sem esforço.

POSIÇÃO 2 – *Seu estado de espírito:*

Você se esforça para que o relacionamento tenha paz, harmonia e beleza, e aposta numa boa oportunidade para encontrar a felicidade, a alegria e a autorrealização.

POSIÇÃO 3 – *Sentimentos da outra pessoa:*

Para seu parceiro, conhecer você foi um golpe de sorte. Ele vê uma chance neste relacionamento e não vai querer desperdiçá-la.

POSIÇÃO 4 – *O conselho do oráculo:*

Sua vida amorosa vai conhecer uma ótima fase se você aproveitar as chances que se oferecem agora. Mantenha os olhos bem abertos e ajude – se necessário – seu parceiro a reconhecer essas chances e tirar proveito delas.

Ás de Copas na Bússola

POSIÇÃO 1 – *O assunto em questão:*

O assunto em questão é uma boa chance que se oferece agora. Ela pode lhe trazer alegria, amor, harmonia, paz e autorrealização.

POSIÇÃO 2 – *O primeiro passo:*

No início, surge uma chance favorável com a qual você vinha sonhando há algum tempo. Se você agarrar a oportunidade, poderá realizar alguns de seus desejos. Verifique a carta na posição 4 para saber suas perspectivas.

POSIÇÃO 3 – *As reações:*

As pessoas ao redor acham que seus projetos representam uma boa oportunidade. Por isso, você pode contar com simpatia, boa vontade e aprovação. Não deixe a chance passar em branco e siga por este caminho, a não ser que a carta na posição 4 indique um resultado desfavorável.

POSIÇÃO 4 – *As perspectivas*:

Este caminho vai dar numa grande oportunidade, uma chance maravilhosa de realizar seus desejos. Mesmo que as cartas nas posições 2 e 3 não sejam as melhores, não desanime com as dificuldades iniciais. O caminho é favorável, contanto que você fique atento, não perca a confiança e aproveite a chance que se oferece no final.

Ás de Copas no Ponto Cego

POSIÇÃO 1 – *O que todo mundo sabe*:

Você está atravessando uma fase que provavelmente causa inveja em várias pessoas. Existem boas chances de que você encontre o amor, a paz, a felicidade e a autorrealização.

POSIÇÃO 2 – *O Ponto Cego*:

As outras pessoas acham que você tem uma chance de dar um passo importante para garantir seu bem-estar no amor, na vida profissional ou no dia a dia. Se esta opinião não lhe diz nada, converse com alguém a esse respeito, para não deixar que a chance passe em branco.

POSIÇÃO 3 – *Como você se enxerga*:

Você acredita estar bem perto de uma chance que lhe promete felicidade, satisfação e plenitude. Se a carta na posição 2 indicar que as outras pessoas têm opinião muito diferente, você deve questionar suas certezas e analisar a situação novamente.

POSIÇÃO 4 – *A grande incógnita*:

No fundo de sua personalidade, há uma chance esperando para ser descoberta. Ela pode lhe trazer autorrealização, satisfação e paz interior. Tente encontrar essa fonte da felicidade e aproveitá-la da melhor maneira.

DOIS DE COPAS – CONEXÃO

SÍMBOLOS:	SIGNIFICADO:
gesto das duas figuras	atração, associação, reconciliação
homem + mulher, esquerda + direita	antítese, união dos contrários
bastão com duas serpentes enroscadas (caduceu)	paixão que dá asas, sublimação dos instintos
número e naipe	atração (água) dos opostos (2)

Dois de Copas como carta isolada ou em outros sistemas de leitura

ASPECTOS GERAIS:

A carta DOIS DE COPAS representa o fascínio e o poder de atração dos opostos. Assim, ela simboliza a convivência harmoniosa em todas as suas formas, no âmbito do amor, amizade ou família, ou ainda no ambiente de trabalho. Além disso, ela pode representar uma reconciliação ou um acordo de paz.

VIDA PROFISSIONAL:

Mostre seu espírito de equipe, aposte na cooperação, faça aliados e apoie uma causa comum. Você vai perceber que as outras pessoas estão dispostas a lhe dar ajuda, se você também tratar de ajudá-las.

AMOR:

Você está começando um novo relacionamento e se sente fascinado ou pretende fazer uma reconciliação. Nos dois casos, esta carta promete uma ótima fase de convivência entre os parceiros.

Dois de Copas no Oráculo do Amor

POSIÇÃO 1 – *O assunto em questão:*

Vocês se estenderam as mãos, ou se abraçaram. O relacionamento está entrando numa fase de aproximação carinhosa e harmônica.

POSIÇÃO 2 – *Seu estado de espírito*:

Você sente uma faísca no relacionamento e tem pressa de se juntar ao parceiro. Gostaria de se reconciliar, fazer um acordo, demonstrar amor e carinho ou simplesmente compartilhar momentos felizes.

POSIÇÃO 3 – *Sentimentos da outra pessoa*:

Seu parceiro se sente fascinado por você e gostaria de se aproximar. Ele quer estar a seu lado, fazer alguma atividade ou simplesmente "curtir a vida" com você.

POSIÇÃO 4 – *O conselho do oráculo*:

Trate de dar o primeiro passo. Encontre um pretexto qualquer. Se você tentar uma aproximação agora, vai encontrar portas abertas.

Dois de Copas na Bússola

POSIÇÃO 1 – *O assunto em questão*:

O assunto em questão é um encontro amoroso, uma cooperação, um acordo, uma reconciliação ou um novo amor.

POSIÇÃO 2 – *O primeiro passo*:

Você não vai seguir este caminho sozinho, pois desde o início alguém estará a seu lado. Caso a pergunta formulada tenha relação com um conflito, você pode contar com uma reconciliação desde o início.

POSIÇÃO 3 – *As reações*:

As pessoas ao redor agem com boa vontade. Você vai se sentir bem-vindo e pode contar com apoio sincero. Se sua pergunta tiver relação com a vida amorosa, existem boas chances de surgir uma paixão.

POSIÇÃO 4 – *As perspectivas*:

Este caminho leva a uma união com outras pessoas, ou talvez com "aquela" pessoa. Se antes havia conflitos, chegou o momento da reconciliação. Se antes havia gelo, o sol voltou a brilhar. No final feliz, você estará lado a lado com uma pessoa carinhosa.

Dois de Copas no Ponto Cego

POSIÇÃO 1 – *O que todo mundo sabe*:

Você é uma pessoa simpática, carinhosa e prestativa, que gosta de companhia. Talvez tenha encontrado o grande amor ou esteja comemorando uma reconciliação.

POSIÇÃO 2 – *O Ponto Cego*:

Será que você se apaixonou e não sabe disso? Será que um encontro casual – ou uma relação amiga – tem todas as chances de se converter num grande amor? Seja como for, as outras pessoas acham que a felicidade bateu à sua porta. Aparentemente, só você ainda não percebeu.

POSIÇÃO 3 – *Como você se enxerga*:

Você sabe que é uma pessoa sociável e só se sente bem num relacionamento, numa equipe ou num círculo de amizades.

POSIÇÃO 4 – *A grande incógnita*:

No fundo de sua alma, você é uma pessoa amorosa e sente uma necessidade inconsciente de dar e receber amor, confiança, bem-estar e carinho. Se você se conscientizar desse aspecto de sua personalidade, até o dia a dia mais cinzento pode se encher de magia.

TRÊS DE COPAS – GRATIDÃO

SÍMBOLOS:
dança
taças erguidas num brinde
frutas e legumes
situação das duas figuras
número e naipe

SIGNIFICADO:
dança da alegria
felicidade, alegria, casamento
os frutos foram colhidos
festa da colheita
sentimentos (água) ardentes (3)

Três de Copas como carta isolada ou em outros sistemas de leitura

ASPECTOS GERAIS:

A carta TRÊS DE COPAS representa a evolução favorável de um assunto. Ela mostra a festa da colheita e significa que alguma coisa deu bons resultados, os frutos foram colhidos e nós nos sentimos gratos, felizes e satisfeitos.

VIDA PROFISSIONAL:

Seus negócios vão bem. Você colheu os dividendos, ou está prestes a chegar a um final satisfatório. Mesmo que você não tenha uma empresa própria, deve se alegrar, pois o trabalho não causa dificuldade e você tem todos os motivos para festejar um bom resultado.

AMOR:

Você sente que seu coração bate mais forte e tem todos os motivos para se alegrar. Seja qual for o acontecimento feliz, trate de festejar e aproveite os resultados.

Três de Copas no Oráculo do Amor

POSIÇÃO 1 – *O assunto em questão:*

Talvez se trate de um casamento propriamente dito, ou "apenas" de uma fase feliz. Nos dois casos, você tem bons motivos para se alegrar.

POSIÇÃO 2 – *Seu estado de espírito*:

Você se sente agradecido e gostaria de compartilhar sua alegria com outras pessoas. Trate de fazer isso, pois a felicidade é a única coisa que se multiplica quando é compartilhada.

POSIÇÃO 3 – *Sentimentos da outra pessoa*:

Seu parceiro é uma pessoa feliz e agradecida, que gosta de compartilhar sua felicidade com você. Provavelmente, você mesmo é o motivo dessa alegria.

POSIÇÃO 4 – *O conselho do oráculo*:

Valorize aquilo que você conquistou ou que lhe foi dado de presente. Mostre sua gratidão, convide seu parceiro e comemore o momento presente.

Três de Copas na Bússola

POSIÇÃO 1 – *O assunto em questão*:

O assunto em questão é um final feliz, um gesto de gratidão ou um motivo de alegria.

POSIÇÃO 2 – *O primeiro passo*:

No início, você se sente muito feliz por ter escolhido este caminho. Verifique a carta na posição 4 para saber se esse estado de espírito é duradouro, ou se você festejou cedo demais.

POSIÇÃO 3 – *As reações*:

As pessoas ao redor agem com gratidão e alegria. Estão muito satisfeitas com você ou com suas atitudes. Se for possível, aceite o convite e comemore também.

POSIÇÃO 4 – *As perspectivas*:

Este caminho é favorável. No final, você vai colher os frutos, vai se sentir grato e satisfeito. Mesmo que as cartas anteriores mostrem períodos de dificuldade, vale a pena seguir este caminho.

Três de Copas no Ponto Cego

POSIÇÃO 1 – *O que todo mundo sabe*:

Você é uma pessoa despreocupada e feliz, que gosta de compartilhar sua alegria com outras pessoas. Ou pelo menos neste momento você tem bons motivos para festejar.

POSIÇÃO 2 – *O Ponto Cego*:

As outras pessoas acham que você está indo bem e que na verdade tem todos os motivos para festejar os resultados. Será que você é incapaz de enxergar sua boa sorte? Então, trate de abrir os olhos para aproveitar melhor a vida.

POSIÇÃO 3 – *Como você se enxerga*:

Você se considera uma pessoa satisfeita e grata, que gosta de compartilhar sua confiança e alegria de viver com as outras pessoas.

POSIÇÃO 4 – *A grande incógnita*:

No fundo de sua alma, existe um sentimento de gratidão e alegria de viver. Enquanto você não se conscientizar desse aspecto de sua personalidade, poderá sentir falta de uma satisfação mais duradoura em sua vida. Mas, quando as "Três Graças" da mitologia grega se unirem dentro de você, será mais fácil levar seus projetos a bom termo, gozar a alegria e compartilhá-la com outras pessoas.

QUATRO DE COPAS – MAU HUMOR

SÍMBOLOS:
pessoa sentada
três taças na parte de baixo
uma taça erguida pela mão que sai de uma nuvem
número e naipe

SIGNIFICADO:
aborrecimento, azedume
situações conhecidas que já não dão alegria
chance boa e concreta que não é aproveitada, provavelmente por apatia
sentimentos (água) estagnados (4)

Quatro de Copas como carta isolada ou em outros sistemas de leitura

ASPECTOS GERAIS:

A carta QUATRO DE COPAS representa vivências e acontecimentos que até pouco tempo atrás nos davam alegria, mas de repente perderam o sentido e agora só causam indiferença e aborrecimento. Ela pode simbolizar vários sentimentos negativos, desde a rejeição até o estado de espírito depressivo. Ao mesmo tempo, é uma advertência de que podemos destruir alguma coisa agindo de mau humor e que uma oportunidade boa e fácil de aproveitar pode passar em branco por má vontade.

VIDA PROFISSIONAL:

Alguma coisa causou seu aborrecimento, e agora você está sentado em estado de apatia, à espera de tempos melhores. Abra bem os olhos. Provavelmente, vai surgir uma chance inesperada que pode passar em branco, se você continuar de braços cruzados.

AMOR:

Você está numa grande "ressaca". Foi longe demais, cometeu excessos e agora está sofrendo as consequências psicológicas, ou seu humor foi por água abaixo. Não fique aborrecido, pois você poderá perder uma chance valiosa.

Quatro de Copas no Oráculo do Amor

POSIÇÃO 1 – *O assunto em questão*:

No momento, há um clima pesado no relacionamento. Provavelmente, os dois parceiros se aborreceram um com o outro e agora esperam um pedido de desculpas.

POSIÇÃO 2 – *Seu estado de espírito*:

Alguma coisa passou do seu limite e o deixou com vontade de jogar tudo para o alto. Tenha cuidado, pois sua reação pode ser exagerada. Decisões importantes e de longo alcance devem ser tomadas de cabeça fria. Abra os olhos. Pode surgir uma boa oportunidade, ou talvez seu parceiro esteja demonstrando que quer fazer as pazes.

POSIÇÃO 3 – *Sentimentos da outra pessoa*:

Seu parceiro está aborrecido. Alguma coisa estragou seu bom humor, e agora não é fácil lidar com ele. Se você tomar a iniciativa, tenha cuidado. A aproximação faria bem ao parceiro, mas, se você não agir com muita diplomacia, poderá ouvir um "não" apesar de tudo.

POSIÇÃO 4 – *O conselho do oráculo*:

Mostre que você está magoado ou aborrecido. Não aceite provocações, mas mantenha os olhos abertos. Caso contrário, você poderá estragar uma boa chance com esse mau humor. Não recuse um gesto de reconciliação.

Quatro de Copas na Bússola

POSIÇÃO 1 – *O assunto em questão*:

O assunto em questão é um estado depressivo que você está tentando superar. Ou, então, a carta mostra que o assunto em questão é aborrecido e você simplesmente não tem coragem de resolvê-lo.

POSIÇÃO 2 – *O primeiro passo*:

No início, você se sente contrariado ou apático. Sua única reação é recolher-se num canto para ficar "ruminando" sua raiva ou seu ressentimento. Se você agir de mau humor e tentar começar de novo, dificilmente vai alcançar bons resultados. Mas, se não levar as coisas tão a sério e olhar em outra direção, poderá descobrir uma chance favorável.

POSIÇÃO 3 – *As reações*:

As pessoas ao redor agem com irritação. Sentem-se ofendidas ou estão de mau humor. Seja como for, o ambiente está carregado. Não é fácil mudar essa situação e conquistar as outras pessoas para seus projetos. Por isso, não conte com apoio ou compreensão.

POSIÇÃO 4 – *As perspectivas*:

Neste caminho, não haverá alegria a longo prazo. Alguma coisa vai dar errado, e no final você vai desistir de tudo ou vai se recolher numa atitude de ressentimento.

Quatro de Copas no Ponto Cego

POSIÇÃO 1 – *O que todo mundo sabe*:

Você é uma pessoa sensível, que se aborrece por qualquer motivo. Ou pelo menos neste momento uma contrariedade deixou você irritado, e por isso as outras pessoas preferem evitar sua companhia.

POSIÇÃO 2 – *O Ponto Cego*:

As outras pessoas acham que você se ofende facilmente, por qualquer ninharia. Ou você está numa fase de mau humor e apatia. Prefere se recolher num canto ou rejeitar as outras pessoas, mas provavelmente não está levando em conta chances valiosas.

POSIÇÃO 3 – *Como você se enxerga*:

Você sabe que teve de enfrentar aborrecimentos e agora se sente magoado – pelo menos em segredo. Talvez tenha a impressão de que o mundo lhe deve alguma coisa, ou a inveja e o mau humor estão roubando sua paz de espírito. Agora, você está sentado num canto e não sabe como sair dessa situação. Provavelmente, vai precisar de algum tempo para encontrar a solução.

POSIÇÃO 4 – *A grande incógnita*:

Bem no íntimo, você guarda mágoa e rancor dos acontecimentos passados. É uma força inconsciente que corrói a alegria de viver e leva a atitudes de teimosia, decepção ou isolamento. As outras pessoas têm dificuldade de lidar com você. Procure se conscientizar desse aspecto de sua personalidade e reagir de maneira mais positiva diante das decepções e dos aborrecimentos, sem desanimar por qualquer motivo.

CINCO DE COPAS – TRISTEZA

SÍMBOLOS:	SIGNIFICADO:
figura vestida de negro	amargura, aflição
três taças reviradas	felicidade destroçada
duas taças de pé	forças benfazejas, protetoras, consoladoras
linha escura	bloqueio psicológico que impede a pessoa de superar a dor rapidamente
rio	fluxo da vida, que às vezes nos confronta com experiências dolorosas
ponte	alternativa
castelo	amparo e salvação
número e naipe	crises (5) emocionais (água)

Cinco de Copas como carta isolada ou em outros sistemas de leitura

ASPECTOS GERAIS:

A carta CINCO DE COPAS representa experiências dolorosas, desgostosas e decepções, ou a perda de alguma coisa que nos dava alegria ou prazer. Ela também nos lembra que é importante aceitar os próprios sentimentos e não renegar o luto ou a dor antes de superá-los completamente. As duas taças em posição vertical são uma promessa de apoio e carinho por parte de amigos, parentes ou outras pessoas.

VIDA PROFISSIONAL:

Alguma coisa deu errado e você sente um grande mal-estar. Não tente fazer novos planos imediatamente. Primeiro, busque superar a decepção. Procure o apoio de amigos ou colegas. Mais cedo ou mais tarde, você vai encontrar um caminho que inspire mais ânimo e confiança.

AMOR:

Você acaba de sofrer uma decepção. Nuvens escuras cobrem o céu. Apesar de tudo, aceite essa dor como uma experiência inevitável, que pode ocorrer a qualquer momento. Procure o consolo e o apoio das outras pessoas. Não desanime. Depois da noite mais escura, o Sol volta a brilhar.

Cinco de Copas no Oráculo do Amor

POSIÇÃO 1 – *O assunto em questão*:

Uma grande decepção pôs a felicidade em risco. Em nenhum lugar se vê um brilho de esperança. Verifique as cartas nas posições 3 e 4 para saber se o problema é passageiro ou se significa o fim do relacionamento.

POSIÇÃO 2 – *Seu estado de espírito*:

Você acaba de passar por uma decepção ou um desgosto e agora precisa de consolo e apoio emocional para superar a dor.

POSIÇÃO 3 – *Sentimentos da outra pessoa*:

Seu parceiro sofreu um grande abalo, por causa de um acontecimento ou uma notícia triste. Caso você mesmo não seja o motivo da dor, ofereça consolo e ajuda.

POSIÇÃO 4 – *O conselho do oráculo*:

Reconheça sua decepção e sua dor. Não tente disfarçar a situação ou fingir alegria. Aceite seu "vale de lágrimas" e procure o consolo e a ajuda de amigos.

Cinco de Copas na Bússola

POSIÇÃO 1 – *O assunto em questão*:

O assunto em questão é uma experiência dolorosa ou amarga, que causou tristeza e sofrimento. Ou trata-se de uma dor que ainda não foi superada.

POSIÇÃO 2 – *O primeiro passo*:

No início, há um "vale de lágrimas" que você tem de atravessar, antes de chegar a uma solução. Caso você não tenha contado com isso, achando que o caminho era favorável, trate de refletir um pouco e reveja sua atitude otimista. Verifique a carta na posição 4 para saber suas perspectivas.

POSIÇÃO 3 – *As reações*:

As pessoas ao redor se mostram aflitas ou deprimidas. Estão de luto, ou as atitudes que você demonstra provocam rejeição, decepção e mágoa.

POSIÇÃO 4 – *As perspectivas*:

Este caminho não parece favorável. Nuvens negras se acumulam no horizonte, a felicidade se esvai e se transforma em tristeza. Se você escolher este caminho apesar de tudo, talvez por falta de uma opção melhor, procure o apoio de seus amigos e não se apresse, pois é preciso superar a dor de uma vez por todas. No final, haverá uma solução melhor.

Cinco de Copas no Ponto Cego

POSIÇÃO 1 – *O que todo mundo sabe*:

Você é uma pessoa acostumada a sofrer, ou neste momento está atravessando uma fase dolorosa e conturbada.

POSIÇÃO 2 – *O Ponto Cego*:

As outras pessoas acham que você está enfrentando desgostos ou decepções. Uma vez que este é seu Ponto Cego, talvez você esteja reprimindo sua dor, ou tentando enganar os outros com uma falsa alegria.

POSIÇÃO 3 – *Como você se enxerga*:

Você sabe que sofreu um grande golpe e que ainda vai precisar de algum tempo para superar o sofrimento. Mas sabe também que esta fase não pode durar para sempre e que no final vai encontrar um novo caminho.

POSIÇÃO 4 – *A grande incógnita*:

Em seu íntimo há um sentimento de tristeza. Talvez ele crie em sua vida momentos inexplicáveis de amargura ou opressão. Provavelmente, você se tornou um pessimista. Além disso, talvez tenha uma tendência para "atrair" a tristeza e dar importância excessiva às notícias tristes. Tente entrar em contato com essa amargura interior e descobrir suas causas. Um pouco de compreensão pode aliviar boa parte dessa dor.

SEIS DE COPAS – RECORDAÇÃO

SÍMBOLOS:	SIGNIFICADO:
casa antiga com jardim	passado
crianças que brincam	recordação da infância
flores que crescem nas taças	belas lembranças
o menino dá uma taça com flores à menina	despreocupação, amor infantil
rosto duplo da menina	ambiguidade das recordações
sentinela ao fundo, com lança	proteção e segurança
número e naipe	sentimentos (água) benfazejos (6)

Seis de Copas como carta isolada ou em outros sistemas de leitura

ASPECTOS GERAIS:

A carta SEIS DE COPAS simboliza uma volta ao passado. Pode representar lembranças felizes ou encontros concretos com pessoas e lugares de outros tempos. Normalmente, isso não significa um apego nostálgico às coisas antigas, pois é uma experiência enriquecedora, que nos leva a retomar os assuntos ou situações do passado para modificá-los ou dar-lhes uma conclusão satisfatória.

VIDA PROFISSIONAL:

Você está lidando com planos ou projetos que foram concebidos anteriormente, ou encontrou de repente pessoas que não via há muito tempo. Nos dois casos, o passado lhe dá forças para progredir naquilo que é realmente importante para você.

AMOR:

Uma pessoa de outros tempos voltou a cruzar seu caminho, ou você recuperou recordações e sonhos que costumava ter a respeito do grande amor. Essas imagens retornam agora para lhe dar forças, a fim de que você as transforme em realidade – até onde for possível – em sua vida.

Seis de Copas no Oráculo do Amor

POSIÇÃO 1 – *O assunto em questão*:

O assunto em questão é um velho amor que volta à ordem do dia ou um acontecimento importante do passado que veio dar novo impulso a seu relacionamento.

POSIÇÃO 2 – *Seu estado de espírito*:

Você se lembra das esperanças ou dos sonhos que costumava ter antigamente sobre o relacionamento ou a vida amorosa em geral. Se comparar seus sonhos com aquilo que aconteceu de fato, poderá se sentir decepcionado. Mas é justamente essa lembrança que pode lhe dar forças para transformar seus sonhos em realidade.

POSIÇÃO 3 – *Sentimentos da outra pessoa*:

No momento, seu parceiro está lidando com o passado. Para ele, você é uma espécie de mensageiro de tempos antigos, ou ele tenta esclarecer aquilo que sempre desejou, o que aconteceu de fato e o que falta realizar, a fim de que os sonhos se tornem realidade.

POSIÇÃO 4 – *O conselho do oráculo*:

Traga as lembranças de volta, para você mesmo ou para os dois parceiros. Tente evocar seus sonhos a respeito do relacionamento, quando ele estava começando, e avalie a situação atual. Ainda é possível realizar muita coisa. Talvez seja um bom momento para visitar lugares antigos e locais de recordação, ou rever pessoas de outros tempos.

Seis de Copas na Bússola

POSIÇÃO 1 – *O assunto em questão*:

Trata-se de um assunto antigo, alguma coisa com a qual você já tinha sonhado ou uma situação que faz você entrar em contato com seu passado, talvez com sua infância. Talvez você esteja tentando redefinir seus objetivos, comparando seus sonhos de antigamente com o que aconteceu de fato.

POSIÇÃO 2 – *O primeiro passo*:

No início, você faz uma viagem ao passado ou ao mundo das recordações. Talvez esteja tentando rever pessoas de outros tempos, locais onde passou a infância ou outros lugares que já tiveram importância em sua vida. Talvez esteja retomando um velho sonho ou um plano antigo, para levá-lo adiante ou dar-lhe uma conclusão.

POSIÇÃO 3 – *As reações*:

As pessoas ao redor agem de maneira nostálgica. Talvez você ou suas atitudes despertem lembranças felizes. Se você queria concretizar um sonho antigo ou dar vida nova a um amor esquecido, não vai encontrar dificuldade para conquistar as outras pessoas.

POSIÇÃO 4 – *As perspectivas*:

No final, você tem um encontro com o passado. Se era isso o que pretendia, deve seguir este caminho. Caso contrário, a carta significa que você deveria fazer um balanço de sua vida, comparando os objetivos iniciais com os resultados concretos. Esse balanço vai lhe dar forças para concretizar alguns dos sonhos antigos.

Seis de Copas no Ponto Cego

POSIÇÃO 1 – *O que todo mundo sabe*:

Você é uma pessoa apegada ao passado, ou pelo menos neste momento está "em busca do tempo perdido". Talvez tente evocar velhos sonhos ou recordar seus antigos desejos e objetivos.

POSIÇÃO 2 – *O Ponto Cego*:

As outras pessoas acham que neste momento você está lidando com seu próprio passado. Uma vez que este é seu Ponto Cego, existe o perigo de transformar o passado num refúgio, louvando os "velhos tempos" que não voltam mais e ignorando aquilo que importa, ou seja, o momento presente.

POSIÇÃO 3 – *Como você se enxerga*:

Você sabe que dá valor ao passado e guarda recordações felizes dos tempos antigos. Ou, então, pelo menos neste momento tenta rever seus princípios e objetivos de outros tempos, procurando inspiração em sonhos antigos.

POSIÇÃO 4 – *A grande incógnita*:

Aparentemente, você é uma pessoa sem passado – ou pelo menos alguém que dá pouco valor às recordações. O passado não tem interesse, pois já está encerrado, ou você tem outros motivos para esquecer. Apesar dessa obsessão pelo presente, não se esqueça de que só é possível superar o passado enfrentando e resolvendo os problemas antigos, ou realizando as antigas aspirações. Caso contrário, você está apenas ignorando o problema.

SETE DE COPAS – ILUSÃO

SÍMBOLOS:	SIGNIFICADO:
vulto escuro, de costas	mágico/ilusionista
cabeça de mulher	luz sideral, vida espiritual
figura radiante, coberta por um véu	o Eu oculto
serpente	força e energia
castelo	salvação
pedras preciosas	alma
coroa de louros	vitória
monstro	agressividade, luta
número e naipe	desejo (água) perigoso (7)

Sete de Copas como carta isolada ou em outros sistemas de leitura

ASPECTOS GERAIS:

Geralmente, a carta SETE DE COPAS é uma advertência contra o perigo de ilusões, soluções falsas e sonhos utópicos. Só tem conotação positiva quando é tirada numa posição que significa explicitamente um caminho a ser seguido. Nesse caso, você deveria perseguir suas visões, rever seus sonhos, escolher um deles e lutar para transformá-lo em realidade.

VIDA PROFISSIONAL:

Tome cuidado. No momento sua vida profissional parece confusa. Você age com ingenuidade ou está perseguindo ilusões. Encare sua situação e seus projetos com senso crítico. O ambiente em que você se encontra é duvidoso. Não se deixe enganar. A melhor atitude é descer das nuvens e apostar em objetivos concretos e bem-definidos.

AMOR:

Você enxerga tudo com óculos cor-de-rosa e a fase da paixão lhe parece maravilhosa, sobretudo se você estiver começando um relacionamento. Mas a carta mostra uma percepção idealizada e serve como uma advertência contra as decepções, que são a consequência inevitável de sonhar demais.

Sete de Copas no Oráculo do Amor

POSIÇÃO 1 – *O assunto em questão:*

Você acabou de se apaixonar ou sonha o tempo todo com tempos melhores e a possibilidade de viver um grande amor. Tome cuidado para não perder contato com a realidade.

POSIÇÃO 2 – *Seu estado de espírito:*

Você tem uma sensação de vazio e sonha com um grande amor. Talvez seja um sonho maravilhoso, mas tome cuidado para não ficar hipnotizado. O despertar pode ser amargo.

POSIÇÃO 3 – *Sentimentos da outra pessoa:*

Seu parceiro se sente fascinado por você. Se quisesse, você poderia conquistá-lo facilmente. Pode ser também que ele seja uma pessoa sedutora, ou até leviana, que já seduziu você há muito tempo com suas histórias e promessas.

POSIÇÃO 4 – *O conselho do oráculo:*

Não tenha medo de sonhar. Imagine tudo o que poderia enriquecer sua vida amorosa num plano ideal. Então, acorde do sonho e conquiste seu parceiro para essa visão, para que vocês a transformem em realidade.

Sete de Copas na Bússola

POSIÇÃO 1 – *O assunto em questão:*

O assunto em questão é uma visão, um desejo ou um sonho. Talvez haja uma decepção no final, pois você pode descobrir que os sonhos eram apenas castelos no ar.

POSIÇÃO 2 – *O primeiro passo:*

No início, você se sente fascinado. Quer realizar um sonho. Mas para isso é preciso acordar. A carta mostra que suas expectativas e seus desejos são muito elevados, e por isso você pode se decepcionar facilmente. Siga este caminho só se as cartas nas posições 3 e 4 forem encorajadoras.

POSIÇÃO 3 – *As reações:*

As pessoas ao redor agem de maneira ilusória ou enganadora. Você está lidando com gente ingênua e fantasiosa, ou pessoas com as quais não pode contar, a não ser que tudo fique no plano da fantasia.

POSIÇÃO 4 – *As perspectivas*:

É melhor não seguir este caminho. Ele pode acabar em decepções amargas ou numa grande "ressaca". Se sua pergunta tiver relação com a vida amorosa, esta carta significa paixão, mas não deixa claro o que acontece depois.

Sete de Copas no Ponto Cego

POSIÇÃO 1 – *O que todo mundo sabe*:

Você é uma pessoa sonhadora, ou pelo menos está atravessando uma fase confusa, na qual as visões são confundidas facilmente com desejos ou expectativas. Por isso, você corre perigo de sofrer uma decepção.

POSIÇÃO 2 – *O Ponto Cego*:

As outras pessoas acham que você está fingindo, enganando alguém ou sendo enganado. Se sua autoavaliação (veja a carta na posição 3) for muito diferente, considere a opinião dos outros também. Converse com alguém a respeito, para descobrir quais as decepções que a carta pode representar.

POSIÇÃO 3 – *Como você se enxerga*:

Você tem grandes esperanças, mas as outras pessoas não sabem se elas não passam de ilusões ou se podem se converter numa visão positiva.

POSIÇÃO 4 – *A grande incógnita*:

No fundo de sua alma há um ilusionista que provavelmente já fez de você, em várias ocasiões, uma vítima da ingenuidade e da fantasia. No momento em que você se conscientizar desse aspecto de sua personalidade e encontrar para ele uma expressão sensata, com bastante autocrítica, sua vida vai se enriquecer com um impulso novo e uma força visionária.

OITO DE COPAS – DOLOROSA DESPEDIDA

SÍMBOLOS:	SIGNIFICADO:
roupa vermelha	despedida voluntária
desfiladeiro e Lua	partida em direção ao desconhecido
andar contra a corrente	o caminho é penoso
oito taças no primeiro plano	os sentimentos estão presos àquilo que ficou para trás
3 + 5 taças	alusão à carta TRÊS DE COPAS, que significa felicidade e gratidão, e à carta CINCO DE COPAS, que significa desgosto e tristeza
número e naipe	mudança ou metamorfose (8) emocional (água)

Oito de Copas como carta isolada ou em outros sistemas de leitura

ASPECTOS GERAIS:

A carta OITO DE COPAS representa uma separação ou partida em direção ao desconhecido, que deixa uma sensação de pesar, pois muitas coisas queridas são deixadas para trás. A partida pode ter sido espontânea, mas talvez não houvesse outra escolha.

VIDA PROFISSIONAL:

Por mais que isso cause contrariedade, já é tempo de se afastar das coisas conhecidas e procurar uma nova tarefa ou uma nova função, talvez um novo campo de atividade, mesmo que o caminho seja penoso.

AMOR:

Você se despede das coisas conhecidas e parte em direção a um mundo novo. Embora o caminho seja penoso, você vai ganhando confiança a cada passo e se interessa cada vez mais pelas coisas novas.

Oito de Copas no Oráculo do Amor

POSIÇÃO 1 – *O assunto em questão*:

Trata-se de uma despedida ou separação das coisas conhecidas. Isso pode significar o fim do relacionamento, ou pelo menos a superação de um estilo de vida ou dos rituais de relacionamento que se tornaram habituais entre os parceiros.

POSIÇÃO 2 – *Seu estado de espírito*:

Você quer ir embora, ou acha que a despedida é necessária. No entanto, ainda se apega muito àquilo que vai deixar para trás.

POSIÇÃO 3 – *Sentimentos da outra pessoa*:

Atualmente, seu parceiro está atravessando uma fase difícil de superação de assuntos do passado. Provavelmente, ele está se afastando de você com o coração pesado, para seguir seu próprio caminho. No entanto, caso ele já tenha outro relacionamento, existem boas chances de que esteja rompendo os velhos laços para se aproximar de você. Seja paciente e ajude-o a superar o trauma da despedida.

POSIÇÃO 4 – *O conselho do oráculo*:

Mesmo que isso lhe cause pesar, afaste-se das coisas antigas, vá em frente e siga seu próprio caminho. No início, tudo parece desgastante, mas a cada passo você vai sentir mais segurança. Em breve, você vai seguir seu caminho com tranquilidade e firmeza.

Oito de Copas na Bússola

POSIÇÃO 1 – *O assunto em questão*:

O assunto em questão é uma despedida difícil, uma separação penosa ou um passo que você dá com o coração pesado, mesmo sabendo que ele é necessário.

POSIÇÃO 2 – *O primeiro passo*:

O começo lhe parece muito difícil. Talvez a carta signifique que você vai desistir do projeto logo no início. Caso contrário, você simplesmente não se sente motivado. Vai seguir este caminho contra a vontade e com um peso no coração.

POSIÇÃO 3 – *As reações*:

As pessoas ao redor atravessam um processo penoso de transformação. Talvez por sua causa, ou por causa de suas atitudes, elas desistem das situações conhecidas e seguem caminho com o coração pesado. Por isso, não conte com o apoio delas, pelo menos no início. Por outro lado, talvez alguém precise de sua ajuda.

POSIÇÃO 4 – *As perspectivas*:

Se seu objetivo não for uma despedida, uma separação ou um desligamento, no final deste caminho os resultados não serão satisfatórios. Então, você vai deixar para trás as coisas conhecidas e começar uma nova busca, com o coração pesado.

Oito de Copas no Ponto Cego

POSIÇÃO 1 – *O que todo mundo sabe*:

Você é uma pessoa que sente necessidade de seguir em frente, assim que o ambiente se torna familiar ou conhecido. Então, você se afasta para procurar novos desafios. Ou será que está atravessando uma fase difícil de superação das coisas antigas?

POSIÇÃO 2 – *O Ponto Cego*:

As outras pessoas acham que você se afastou com o coração pesado. Uma vez que este é seu Ponto Cego, é bem provável que você ainda esteja apegado às coisas antigas, sem perceber que o passado está encerrado definitivamente.

POSIÇÃO 3 – *Como você se enxerga*:

Você atravessa uma fase importante de transformação e tem de abandonar hábitos antigos. Ou você está deixando voluntariamente um ambiente familiar para penetrar em território desconhecido.

POSIÇÃO 4 – *A grande incógnita*:

Uma transformação de longo alcance está se preparando em seu inconsciente. Enquanto você não se conscientizar desse aspecto de sua personalidade, pode sentir um desconforto ou mal-estar inexplicáveis em ambientes conhecidos, sem saber para onde ir. Mais cedo ou mais tarde, porém, você precisa se despedir das coisas antigas e procurar um novo ambiente, ou começar uma vida nova.

NOVE DE COPAS – ALEGRIA DE VIVER

SÍMBOLOS:	SIGNIFICADO:
pessoa	homem abastado que espera a chegada de seus amigos
postura da pessoa	satisfação, expectativa prazerosa
nove taças cheias de vinho numa mesa posta	sociabilidade, bem-estar
número e naipe	alegria de viver (água) em seu grau máximo (9)

Nove de Copas como carta isolada ou em outros sistemas de leitura

ASPECTOS GERAIS:

A carta NOVE DE COPAS mostra uma pessoa depois do trabalho diário, que se alegra em gozar a noite na companhia de seus amigos. Assim, a carta simboliza alegria de viver, satisfação, sociabilidade, bom humor, ócio ou os momentos felizes da vida.

VIDA PROFISSIONAL:

Aproveite este período. Você tem todos os motivos para se alegrar com aquilo que alcançou, fazer uma pausa e compartilhar sua alegria com outras pessoas.

AMOR:

Aproveite os prazeres do amor, sem restrições. Organize um lindo fim de semana com seu parceiro ou faça uma viagem de férias. Este não é o momento para "curtir" melancolia.

Nove de Copas no Oráculo do Amor

POSIÇÃO 1 – *O assunto em questão:*

Neste momento, prazer, sensualidade, alegria de viver e satisfação sem restrições estão em primeiro plano em sua vida amorosa.

POSIÇÃO 2 – *Seu estado de espírito:*

Você gostaria de viver momentos felizes e aproveitar a vida, o amor e os prazeres sensuais sem restrições.

POSIÇÃO 3 – *Sentimentos da outra pessoa:*

Seu parceiro quer gozar a vida com você e está esperando por isso. Mas a carta não diz se essa alegria é transitória ou duradoura.

POSIÇÃO 4 – *O conselho do oráculo:*

Mostre que você está feliz em companhia do parceiro e que gostaria de viver o amor sem restrições. Talvez a carta também signifique um conselho para convidar os amigos e agir de maneira mais sociável.

Nove de Copas na Bússola

POSIÇÃO 1 – *O assunto em questão:*

O assunto em questão tem relação com a sociabilidade, a alegria de viver ou simplesmente com um prazer merecido, que pode ser desfrutado sem restrições.

POSIÇÃO 2 – *O primeiro passo:*

Você realizou suas tarefas e agora gostaria de viver momentos de descontração ou conquistar alguma coisa que lhe dá prazer. Você sente que a recompensa é merecida e alegra-se com isso.

POSIÇÃO 3 – *As reações:*

As pessoas ao redor se mostram satisfeitas com relação a você ou com suas atitudes e estão dispostas a festejar momentos agradáveis. Companhia é o que não falta, mas se você estiver precisando de ajuda concreta ou se pretende conquistar as outras pessoas para alguma finalidade específica, deve escolher um momento mais apropriado.

POSIÇÃO 4 – *As perspectivas*:

Este caminho é favorável, e você pode segui-lo sem problemas. Mesmo que as cartas nas posições 2 e 3 indiquem dificuldades iniciais, no final você vai se sentir satisfeito com aquilo que realizou. Então, será um prazer festejar os resultados com outras pessoas.

Nove de Copas no Ponto Cego

POSIÇÃO 1 – *O que todo mundo sabe*:

Você é uma pessoa que sabe gozar a vida e fazer tudo no tempo certo: o trabalho, as obrigações, os momentos de lazer e de convivência.

POSIÇÃO 2 – *O Ponto Cego*:

As outras pessoas acham que você tem uma personalidade agradável, focando no otimismo e na alegria de viver. Uma vez que este é seu Ponto Cego, aparentemente você não consegue "curtir" a alegria e aproveitar os prazeres da vida.

POSIÇÃO 3 – *Como você se enxerga*:

Você sabe que é uma pessoa sociável e aprecia os momentos de lazer, ou pelo menos está atravessando uma fase de alegria.

POSIÇÃO 4 – *A grande incógnita*:

No fundo de sua alma, há uma pessoa que sabe viver o agradável. Enquanto você não se conscientizar desse aspecto de sua personalidade, talvez ele se exprima de maneira distorcida, com excessos ocasionais ou mesmo sentimentos inexplicáveis de mal-estar ou "ressaca". Tente entrar em contato com esse aspecto desconhecido. Você não vai se arrepender, pois ele pode inspirar alegria em sua vida.

DEZ DE COPAS – FELICIDADE COMPARTILHADA

SÍMBOLOS:
arco-íris
casal feliz
crianças que dançam
casa
número e naipe

SIGNIFICADO:
paz entre o céu e a terra
convivência alegre, gratidão
despreocupação, família
felicidade no lar, pátria
plenitude (água) e abundância (10)

Dez de Copas como carta isolada ou em outros sistemas de leitura

ASPECTOS GERAIS:

A carta DEZ DE COPAS mostra que nós encontramos as pessoas certas e que a convivência nos dá prazer – na família, num círculo de amigos, no local de trabalho, numa viagem ou em qualquer situação onde se constitui uma equipe, um grupo ou um círculo de convivência.

VIDA PROFISSIONAL:

Demonstre seu "espírito de equipe". O trabalho vai lhe dar mais prazer. Você encontrou as pessoas certas, com as quais é possível superar os limites.

AMOR:

Neste momento, você se alegra de ter encontrado um novo amor, ou está prestes a construir uma família. Nos dois casos, esta carta lhe promete uma ótima fase em sua vida amorosa.

Dez de Copas no Oráculo do Amor

POSIÇÃO 1 – *O assunto em questão:*

Vocês são pessoas que nasceram uma para a outra. Aproveite este amor e reserve todo o tempo do mundo para desfrutar de uma fase radiante.

POSIÇÃO 2 – *Seu estado de espírito*:

Você gosta da convivência alegre ou da harmonia despreocupada e sente-se protegido no contexto seguro do relacionamento. Será que está pensando em criar uma família?

POSIÇÃO 3 – *Sentimentos da outra pessoa*:

Seu parceiro é fiel a você, esforça-se por sua causa e alegra-se em planejar o futuro a seu lado.

POSIÇÃO 4 – *O conselho do oráculo*:

Dê uma estrutura sólida para este relacionamento. Crie um lar agradável para vocês. Aproveite a convivência e dedique-se à vida em família.

Dez de Copas na Bússola

POSIÇÃO 1 – *O assunto em questão*:

O assunto em questão é a convivência harmoniosa, o amor, a amizade, a família ou um espírito de equipe.

POSIÇÃO 2 – *O primeiro passo*:

No início, todos estão alegres, a união é estável, a convivência é carinhosa e existe um bom espírito de companheirismo.

POSIÇÃO 3 – *As reações*:

As pessoas ao redor agem de maneira alegre e harmoniosa. Formam um grupo animado e sentem-se em casa. Se você quiser se juntar a elas, será bem-vindo.

POSIÇÃO 4 – *As perspectivas*:

No final, tudo dá certo, você alcança seus objetivos e sente-se em casa, pois encontrou as pessoas certas. O clima é de paz, alegria e tranquilidade.

Dez de Copas no Ponto Cego

POSIÇÃO 1 – *O que todo mundo sabe*:

Você é uma pessoa sociável, que gosta de conviver com a família ou com os amigos e fazer atividades em comum, ou acaba de criar uma família.

POSIÇÃO 2 – *O Ponto Cego*:

As outras pessoas acham que você tem muito apego à família, gosta de conviver com os amigos ou realizar alguma coisa em comum. Uma vez que este é seu Ponto Cego, provavelmente você se considera uma pessoa solitária, ou simplesmente não tem tempo.

POSIÇÃO 3 – *Como você se enxerga*:

Você é uma pessoa que gosta de convivência, tem espírito de equipe e dá muito valor à família e às amizades.

POSIÇÃO 4 – *A grande incógnita*:

No fundo de seu inconsciente, você deseja um lar e o ambiente protetor da família ou de um círculo de amigos. Enquanto não se conscientizar desse aspecto de sua personalidade, talvez você se considere um individualista, uma espécie de "lobo solitário", que evita os amigos e a família. Mas, se você incorporar esse aspecto desconhecido, vai perceber que sua vida ganhou um novo sentido.

VALETE DE COPAS – GESTO DE AMOR

SÍMBOLOS:
Valete
postura do Valete
taça
peixe dentro da taça
mar calmo
figura e naipe

SIGNIFICADO:
impulso, estímulo
aprovação, proposta
sentimentos, amor, compreensão, paz
empatia
suavidade, profundidade
mensageiro (Valete) de um impulso (água) benéfico

Valete de Copas como carta isolada ou em outros sistemas de leitura

ASPECTOS GERAIS:

De modo geral, os Valetes do Tarô representam chances que se oferecem a nós e que chegam do mundo exterior. O VALETE DE COPAS é uma figura benéfica, pois ele satisfaz nossos desejos. Traz um gesto de amor, um elogio, mostra aprovação, faz uma proposta de paz ou uma declaração de amor.

VIDA PROFISSIONAL:

Conte com um gesto de simpatia. As pessoas ao redor atendem aos seus desejos, mostram-se conciliadoras ou fazem elogios sinceros. Ou, então, você está diante de uma tarefa que pode significar uma chance de autorrealização.

AMOR:

Será que você recebeu uma carta de amor ou uma proposta de casamento por *e-mail*? Seja como for, prepare-se para um gesto de amor ou uma proposta de paz.

Valete de Copas no Oráculo do Amor

POSIÇÃO 1 – *O assunto em questão*:

Seu relacionamento está recebendo o impulso, estímulo ou apoio amoroso de outras pessoas. Pode se tratar de um convite ou uma proposta interessante, mas também de um gesto que traz tranquilidade emocional.

POSIÇÃO 2 – *Seu estado de espírito*:

Você está à espera de um gesto de amor e uma proposta de paz, ou gostaria que seu parceiro demonstrasse aceitação ou oferecesse algum tipo de apoio emocional.

POSIÇÃO 3 – *Sentimentos da outra pessoa*:

Seu parceiro está à espera de que você se aproxime. A carta na posição 4 pode dizer se essa aproximação é um gesto de carinho, um elogio sincero ou uma proposta de casamento.

POSIÇÃO 4 – *O conselho do oráculo*:

Mostre que você está à espera de um gesto amigável ou conciliador, que precisa de apoio emocional, ou que gostaria de ouvir uma declaração de amor.

Valete de Copas na Bússola

POSIÇÃO 1 – *O assunto em questão*:

O assunto em questão é uma oportunidade tentadora, um gesto de aprovação ou uma proposta comovente.

POSIÇÃO 2 – *O primeiro passo*:

No início, você tem uma chance prazerosa ou benéfica. Alguém atende a seus desejos, oferece apoio moral ou resolve flertar com você.

POSIÇÃO 3 – *As reações*:

As pessoas ao redor agem com boa vontade. Talvez esperem sua aprovação ou queiram que você mostre compreensão, amizade e carinho. Mas nada vai acontecer se você não tomar a iniciativa.

POSIÇÃO 4 – *As perspectivas*:

No final, você tem uma chance propícia que pode significar a autorrealização ou a satisfação de seus desejos. As outras pessoas lhe oferecem aprovação, uma proposta de paz, apoio emocional ou compreensão. Ou será que alguém vai lhe fazer uma declaração de amor?

Valete de Copas no Ponto Cego

POSIÇÃO 1 – *O que todo mundo sabe*:

Você é uma pessoa que valoriza o carinho e o apoio emocional, ou pelo menos neste momento está à espera de um gesto de conciliação, ou de uma declaração de amor.

POSIÇÃO 2 – *O Ponto Cego*:

As outras pessoas mostram aprovação. A atitude delas é conciliadora – ou alguém está tentando enfeitiçar você. Será que você não está consciente disso? Nesse caso, trate de abrir os olhos.

POSIÇÃO 3 – *Como você se enxerga*:

Você está à espera de uma proposta de paz, talvez uma declaração de amor. Mas não pretende tomar a iniciativa. Prefere aguardar. Verifique a carta na posição 2 para saber se os colegas, amigos e parentes aprovam suas atitudes, ou se teriam outro conselho a lhe dar.

POSIÇÃO 4 – *A grande incógnita*:

Bem no íntimo, você tem uma necessidade oculta de carinho, paz e amor. Enquanto você não se conscientizar desse aspecto de sua personalidade, vai se considerar uma pessoa independente, ou talvez solitária. Mas optar pela solidão significa sacrificar um aspecto valioso de sua vida.

CAVALEIRO DE COPAS – PAZ

SÍMBOLOS:

Cavaleiro
taça
cavalo branco
gesto do Cavaleiro
rio que tem de ser transposto
montanha
figura e naipe

SIGNIFICADO:

elegância
autorrealização
pureza
paz
transpor uma barreira, entrar em contato com outras pessoas
clímax, experiência culminante
representante (Cavaleiro) de um estado de espírito (água) de amor e paz

Cavaleiro de Copas como carta isolada ou em outros sistemas de leitura

ASPECTOS GERAIS:

Os Cavaleiros do Tarô representam um ambiente ou estado de espírito. O CAVALEIRO DE COPAS simboliza o ar de primavera ou o vento suave da noite, que traz uma sensação de paz ou um clima romântico de amor, amizade e alegria.

VIDA PROFISSIONAL:

Respire com alívio. Uma fase alegre e tranquila se inicia em sua vida profissional, na qual você pode trabalhar em clima agradável e produtivo.

AMOR:

Uma nova primavera se anuncia em sua vida amorosa. Conforme a situação atual, o CAVALEIRO DE COPAS pode significar reconciliação, equilíbrio, harmonia, disposição amorosa ou uma proposta de casamento.

Cavaleiro de Copas no Oráculo do Amor

POSIÇÃO 1 – *O assunto em questão*:

De agora em diante, seu relacionamento deve entrar numa fase de tranquilidade, bom humor e convivência amorosa.

POSIÇÃO 2 – *Seu estado de espírito*:

Você se sente alegre e bem-humorado, acaba de se apaixonar ou está pensando em casamento.

POSIÇÃO 3 – *Sentimentos da outra pessoa*:

Seu parceiro é uma pessoa charmosa e divertida, que irradia um estado de espírito encantador e romântico, sentimentos de felicidade e amor.

POSIÇÃO 4 – *O conselho do oráculo*:

Crie um ambiente melhor para o relacionamento. Abra seu coração e colabore para que haja mais carinho, proximidade, confiança e bem-estar.

Cavaleiro de Copas na Bússola

POSIÇÃO 1 – *O assunto em questão*:

O assunto em questão tem relação com amor, paz, harmonia, reconciliação ou tranquilidade, bom humor ou alguma coisa que lhe dá prazer.

POSIÇÃO 2 – *O primeiro passo*:

Tudo começa num ambiente de harmonia e você se sente de bom humor. Gostaria de fazer alguma coisa boa para si mesmo ou para as outras pessoas, relaxar e divertir-se. Ou está tentando fazer as pazes e criar um clima de amor e confiança.

POSIÇÃO 3 – *As reações*:

As pessoas ao redor agem com tranquilidade, bom humor e simpatia. Seus desejos podem ser atendidos. Se você precisar de ajuda, vai recebê-la sem dificuldade.

POSIÇÃO 4 – *As perspectivas*:

Este caminho é favorável. Pelo menos, no final, todos se sentem aliviados, tranquilos, conciliados, apaixonados e felizes.

Cavaleiro de Copas no Ponto Cego

POSIÇÃO 1 – *O que todo mundo sabe*:

Você é uma pessoa jovial, que consegue criar um ambiente agradável ao redor. Ou pelo menos este é um momento de bom humor, talvez de paixão.

POSIÇÃO 2 – *O Ponto Cego*:

As outras pessoas acham que você irradia sentimentos agradáveis de paz, alegria e amor. Caso você encare sua situação de maneira diferente, deve conversar com alguém a esse respeito, para abrir os olhos e aproveitar o que a vida tem de melhor.

POSIÇÃO 3 – *Como você se enxerga*:

Você se considera uma pessoa tranquila e carinhosa, que gosta de criar um ambiente onde os outros se sintam bem.

POSIÇÃO 4 – *A grande incógnita*:

No fundo de sua alma, existem sentimentos positivos que estão adormecidos. Tente se conscientizar desse aspecto de sua personalidade, para incorporá-lo em sua vida consciente. Enquanto ele estiver oculto, sua vida vai ter poucos momentos de bom humor, lazer, descontração e amor.

RAINHA DE COPAS

RAINHA DE COPAS – SENTIMENTOS PROFUNDOS

SÍMBOLOS:

Rainha
taça sagrada
trono de conchas
ninfas
figura e naipe

SIGNIFICADO:

disponibilidade, receptividade
mistério, espiritualidade, força visionária
sensibilidade
sedução do elemento água
mulher (Rainha) intuitiva e de sentimentos profundos (água)

Rainha de Copas como carta isolada ou em outros sistemas de leitura

ASPECTOS GERAIS:

As Rainhas do Tarô representam pessoas, geralmente mulheres, às vezes também homens. Nesse caso, elas significam uma atitude de expectativa, uma disposição receptiva ou acolhedora. A RAINHA DE COPAS representa uma pessoa sensível ou intuitiva, que tem poder de comunicação, disposição para ajudar, compaixão e empatia, e consegue inspirar ou cativar as outras pessoas. Ela pode ser alguém do mundo exterior que se torna importante em sua vida, ou pode representar você mesmo, isto é, um aspecto de sua personalidade que passa a ser preponderante.

VIDA PROFISSIONAL:

No âmbito profissional, a RAINHA DE COPAS personifica geralmente uma mulher compreensiva e intuitiva. Caso a carta represente você mesmo, trata-se de um convite para que você confie na própria intuição e tente usar sua força visionária. Esta carta também pode ser uma indicação de atividades de caráter espiritual ou terapêutico.

AMOR:

Você se deixaria conquistar por uma pessoa sensível e cheia de fantasia, ou alguém que tenha poder de sedução. Mas a carta também pode significar que você se sente fascinado por uma pessoa com essas características.

Rainha de Copas no Oráculo do Amor

POSIÇÃO 1 – *O assunto em questão:*

Uma mulher encantadora, intuitiva e cheia de fantasia entrou em sua vida, criando um clima romântico e mágico. Ou, então, você sente necessidade de se "derreter" por alguém, deixar-se arrebatar e seduzir. Por outro lado, talvez uma mulher misteriosa e ambígua esteja prejudicando seu relacionamento.

POSIÇÃO 2 – *Seu estado de espírito:*

Você teve uma visão, gostaria de ouvir seus próprios sentimentos e seguir o caminho do coração. Sente falta de carinho e compreensão intuitiva. Sabe seduzir e fascinar uma pessoa e provavelmente esse é seu objetivo mais importante no momento. Mas a carta também pode indicar que você se sente fascinado por uma pessoa com essas qualidades.

POSIÇÃO 3 – *Sentimentos da outra pessoa:*

Seu parceiro é uma pessoa sensível e romântica, que sabe demonstrar compreensão e empatia. Você não vai ter dificuldade para conversar com ele, se souber escolher o momento certo. Quando os dois estiverem tramando sonhos em comum, a conquista será definitiva.

POSIÇÃO 4 – *O conselho do oráculo:*

Mantenha reserva até esclarecer seus próprios sentimentos. Tente se colocar na posição de seu parceiro, para entender os sentimentos dele. Procure uma visão que inspire o relacionamento e que os dois parceiros possam seguir, com um propósito comum.

Rainha de Copas na Bússola

POSIÇÃO 1 – *O assunto em questão:*

O assunto em questão tem relação com uma pessoa sensível, intuitiva e até mediúnica, que pode ser conquistada se você despertar seu interesse por uma visão ou um sonho. Existem boas chances de que esta carta represente você mesmo. Nesse caso, ela mostra seu estado de espírito com relação à pergunta formulada.

POSIÇÃO 2 – *O primeiro passo:*

No início, você tem uma visão. Gostaria de seguir seus próprios ideais, concretizar um sonho ou viver um momento de emoção. Você confia em seus próprios sentimentos e deixa que a intuição guie seus passos. Mas pode ser que você se sinta atraído ou fascinado por uma mulher sensível e misteriosa.

POSIÇÃO 3 – *As reações*:

Você vai conhecer uma pessoa que tem muita fantasia, intuição e talvez poderes mediúnicos. Para conquistá-la, trate de cativar seus sentimentos. Caso você esteja procurando apoio espiritual, encontrou a pessoa certa.

POSIÇÃO 4 – *As perspectivas*:

No final, você vai esclarecer seus próprios sentimentos. Vai ter novas visões, confiando na intuição e na expressão emocional. Ou os acontecimentos acabam levando a uma pessoa com essas qualidades, que será importante em sua vida futura.

Rainha de Copas no Ponto Cego

POSIÇÃO 1 – *O que todo mundo sabe*:

Você é uma pessoa que tem fantasia, sentimentos profundos e intuição. Interessa-se por assuntos espirituais e talvez tenha talento para as artes. Ou você se encontra numa fase em que está fortemente atraído por uma pessoa com essas características.

POSIÇÃO 2 – *O Ponto Cego*:

As outras pessoas acham que você é romântico e sensível. Admiram sua fantasia e força visionária. Uma vez que este é seu Ponto Cego, pode ser que às vezes você seja considerado ingênuo ou sonhador. Talvez a carta indique que existe uma mulher charmosa, sensível e sonhadora por perto, da qual você ainda não tinha se dado conta.

POSIÇÃO 3 – *Como você se enxerga*:

Você se considera fiel a seus próprios sentimentos, uma pessoa que não abre mão de seus sonhos e visões. Só acredita naquilo que acha certo, sem se deixar seduzir por outros argumentos, por mais que sejam racionais.

POSIÇÃO 4 – *A grande incógnita*:

No fundo de seu inconsciente, existe uma sensibilidade e uma intuição quase mediúnica. Enquanto você não se conscientizar desse aspecto de sua personalidade, pode agir de maneira insegura, com uma tendência a rejeitar tudo o que lhe parece inexplicável. Mas assim que você entender melhor esse aspecto desconhecido, vai descobrir que é uma fonte valiosa de conselhos para sua vida. Caso você seja um homem, trata-se aqui de uma imagem idealizada, para ser descoberta e vivida em seus relacionamentos.

REI DE COPAS – FORÇA EMOCIONAL

SÍMBOLOS:	SIGNIFICADO:
Rei	atividade
postura do Rei	receptividade
taça na mão direita	expressão consciente dos sentimentos
água ao redor do Rei	sentimentos profundos
pés assentados numa base firme	base sólida
figura e naipe	homem (Rei) intuitivo e sensível (água)

Rei de Copas como carta isolada ou em outros sistemas de leitura

ASPECTOS GERAIS:

Os Reis do Tarô representam pessoas, geralmente homens, às vezes também mulheres. Neste caso, eles significam uma personalidade ativa e atitudes enérgicas. O REI DE COPAS representa um homem emotivo, que tem sentimentos fortes, intuição, profundidade espiritual e compaixão. Ele pode ser alguém do mundo exterior que se torna importante em sua vida, ou pode representar você mesmo, isto é, um aspecto de sua personalidade que passa a ser preponderante.

VIDA PROFISSIONAL:

No âmbito profissional, o REI DE COPAS simboliza uma pessoa de sentimentos fortes e muita imaginação, capaz de entender a alma humana. Se a carta representar você mesmo, é um convite para que confie em sua sabedoria interior e/ou ajude outras pessoas. O REI DE COPAS também pode ser uma indicação de atividades beneficentes ou terapêuticas, ou de uma profissão artística.

AMOR:

Você é uma pessoa romântica e sentimental, capaz de demonstrar empatia, que tenta conquistar ou seduzir alguém com imaginação e cordialidade. Mas a carta também pode significar que você se sente fascinado por uma pessoa com estas qualidades.

Rei de Copas no Oráculo do Amor

POSIÇÃO 1 – *O assunto em questão*:

Talvez um homem encantador e carinhoso tenha entrado em sua vida, criando um ambiente de fantasia, carinho e sentimentos profundos. Ou você sente necessidade de mostrar essas qualidades para conquistar a alma de outra pessoa. Pode ser também que um homem afetuoso, romântico ou sonhador esteja prejudicando seu relacionamento.

POSIÇÃO 2 – *Seu estado de espírito*:

Você gostaria de entrar em contato com outra pessoa, mostrar-lhe sentimentos profundos e seduzi-la com o poder da fantasia e das palavras bonitas. Ou você se sente fascinado por uma pessoa com essas qualidades.

POSIÇÃO 3 – *Sentimentos da outra pessoa*:

Seu parceiro é uma pessoa sentimental e carinhosa, que gosta de sonhar com o amor. Você pode conquistá-lo mostrando romantismo e fantasia. Ele tem um coração sensível e é compreensivo.

POSIÇÃO 4 – *O conselho do oráculo*:

Confie em sua intuição, revele seus sentimentos e aja de maneira carinhosa, aberta e compreensiva. Tente seduzir ou conquistar a outra pessoa para uma experiência romântica. Caso você se encontre em situação de conflito, é melhor deixar que ela se afaste, mostrando desinteresse aparente.

Rei de Copas na Bússola

POSIÇÃO 1 – *O assunto em questão*:

O assunto em questão tem relação com uma pessoa considerada sensível, carinhosa ou intuitiva. Existem boas chances de que esta carta represente você mesmo. Nesse caso, ela mostra seu estado de espírito com relação à pergunta formulada.

POSIÇÃO 2 – *O primeiro passo*:

No início, você se comporta de maneira emotiva, mostra seus sentimentos e confia na própria intuição. Quer realizar um sonho, encontrar uma expressão artística para suas imagens interiores ou fazer outra coisa que tenha significado espiritual. Mas pode ser também que você se sinta atraído ou fascinado por um homem sentimental e intuitivo.

POSIÇÃO 3 – *As reações*:

Você vai conhecer uma pessoa sensível, simpática, compreensiva e intuitiva, que pode lhe dar apoio emocional. Se quiser conquistá-la para si mesmo ou para seus projetos, escolha o momento certo. Então, você vai obter o amor que desejava.

POSIÇÃO 4 – *As perspectivas*:

No final, você vai perceber que este caminho faz bem à alma. Seus sentimentos se fortalecem e podem ser expressos de maneira criativa. Ou os acontecimentos acabam levando a uma pessoa com essas qualidades, que será importante em sua vida futura.

Rei de Copas no Ponto Cego

POSIÇÃO 1 – *O que todo mundo sabe*:

Você tem força espiritual e sabe que pode confiar em sua própria intuição. É fiel a seus sentimentos e costuma exprimi-los de maneira romântica, criativa ou sedutora. Ou você se encontra numa fase dominada por uma pessoa com essas características.

POSIÇÃO 2 – *O Ponto Cego*:

As outras pessoas acham que você tem sentimentos profundos, imaginação e discernimento. Se você não está consciente de suas próprias qualidades, converse com alguém a esse respeito para se conhecer melhor. Talvez a carta indique que existe um homem carinhoso e romântico por perto, do qual você ainda não tinha se dado conta.

POSIÇÃO 3 – *Como você se enxerga*:

Você se considera uma pessoa sensível, dotada para as artes e cheia de fantasia, que confia nos próprios instintos. Só acredita naquilo que lhe parece certo e justo.

POSIÇÃO 4 – *A grande incógnita*:

No fundo de sua alma, existem sentimentos reprimidos dos quais você mesmo provavelmente não tem noção. Tente libertar esses sentimentos da escuridão do inconsciente. Sua vida pode ter mais momentos felizes e talvez você alcance a verdadeira autorrealização. Caso você seja uma mulher, trata-se aqui de uma imagem idealizada, para ser descoberta e vivida em seus relacionamentos.

Apêndice

Doze métodos adicionais de tiragem de cartas

Este livro apresenta interpretações detalhadas das cartas do Tarô que só valem para os métodos O ORÁCULO DO AMOR, A BÚSSOLA e O PONTO CEGO. Além disso, você pode utilizar outros sistemas baseando-se nas interpretações genéricas de cada carta sob as rubricas "Aspectos gerais", "Vida profissional" e "Amor". A tabela abaixo mostra as finalidades possíveis de cada método de tiragem e a dificuldade de interpretação (de 1 = fácil até 4 = difícil).

QUADRO COMPARATIVO DOS ESQUEMAS DE DISPOSIÇÃO CONFORME O TIPO DE PERGUNTA E O GRAU DE DIFICULDADE		
Método de tiragem	**Finalidade**	**Dificuldade**
O Ankh	Motivos, aspectos desconhecidos e tendências de um determinado assunto	4
A Mandala Astrológica	Descrição abrangente do momento presente e perspectivas de futuro	4
O Jogo do Relacionamento	Situação do relacionamento entre duas pessoas	2
O Jogo da Decisão	Duas tendências possíveis, ajuda na hora de decidir	2
O Segredo da Sacerdotisa	Evolução de um assunto e seu significado oculto	3
A Cruz Celta	Esquema de disposição universal, ideal para definir tendências	2

QUADRO COMPARATIVO DOS ESQUEMAS DE DISPOSIÇÃO CONFORME O TIPO DE PERGUNTA E O GRAU DE DIFICULDADE		
Método de tiragem	**Finalidade**	**Dificuldade**
A Cruz	Avaliação de uma situação, sugestões e perspectivas	1
O Próximo Passo	Sugestão de curto prazo sobre o que deve ser feito em seguida	1
O Jogo do Louco	Estágio atual e perspectivas de longo prazo	4
O Jogo dos Parceiros	O que cada parceiro sente pelo outro e situação do relacionamento	1
A Porta	Descrição metafórica de uma barreira ou limite que é preciso transpor	4
O Caminho	A melhor atitude a tomar para atingir um objetivo	3

O ANKH

Finalidade	Motivos, aspectos desconhecidos e tendências de um determinado assunto
Grau de dificuldade	4
Cartas utilizadas	9
Perguntas típicas	Qual a razão de minha crise (doença, problema etc.) e quais são minhas perspectivas?
Observação	O melhor sistema de leitura para descobrir os aspectos desconhecidos de um determinado assunto

Este método de tiragem se baseia num símbolo do antigo Egito, chamado "Ankh" ou "Cruz Alada". É um "símbolo da vida" que consiste num círculo e numa cruz. As 4 cartas dispostas dentro do círculo, de acordo com o significado da forma circular, dão respostas sobre aspectos desconhecidos de um assunto ou suas causas mais profundas, enquanto as 5 cartas dispostas em cruz mostram o problema como ele se manifesta no plano da realidade, quais os passos concretos que podem ser dados e quais as possibilidades futuras.

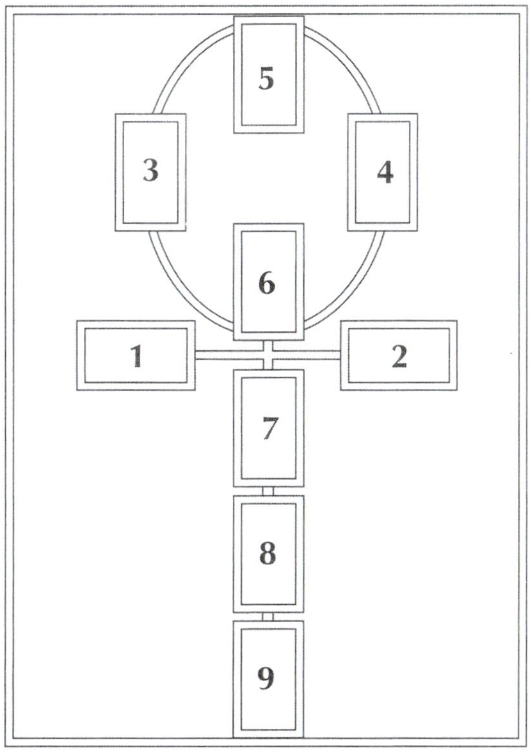

Significado de cada posição:

1 + 2 = dois impulsos, energias ou atitudes que se opõem um ao outro, e entre os quais o consulente se sente "crucificado"[11]

3 = motivação inicial

4 = causa imediata

5 = avaliação profunda

6 = consequência necessária

Depois que a avaliação (5) for feita e a consequência (6) for determinada, seguem-se outras 3 cartas:

7 = o próximo passo

8 = experiências surpreendentes

9 = o resultado

---

[11] Sem dúvida, isso só vale quando o método de tiragem é usado para esclarecer os motivos de uma crise. Quando a pergunta diz respeito aos aspectos desconhecidos de uma experiência agradável, as duas cartas mostram aspectos que se complementam.

Procedimento de interpretação:

Primeiro, você tem de descobrir o conflito, ou a contradição, representado pelas cartas 1 e 2. Essa é a maior dificuldade deste método. Principalmente quando as duas cartas têm significado positivo, não é fácil descobrir onde está o problema. Sem essa avaliação, toda a interpretação fica prejudicada. Interprete a seguir as cartas 3 e 4 – a primeira delas muitas vezes tem um significado impreciso. A ênfase recai sobre as cartas 5 e 6, pois as atitudes ou percepções que elas sugerem tornam a solução possível. Por fim, interprete as cartas 7, 8 e 9, que revelam as perspectivas futuras.

A MANDALA ASTROLÓGICA

Finalidade	Descrição abrangente do momento presente e perspectivas de futuro
Grau de dificuldade	4
Cartas utilizadas	12
Perguntas típicas	Qual é minha situação atual? Quais devem ser minhas principais experiências e acontecimentos no mês que vem ou no ano X? (Sem indicação de tempo, as cartas refletem o presente e o futuro imediato)
Observação	Um sistema de leitura adequado para todos os setores da vida

A Mandala Astrológica é o método de tiragem mais adequado para perguntas abrangentes. Ele dá uma ideia de doze setores ou aspectos diferentes da vida. Dessa maneira, é um bom ponto de partida para uma consulta genérica. Os setores representados por cartas importantes podem ser investigados mais a fundo com outras consultas.

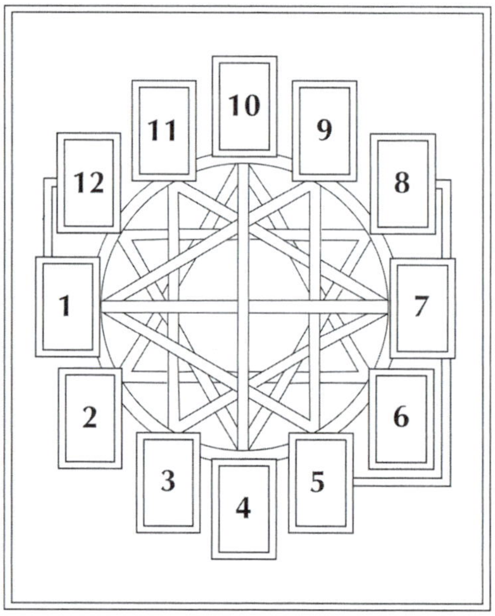

Significado de cada posição[12]:

1 = Seu estado de espírito:
um fator importante para determinar como você encara as vivências representadas pelas outras cartas.

2 = Finanças:
segurança, uso do dinheiro, ganhos e despesas.

3 = Situações cotidianas:
assuntos que ocupam boa parte do tempo de nossas vidas.

4 = O lar físico e/ou espiritual:
o setor no qual nos sentimos protegidos e onde estão nossas raízes; a segurança de que precisamos quando o mundo exterior se torna uma ameaça.

5 = Tudo o que dá prazer:
jogos e diversões de qualquer tipo; brincadeiras com crianças, apostas em dinheiro; o jogo do amor (para o lado sério da vida amorosa, consulte a carta 7); *hobbies*.

6 = O trabalho:
projetos atuais, o tipo de trabalho, o método de trabalho, o dia a dia, os temas abordados, a relação com os colegas.

7 = Vida amorosa:
o relacionamento, o casamento, a união estável.

8 = Aspectos desconhecidos:
todos os tabus e a transgressão dos tabus, sobretudo com relação à sexualidade, mas também experiências ocultistas.[13]

9 = Percepção profunda:
ampliação dos próprios horizontes, viagens interiores e exteriores, pensamentos, descobertas e reflexões, princípios éticos ou "boas decisões".

10 = Reconhecimento público:
sucesso profissional e futuro profissional.

11 = Os amigos:
amizades, ideais de relacionamento, espírito de equipe, experiências de grupo e hospitalidade.

12 = Esperanças e temores secretos:
desejos ou temores referentes a uma ou várias das posições do círculo.

Procedimento de interpretação:

Para chegar à mensagem final, interprete primeiro as cartas em suas respectivas posições. Nessa primeira abordagem, algumas interpretações podem parecer ambíguas.

[12] Os setores da vida representados pelas posições das cartas têm relação com as características dos doze signos do zodíaco. Mas são apenas sugestões. Você também pode definir outras prioridades, mas deve fazer isso antes da consulta, ou seja, antes de tirar a primeira carta.

[13] Se esta interpretação lhe parecer pouco clara ou íntima demais, você também pode definir para esta posição o significado "Crises da vida e sua superação".

Em seguida, examine as relações abaixo procurando possíveis pontos de contato, para chegar a uma interpretação mais coerente:

Os eixos principais:

Posições 1 e 7 = A temática do "eu e você".
Posições 4 e 10 = De onde você vem e para onde vai.

Os 4 elementos representados por grupos de 3 cartas (também chamados "trígonos"):

Posições 1, 5 e 9	O "trígono de fogo". Muitas vezes, define a personalidade e as chances de autorrealização.
Posições 2, 6 e 10	O "trígono da terra". Refere-se ao mundo do dinheiro e do trabalho.
Posições 3, 7 e 11	O "trígono do ar". Reflete a esfera dos pensamentos, ideias, contatos e conversas.
Posições 4, 8 e 12	O "trígono da água". Representa os sentimentos e a intuição, os desejos e estados de espírito.

Essa primeira avaliação não precisa formar uma mensagem abrangente em todas as posições. Quando as avaliações individuais não parecem ter um nexo lógico, isso pode ser um bom sinal. Não se preocupe e passe para a próxima etapa:

Outras conexões entre as cartas:

Do ponto de vista temático, costuma haver relação entre as posições 5 (flertes, aventuras amorosas ou ligações sem compromisso), 7 (relacionamento, casamento) e 8 (sexualidade). Muitas vezes, as esperanças e os temores na posição 12 são decorrentes do estado de espírito na posição 1.

Compare as avaliações individuais para formar uma imagem abrangente e por último calcule a quintessência (ver página 22).

O JOGO DO RELACIONAMENTO

Finalidade	Situação do relacionamento entre duas pessoas
Grau de dificuldade	2
Cartas utilizadas	7
Perguntas típicas	Quais as perspectivas de meu relacionamento com a pessoa X?
Observação	Um bom sistema de leitura para descobrir o que cada um dos parceiros sente pelo outro

Normalmente, este método de tiragem serve para esclarecer um relacionamento amoroso, mas também pode ser utilizado para relações profissionais, familiares, de vizinhança ou outras.

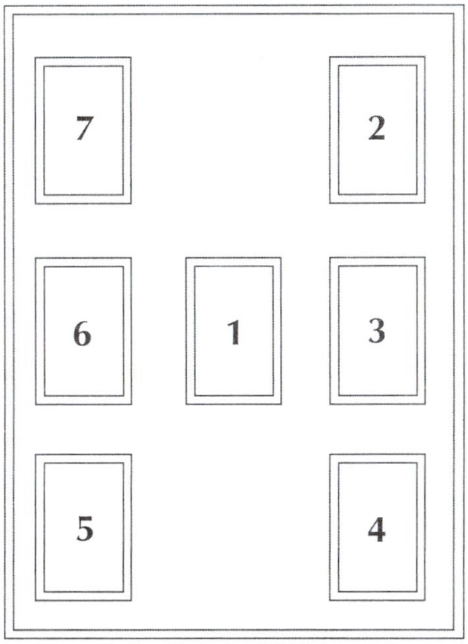

Significado de cada posiçao:

1 = O "significante" mostra a situação atual do relacionamento, sua característica ou tendência predominante.

A coluna da esquerda (7, 6 e 5) diz respeito ao consulente, a coluna da direita (2, 3 e 4) diz respeito ao parceiro.

7 + 2 = As duas cartas de cima representam o plano da consciência, no qual os(as) parceiros(as) interagem. Elas mostram o que cada um pensa e como avalia o relacionamento conscientemente.

6 + 3 = As duas cartas do meio representam o aspecto psicológico do relacionamento, e mostram os sentimentos, desejos, esperanças e temores de cada parceiro.

5 + 4 = As cartas de baixo representam as aparências, a atitude assumida exteriormente. Pode se tratar de uma fachada, sem muita relação com os pensamentos (nível superior) ou emoções reais (nível intermediário).

Procedimento de interpretação:

Em primeiro lugar, verifique a característica ou tendência que predomina atualmente no relacionamento, expressa pela carta 1. Em seguida, interprete as colunas laterais, isto é, a situação das duas pessoas uma em relação à outra. Por fim, avalie a dinâmica do relacionamento. As duas pessoas tentam uma aproximação, ou uma tenta se aproximar da outra? Ou ambas esperam que a outra dê o primeiro passo? Ou será que a tendência é o afastamento mútuo?

Observações:

No JOGO DO RELACIONAMENTO, as "Cartas da Corte" (Valete, Cavaleiro, Rainha e Rei) têm importância especial, pois podem representar pessoas. Quando se trata de uma carta do mesmo sexo, representa geralmente a autoimagem da pessoa em questão, no setor em que a carta se encontra. Quando uma Rainha aparece na coluna do homem, ou um Rei na coluna da mulher, essas cartas podem ter dois significados. Podem indicar que a pessoa está pensando em alguém com essas características (posições 7 ou 2), sente afeto por alguém (posições 6 ou 3) ou vive/namora alguém (posições 5 ou 4). Além disso, a carta pode indicar a imagem ou o desejo de um parceiro ideal.

De modo geral, os Cavaleiros do Tarô representam estados de espírito, por isso são interpretados aqui da mesma forma como nos outros métodos.

Os Valetes do Tarô representam impulsos do mundo exterior. Neste sistema de leitura, eles indicam uma expectativa. O consulente espera (ou teme, no caso do VALETE DE ESPADAS) que seu parceiro adote a atitude representada pela carta. Mas o impulso também pode partir de uma terceira pessoa.

O JOGO DA DECISÃO

Finalidade	Duas tendências possíveis, ajuda na hora de decidir
Grau de dificuldade	2
Cartas utilizadas	7
Perguntas típicas	Que decisão devo tomar? O que aconteceria se eu fizesse X e o que aconteceria se eu não fizesse X?
Observação	Um sistema de leitura que pode mostrar uma alternativa interessante para determinada situação

O Tarô não tira nossa responsabilidade na hora de decidir, mas pode iluminar ou esclarecer os diferentes aspectos envolvidos numa decisão. Nesse sentido, o JOGO DA DECISÃO não é apropriado para perguntas que exigem respostas do tipo "sim ou não". Ele mostra dois caminhos possíveis e ajuda o consulente a escolher um deles.

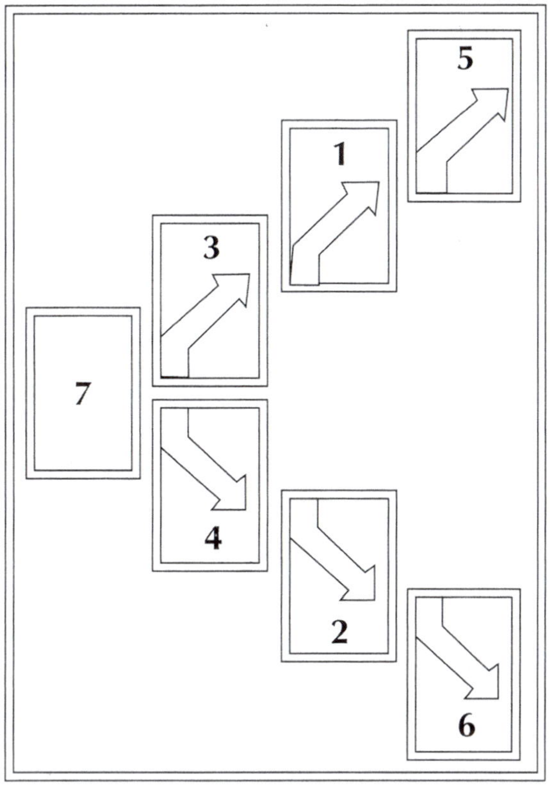

Significado de cada posição:

7 =	O "significante". É uma representação metafórica do contexto da pergunta, do problema em questão ou dos sentimentos do consulente a esse respeito.
3, 1, 5 =	Em ordem cronológica, as cartas mostram o que pode acontecer se você fizer X.
4, 2, 6 =	Em ordem cronológica, as cartas mostram o que pode acontecer se você não fizer X.

Procedimento de interpretação:

Não se impressione com a ordem um pouco estranha de disposição das cartas. Ela tem relação com a origem deste método de tiragem, mas não influi sobre a interpretação. Comece com a posição 7, que pode lhe mostrar o que a pergunta significa, que fatores a motivaram, o que se deve levar em conta para decidir ou como a decisão deve ser tomada. Interprete a seguir as cartas de cima, da esquerda para a direita (ou seja, 3, 1 e 5), e em seguida as de baixo (4, 2 e 6). Por fim, tente descobrir qual dos dois caminhos é mais vantajoso. Lembre-se de que a primeira carta (3 e 4) mostra o início de cada caminho, a segunda carta (1 e 2) mostra seus desdobramentos, e a última (5 e 6) mostra as consequências possíveis. Assim, as cartas 5 e 6 são as mais importantes, pois simbolizam as perspectivas de longo prazo.

Cartas sinalizadoras:

Neste método de tiragem, existem as chamadas "cartas sinalizadoras", que mostram alternativas sugeridas pelo Tarô. Quando uma das cartas abaixo aparece num dos caminhos, trata-se de uma recomendação para seguir naquela direção. Quando duas "cartas sinalizadoras" surgem em ambos os caminhos, verifique se é possível seguir os dois caminhos ao mesmo tempo, ou pelo menos um depois do outro. Na posição 7, essas cartas não têm significado especial.

1. A carta Os ENAMORADOS (VI) significa que a decisão provavelmente já foi tomada e que esse caminho foi escolhido.
2. A RODA DA FORTUNA (X) mostra que o consulente não tem liberdade em sua escolha e pelo menos no início tem de seguir esse caminho.
3. A ESTRELA (XVII) indica o caminho do futuro.
4. A JUSTIÇA (XX) mostra onde está a solução ou salvação, quais são as experiências realmente significativas, onde se podem encontrar vantagens.
5. O MUNDO (XXI) simboliza o lugar certo e verdadeiro, onde o consulente se sente "em casa".

O SEGREDO DA SACERDOTISA

Finalidade	Evolução de um assunto e seu significado oculto
Grau de dificuldade	3
Cartas utilizadas	9
Perguntas típicas	Que resultado posso esperar de meus projetos? O que vai acontecer em seguida (do ponto de vista profissional etc.)?
Observação	Uma resposta possível, que revela as tendências de uma situação

Inventei este esquema de disposição baseando-me na carta A SACERDOTISA, tal como é representada no Tarô Rider-Waite-Smith. Assim como a Cruz Celta, o esquema pode ser usado principalmente para esclarecer as tendências de uma situação. O atrativo especial é que ele não mostra apenas os desdobramentos possíveis, mas também pode revelar um segredo ou uma motivação oculta. A SACERDOTISA, que simboliza as três fases da Lua e os três ciclos da vida, se exprime por meio de nove cartas. Seus símbolos principais devem ser distribuídos da seguinte maneira:

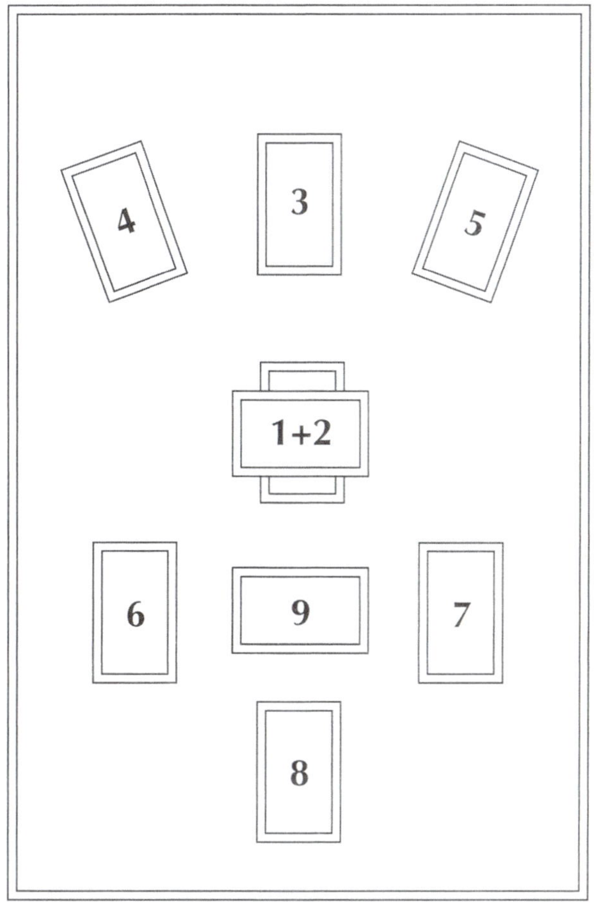

Significado de cada posição:

1 + 2 = A cruz sobre o peito representa o assunto em questão sob a forma de dois impulsos principais, que podem se fortalecer ou se contradizer um ao outro.

As cartas 3, 4 e 5 correspondem às três fases da Lua na coroa e mostram as influências que interferem no assumo em questão:

3 = A Lua cheia significa a influência principal, que atua neste momento.
4 = O quarto crescente é a influência que está ganhando força.
5 = O quarto minguante é a influência que está se enfraquecendo.

As duas colunas ao lado da SACERDOTISA significam o seguinte:

6 = Aquilo que permanece nas sombras, que existe mas (ainda) não é percebido conscientemente, embora talvez inspire pressentimentos ou temores. Uma força que ama no plano inconsciente.
7 = Aquilo que está à luz do dia, que é percebido claramente, os acontecimentos que já eram esperados, geralmente considerados positivos.

O crescente lunar aos pés da SACERDOTISA significa o seguinte:

8 = para onde vai esta viagem, o que vai acontecer em seguida.

A carta 9, que é a Torá, isto é, o pergaminho no colo da SACERDOTISA, deve ficar virada para baixo. Depois que todas as outras forem interpretadas, deve-se examinar essa carta. Se for um dos Arcanos Maiores, a carta revela um segredo da SACERDOTISA e deve ser virada para cima. Ela simboliza então as motivações mais profundas do assunto em questão, o como e o porquê dos desdobramentos. Caso se trate de um dos Arcanos Menores, a carta deve continuar virada para baixo. Nesse caso, não existe segredo, ou a SACERDOTISA não quer revelá-lo. A carta 9, portanto, não tem significado e não é levada em conta para calcular a quintessência.

Procedimento de interpretação:

Comece com os dois impulsos principais nas posições 1 e 2. Verifique até que ponto eles se completam ou se contradizem. A posição 1 sempre representa o primeiro impulso, enquanto a situação seguinte é representada pela posição 2. Interprete a seguir as influências pela ordem cronológica das fases da Lua, isto é, 4, 3 e 5. Verifique a atitude ou expectativa consciente (7) antes de interpretar o aspecto inconsciente (6). Não se esqueça de que essa é uma energia interior, geralmente muito mais forte do que a atitude consciente (7). Interprete então a carta das tendências (8) e avalie as perspectivas de futuro comparando as cartas 4 (influências futuras), 6 (aspectos inconscientes, que serão revelados mais tarde) e 8 (tendências). Finalmente, vire a carta 9 para cima e tente descobrir seu significado profundo, caso se trate de um dos Arcanos Maiores.

A CRUZ CELTA

Finalidade	Esquema de disposição universal, ideal para definir tendências
Grau de dificuldade	2
Cartas utilizadas	10
Perguntas típicas	Que resultado posso esperar de meus projetos? O que vai acontecer em seguida (na vida amorosa, profissional etc.)?
Observação	Um sistema de leitura que serve para qualquer pergunta

A CRUZ CELTA é um método de tiragem universal que serve para qualquer tipo de pergunta, principalmente para avaliar tendências, esclarecer aspectos desconhecidos de um problema, como previsão de futuro ou para entender os motivos de uma determinada situação. Quando o consulente não tem certeza sobre o método de tiragem mais adequado, pode optar pela CRUZ CELTA.

Quanto à disposição das cartas, existe uma antiga fórmula mágica:

1 = Isto é.
2 = Isto atravessa.
3 = Isto arremata.
4 = Nisto se baseia.
5 = Isto foi antes.
6 = Isto vem depois.
7 = Este é o consulente.
8 = Aqui acontece.
9 = Estas são as esperanças e os temores.
10 = Estas são as consequências.

Ou, para formular de maneira mais clara:

1 = Este é o assunto em questão.
2 = Isto acontece em seguida.
3 = Esta é a conclusão.
4 = Estes são os sentimentos inconscientes.
5 = Estes foram os motivos.
6 = Estas são as tendências.
7 = Esta é a opinião do consulente.
8 = Esta é a opinião das outras pessoas, ou aqui acontece alguma coisa.
9 = Estas são as esperanças e os temores do consulente.
10 = Estas são as consequências.

Significado de cada posição:

1 = Situação inicial.

2 = Impulso que ocorre em seguida, que pode ser favorável ou complementar, ou ainda prejudicial.

Estas duas cartas fornecem a resposta principal para o assunto em questão, enquanto as duas cartas seguintes mostram aspectos desconhecidos da situação.

3 = O nível consciente. Aquilo que está claro para o consulente ao lidar com o assunto em questão, aquilo que ele percebe e vê ou procura conscientemente.

4 = O nível inconsciente. "Nisto se baseia", como diz a fórmula mágica. Ou seja, uma situação ancorada neste nível, sustentada por uma profunda certeza interior, que tem raízes fortes e não pode ser abalada facilmente.

A interpretação dessas cartas pode variar um pouco conforme o tipo de pergunta. Em última análise, elas refletem aquilo que a cabeça (3) e o coração (4) têm a dizer.

5 = Esta carta remete para acontecimentos anteriores. Mostra o passado recente, aquilo que motivou a pergunta, ou dá uma ideia dos motivos da atual situação.

6 = A primeira carta relacionada com o futuro dá uma ideia dos próximos desdobramentos, daquilo que acontece a seguir.

7 = Esta carta mostra a opinião ou o ponto de vista do consulente[14] sobre o assunto em questão (cartas 1 e 2) ou até que ponto ele é afetado pelo assunto em questão.

8 = O ambiente ao redor. Pode ser o local do acontecimento ou a influência de outras pessoas sobre o assunto em questão. Quando a pergunta diz respeito ao relacionamento entre duas pessoas, esta carta representa o parceiro ou a parceira.

9 = As expectativas. A importância desta carta costuma ser subestimada, pois ela não vale como prognóstico. Mas ela fornece informações valiosas, principalmente quando você está interpretando as cartas para outra pessoa. Ela revela como o consulente encara a situação, quais são suas esperanças e seus temores.

10 = A segunda carta relacionada com o futuro sugere uma perspectiva de longo prazo e mostra as consequências do assunto em questão.

[14] Quando as cartas são tiradas para uma pessoa que não está presente, você precisa decidir previamente se essa posição representa sua própria atitude ou a atitude da outra pessoa.

Desse modo, as cartas de prognóstico são unicamente as de número 6 e 10. Todas as outras fornecem informações adicionais ou esclarecimentos sobre o contexto da pergunta ou seus aspectos desconhecidos.

Procedimento de intepretação:

Comece pela posição 5 (passado, antecedentes) e interprete a seguir a posição 9 (expectativas). Agora, você já tem uma ideia melhor da situação, pois conhece os antecedentes da pergunta (posição 5) e suas próprias expectativas (posição 9). Interprete então as cartas 1 e 2, que representam os impulsos do momento presente, sendo que a carta 1 é sempre o primeiro impulso, enquanto a carta 2 são os desdobramentos, que podem reforçar ou prejudicar o impulso inicial.

Verifique a visão consciente do problema (posição 3) e suas raízes no inconsciente (posição 4). Lembre-se de que essa última carta é muito importante. Um sentimento ou decisão ancorados no inconsciente resistem às piores tempestades. Mas se a carta mostrar raízes frágeis, difíceis ou problemáticas, o resultado é duvidoso, mesmo que as outras cartas tenham significado positivo. Por fim, analise a opinião do consulente sobre o assunto em questão (posição 7), as influências externas ou o ambiente ao redor (posição 8) e as cartas 6 e 10, que revelam o prognóstico.

A CRUZ

Finalidade	Avaliação de uma situação, sugestões e perspectivas
Grau de dificuldade	1
Cartas utilizadas	4
Perguntas típicas	O que vai acontecer em minha profissão, meu relacionamento, meus projetos? Como devo agir?
Observação	A maneira mais simples de consultar as cartas do Tarô

A CRUZ é um dos esquemas de disposição mais simples, mas não deixa de ser interessante. Ela fornece uma resposta curta e significativa, que geralmente aponta para uma direção. Pode ser usada de muitas maneiras. Se você ainda não tem familiaridade ou se sente confuso diante das 78 cartas do Tarô, pode usar apenas os Arcanos Maiores para este esquema de disposição. Disponha as cartas da seguinte maneira:

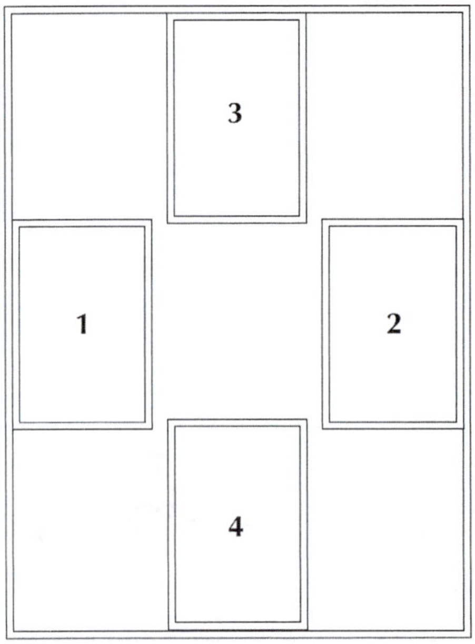

Significado de cada posição:

1 = Este é o assunto em questão.

2 = Isto você não deveria fazer.

3 = Isto você deveria fazer.

4 = Estas são as consequências, ou os resultados favoráveis.

Procedimento de interpretação:

Comece com a carta 1, que frequentemente causa surpresa, mas às vezes só fornece uma informação sem importância. Em seguida, é muito importante analisar a diferença entre as cartas 2 e 3, pois é nisso que consiste o verdadeiro conselho. Justamente no caso de cartas semelhantes, uma diferença sutil entre elas pode ser essencial. Finalmente, verifique a carta na posição 4 para saber os (próximos) desdobramentos do assunto em questão.

Variante:

Você pode usar de novo o mesmo método de tiragem, caso não entenda uma das cartas. Embaralhe as cartas novamente, posicionando-as na mesa segundo o mesmo esquema, com a pergunta "O que queria dizer a carta X na última consulta?". Nesse caso, as posições têm o seguinte significado:

1 = Este é o assunto em questão.

2 = Este não é o significado da carta.

3 = Este é o significado da carta.

4 = Esta é sua finalidade ou utilidade.

O PRÓXIMO PASSO[15]

Finalidade	Sugestão de curto prazo sobre o que deve ser feito em seguida
Grau de dificuldade	1
Cartas utilizadas	4
Perguntas típicas	Qual deveria ser meu próximo passo?
Observação	Um sistema de leitura para consultas frequentes, ideal para descobrir um objetivo oculto

Sempre que você quiser definir um objetivo com as cartas do Tarô, ou estiver procurando orientação num caminho difícil, deve escolher este método de tiragem. Ele não mostra o ponto final do caminho[16], e sim o próximo passo. Já que a mensagem das cartas abrange um período curto, que normalmente não passa de 14 dias, este método é apropriado para consultas frequentes, em assuntos de longo prazo que sempre precisam de novo esclarecimento. O próprio Tarô lhe diz quando você deve tirar as cartas novamente.

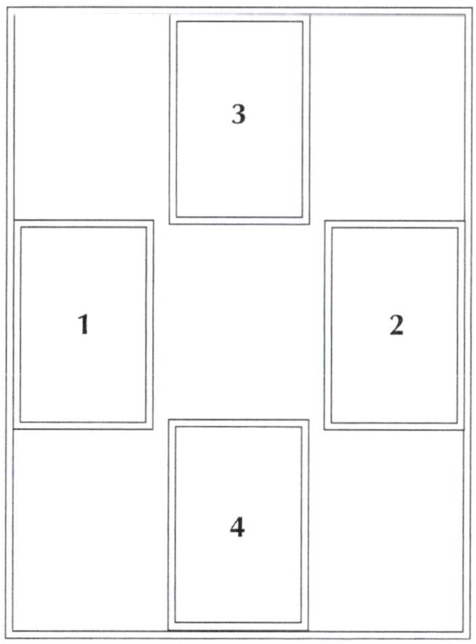

[15] Interpretações completas para este método de tiragem podem ser encontradas no livro *Tarot als Wegbegleiter* [*O Tarô Como Companheiro de Viagem*], de Hajo Banzhaf e Elisa Hemmerlein, Munique, 1999.

[16] Para descobrir os resultados finais ou as consequências de um determinado assunto, utilize a CRUZ CELTA, o SEGREDO DA SACERDOTISA ou o CAMINHO.

Significado de cada posição:

1 = A situação inicial, na qual o consulente se encontra.

2 = Isto não importa agora. Não deve causar temores nem esperanças.

3 = Só isto importa agora.

4 = Estas são as consequências do próximo passo. Assim que ele for dado, será preciso tirar as cartas novamente.

Procedimento de intepretação:

As cartas 1 e 4 mostram o ponto de partida e as consequências do próximo passo. Mas não se deve dar muita importância à posição 4. Ela indica principalmente o momento em que as cartas devem ser tiradas novamente. Mostra as consequências do próximo passo, que às vezes podem durar alguns minutos. A carta mais importante está na posição 3. Ela mostra o que deve ser levado em conta durante todo o processo e quais são os farares importantes. De certa forma, a carta 2 é uma advertência, pois qualquer energia nessa direção será desperdiçada, uma vez que a experiência representada pela carta não vai acontecer com certeza, ao menos nesta fase do processo.

O JOGO DO LOUCO

Finalidade	Estágio atual e perspectivas de longo prazo
Grau de dificuldade	4
Cartas utilizadas	12
Perguntas típicas	Qual é minha situação profissional? Até onde cheguei (do ponto de vista da autorrealização, busca espiritual, psicanálise etc.)?
Observação	Este sistema de leitura serve para avaliar processos evolutivos de longo prazo

O JOGO DO LOUCO reflete a evolução cronológica de um determinado assunto. Ao mesmo tempo, mostra onde o consulente se encontra no processo de evolução, o que já deixou para trás e o que ainda tem pela frente. Por isso, este método, mais do que os outros aqui apresentados, serve para avaliar processos ou situações de longo prazo. Uma vez que as posições não têm significado fixo e cada carta se baseia na anterior, a interpretação nem sempre é fácil, ainda mais porque as cartas podem se referir a períodos de tempo diferentes. Com isso, a sequência dos acontecimentos se torna visível, mas não o tempo necessário para cada etapa. A principal dificuldade de interpretação é a noção de que nossa vida segue um curso lógico. Mas no JOGO DO LOUCO vemos nossas contradições, retrocessos, recomeços, equívocos e descaminhos.

As cartas devem ser dispostas da seguinte maneira:

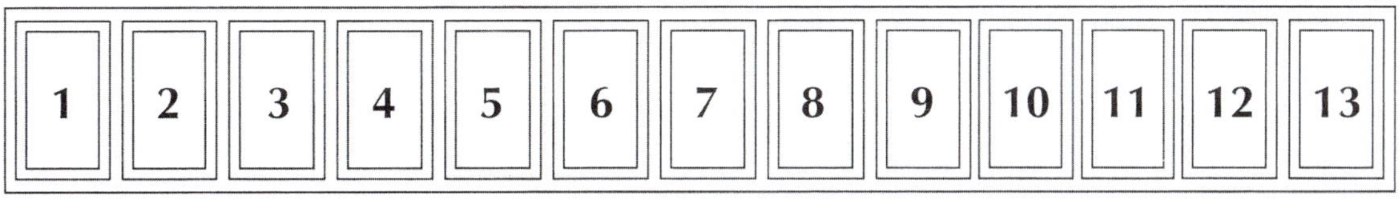

Primeiro, O LOUCO é retirado do baralho. Das 77 cartas restantes, que como sempre devem ser embaralhadas e dispostas na mesa em forma de leque, o consulente escolhe doze cartas, às quais ele mistura a carta do LOUCO. Depois de decidir se as cartas devem ser viradas começando por cima ou por baixo[17], todas as treze cartas são dispostas na ordem em que estavam, uma ao lado da outra.

Significado de cada posição:

O LOUCO representa o momento presente. Todas as cartas situadas à esquerda mostram acontecimentos do passado, e as cartas à direita apontam para o futuro. Quando O LOUCO é a primeira carta, o consulente ainda está no início de um processo. Quando é a última, o consulente encerrou um processo ou chegou ao final de um período de experiências significativas.

Procedimento de interpretação:

Interprete as cartas à esquerda do LOUCO, que representam experiências do passado. Em seguida, interprete as cartas que apontam para o futuro. Não se incomode com os retrocessos ou contradições aparentes e não cometa o erro de atribuir o mesmo período de tempo a cada carta. Ao contrário, cartas que se seguem umas às outras podem se referir ao mesmo período.

O JOGO DOS PARCEIROS

Finalidade	O que cada parceiro sente pelo outro e a situação do relacionamento
Grau de dificuldade	1
Cartas utilizadas	6
Perguntas típicas	Como está nosso relacionamento? O que sentimos um pelo outro?
Observação	Neste sistema de leitura, as cartas são consultadas pelos dois parceiros

[17] Isto é, se a leitura deve começar com a carta superior ou inferior da pilha de treze cartas.

Além de sua margem de acerto muitas vezes surpreendente, este método de tiragem pode motivar um diálogo valioso entre os parceiros. Também é indicado para principiantes, pois pode ser realizado apenas com as 22 cartas dos Arcanos Maiores.

Os dois parceiros escolhem ao mesmo tempo três cartas, uma depois da outra. Em seguida, cada parceiro mostra suas cartas para o outro.

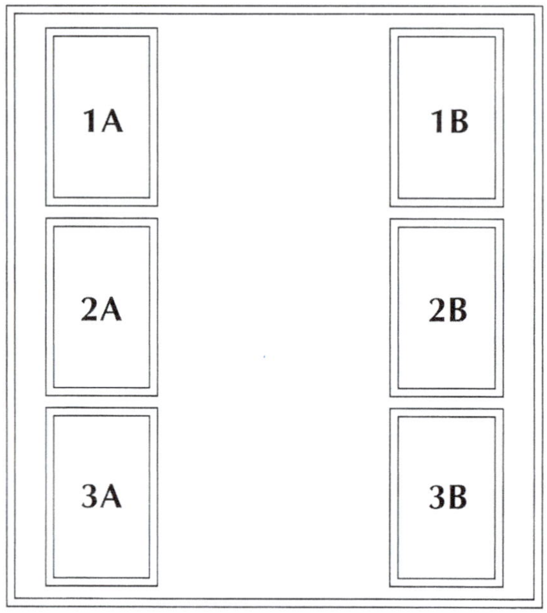

Ao virar as cartas, os parceiros devem dizer o seguinte:

1a = É assim que eu vejo você.

1b = É assim que eu vejo você.

2a = É assim que eu me vejo.

2b = É assim que eu me vejo.

3a = É assim que eu vejo nosso relacionamento.

3b = É assim que eu vejo nosso relacionamento.

Procedimento de interpretação:

Neste sistema de leitura, um detalhe importante é o cálculo da quintessência (ver página 22), que é realizado três vezes. Da primeira vez, somam-se todas as cartas, para obter uma orientação comum que vale para os dois parceiros. Em seguida, calcula-se a quintessência de cada coluna de cartas, para obter conselhos que valem para cada parceiro individualmente.

A PORTA

Finalidade	Descrição metafórica de uma barreira ou limite que é preciso transpor
Grau de dificuldade	4
Cartas utilizadas	11
Perguntas típicas	O que me espera depois da próxima etapa, limite, desafio etc.? Devo dar um determinado passo? O que tenho pela frente?
Observação	Este sistema de leitura fornece uma resposta metafórica, por isso é especialmente indicado para uma interpretação intuitiva

Este método de tiragem é interessante para intérpretes intuitivos, que não gostam de se limitar a interpretações muito rígidas. Mas justamente a riqueza de imagens deste sistema pressupõe uma certa prática. Por isso, ele é menos indicado para principiantes.

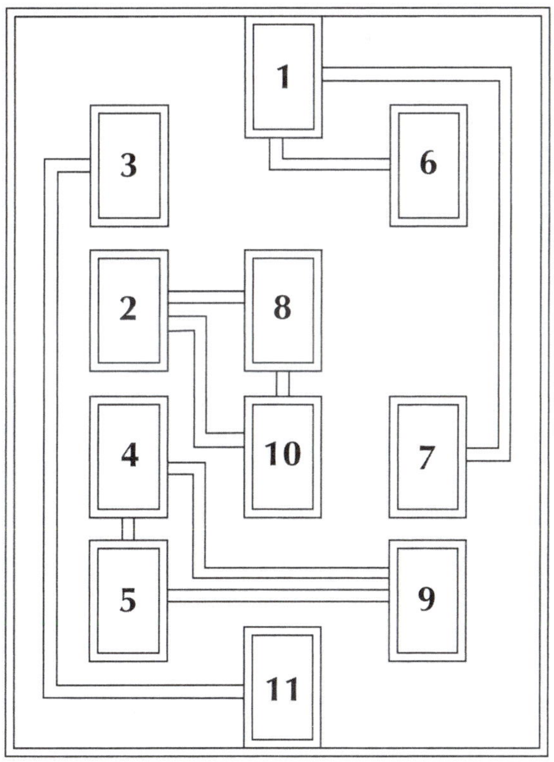

Significado de cada posição:

1 = O nome da Porta. Este é o assunto em questão.

2 = O buraco da fechadura. Uma primeira ideia do que está atrás da Porta.

3 = A fechadura. Ela mantém a Porta trancada.

4 = A maçaneta. Ela é necessária para abrir a Porta.

5 = Este é o caminho que leva até a Porta.

6 = Esperanças e temores. As expectativas do consulente sobre o que pode haver por trás da Porta.

7 = Sentimentos do consulente a respeito da Porta.

8 = O que há realmente por trás da Porta.

9 = Onde a Porta se encontra.

10 = O que acontece quando se abre a Porta.

11 = A chave que abre a Porta.

Observação: não é preciso atravessar todas as portas. As cartas também podem ser uma advertência contra o perigo que uma porta representa. Neste caso, a chave deve ser guardada num lugar seguro.

Procedimento de interpretação:

O nome da Porta (1) é apenas uma aparência externa, e nesse sentido pode ser comparado à manchete de um jornal. O buraco da fechadura (2) é mais importante. Mas a carta mais significativa para os acontecimentos futuros está na posição 8. Ela mostra para onde conduz a longo prazo o caminho que tem início na Porta. A posição 10 mostra um sentimento ou uma vivência de curto prazo. Interprete primeiro essas posições, para decidir se vale a pena abrir a Porta. As posições 6 e 7 refletem expectativas puramente subjetivas do consulente. Verifique se elas são justificadas ou se podem terminar em decepção. Compare em seguida as posições 6 e 8 (perspectivas de longo prazo) e as posições 7 e 10 (vivências de curto prazo). As condições básicas para encontrar a Porta estão nas posições 4, 5 e 9. Também é essencial a chave da posição 11, capaz de abrir a fechadura (posição 3) que até agora mantinha a Porta fechada.

O CAMINHO[18]

Finalidade	A melhor atitude a tomar para atingir um objetivo
Grau de dificuldade	3
Cartas utilizadas	7
Perguntas típicas	O que devo fazer para atingir os objetivos X, Y e Z? Como posso encontrar um apartamento, um parceiro para toda a vida, um bom emprego etc.? O que devo fazer para recuperar a saúde, a alegria etc.?
Observação	Um sistema de leitura que revela chances e perspectivas, mostrando a maneira de transformá-las em realidade

[18] Interpretações completas para este método podem ser encontradas no livro *Arbeitsbuch zum Tarot*, de Hajo Banzhaf. [*Guia Completo do Tarô*. São Paulo: Pensamento, 2ª ed., 2023.]

O CAMINHO mostra ao consulente quais as chances que ele tem de alcançar um determinado objetivo, como ele agiu até agora e o que deve fazer daqui para a frente.

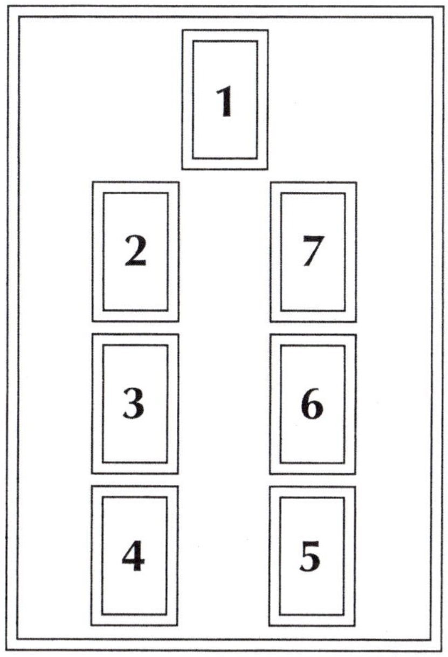

Significado de cada posição:

1 = Isto pode ser realizado.

A coluna da esquerda mostra o comportamento do consulente até agora, nos seguintes níveis:

2 = Atitude consciente. As opiniões e convicções do consulente, tudo aquilo que orientou seu comportamento até agora.

3 = Atitude emocional. Desejos, ânsias, esperanças e medos. Sentimentos ou intuições do consulente até agora.

4 = Comportamento exterior. A influência do consulente sobre outras pessoas, ou a impressão que ele dá (talvez apenas uma fachada).

A coluna da direita mostra as sugestões de comportamento futuro, para que o objetivo seja alcançado. Os significados são semelhantes aos das posições 2, 3 e 4:

7 = Atitude consciente. Sugestão para um novo ponto de vista.

6 = Atitude emocional. Indicação dos sentimentos que o consulente deve favorecer.

5 = Comportamento exterior. É assim que o consulente deve se comportar. É isto o que ele deve fazer ou revelar para as outras pessoas.

Procedimento de interpretação:

Avalie as perspectivas representadas pela carta na posição 1. O projeto pode dar bons resultados? Vale a pena seguir este caminho? Caso contrário, o objetivo em questão não pode ser alcançado, ou ainda é muito cedo para realizar o projeto. Então, a pergunta deve ser repetida em outra ocasião. Mas, quando o objetivo vale a pena, é preciso avaliar os vários níveis de atuação, para descobrir que mudanças são necessárias ou aconselháveis e de que maneira podem ser feitas. Para isso, compare as cartas 2 e 7, 3 e 6, e por fim 4 e 5. Normalmente, a carta na posição 6 tem importância especial, pois mostra a atitude concreta a ser tomada.

EXPLICAÇÃO DE CONCEITOS

Arcanos	Termo derivado do plural da palavra latina *arcanum* = "segredo". Designação comum às cartas do Tarô, que se dividem em Arcanos Maiores e Arcanos Menores.
Arcanos Maiores	As 22 cartas – também chamadas "trunfos" – que mostram imagens ou figuras individuais, têm um nome (O LOUCO, O MAGO, A SACERDOTISA etc.) e são numeradas de 0 a XXI.
Arcanos Menores	As 56 cartas que consistem em quatro naipes (Paus ou Bastões, Copas ou Taças, Espadas e Ouros ou Moedas) de 14 cartas cada um.
Ás	A primeira carta de um naipe, que corresponde ao número 1.
Baralho	O conjunto das 78 cartas do Tarô.
Cartas da Corte	Valete, Cavaleiro, Rainha e Rei. Cartas dos Arcanos Menores que representam personagens da Corte.
Cartas invertidas	Cartas que surgem de cabeça para baixo quando são viradas sobre a mesa. Alguns intérpretes acham que elas têm um significado diferente das cartas em posição normal (ver página 22).
Cartas numeradas	São as dez cartas de cada naipe excluindo-se as Cartas da Corte, numeradas de 1 a 10, sendo que o Ás corresponde ao número 1.
Copas ou Taças	Símbolo do Tarô que corresponde ao elemento água.
Espadas	Símbolo do Tarô que corresponde ao elemento ar.

Naipes	Quatro grupos de cartas dos Arcanos Menores, que consistem em 14 cartas cada um, com os mesmos símbolos (Paus ou Bastões, Copas ou Taças, Espadas e Ouros ou Moedas).
Ouros ou Moedas	Símbolo do Tarô que corresponde ao elemento terra. Em outros baralhos de Tarô, também é chamado Discos ou Pentáculos.
Paus ou Bastões	Símbolo do Tarô que corresponde ao elemento fogo.
Quintessência	O conselho final do oráculo, que resulta da soma de todas as cartas dispostas na mesa (ver página 22).
Séries	Ver Naipes.
Significante	A carta principal em métodos de tiragem como o JOGO DO RELACIONAMENTO ou o JOGO DA DECISÃO, que mostra a atual situação do relacionamento ou o assunto em questão. Pode ser também uma carta que simboliza o consulente, escolhida no início da consulta e colocada ao lado das outras ou por baixo da primeira carta.
Trunfos	Ver Arcanos Maiores.

Sugestões de Leitura

Simbolismo

Udo Becker. *Lexikon der Symbole*. Friburgo: Herder, 1992.

Hans Biedermann. *Knaurs Lexikon der Symbole*, Munique: Knaur, 1989.

J. C. Cooper. *Illustriertes Lexikon der Traditionellen Symbole*, Wiesbaden o. J.: Drei Lilien.

Horst E. Miers. *Lexikon des Geheimwissens*. Munique: Goldmann, 1987.

Helmur Werner. *Lexikon der Numerologie und Zahlenmystik*. Munique: Knaur, 1995.

Christa Zettel. *Geheimnis der Zahl*. Viena: hpt-Verlagsgesellschaft, 1988.

Tarô

Hajo Banzhaf. *Das Tarot-Handbuch*. Munique: Hugendubel, 1986. [*Manual do Tarô*. São Paulo: Pensamento, 2ª ed., 2023.]

Hajo Banzhaf. *Das Arbeitsbuch zum Tarot*. Munique: Hugendubel, 1988. [*Guia Completo do Tarô*. São Paulo: Pensamento, 2ª ed., 2023.]

Hajo Banzhaf. *Schlüsselworte zum Tarot*. Munique: Goldmann, 1990. [*As Chaves do Tarô*. São Paulo: Pensamento, 2ª ed., 2023.]

Hajo Banzhaf. *Tarot und die Reise des Helden*, Munique: Hugendubel, 1997. [O *Tarô e a Jornada do Herói*. São Paulo: Pensamento, 2ª ed., 2023.]

Hajo Banzhaf e Elisa Hemmerlein. *Tarot als Wegbegleiter*. Munique: Goldmann, 1999.

Hans-Dieter Leuenberger. *Schule des Tarot* (3 volumes). Friburgo: Bauer, 1981.

Rachel Pollack. *Tarot – 78 Stufen der Weisheit*. Munique: Knaur, 1985.

Belinda Rodik. *Das Tarot Lexikon*. Munique: Delphi bei Droemer, 1998.

Oswald Wirth. *Die Magie des Tarot*. Berna: Fischer Media, 1998.